走近
当代名校长
系列丛书

卓实教育论

齐学军 著

中国言实出版社

图书在版编目（CIP）数据

卓实教育论 / 齐学军著. -- 北京：中国言实出版社，2024.6. -- ISBN 978-7-5171-4854-8

Ⅰ.G632.0

中国国家版本馆CIP数据核字第2024FL7150号

卓实教育论

责任编辑：史会美

责任校对：王建玲

出版发行：中国言实出版社

　　　　地　　址：北京市朝阳区北苑路180号加利大厦5号楼105室

　　　　邮　　编：100101

　　　　编辑部：北京市海淀区花园北路35号院9号楼302室

　　　　邮　　编：100083

　　　　电　　话：010-64924853（总编室）　010-64924716（发行部）

　　　　网　　址：www.zgyscbs.cn　电子邮箱：zgyscbs@263.net

经　　销：新华书店

印　　刷：北京荣泰印刷有限公司

版　　次：2024年7月第1版　2024年7月第1次印刷

规　　格：710毫米×1000毫米　1/16　19.25印张

字　　数：220千字

定　　价：46.80元

书　　号：ISBN 978-7-5171-4854-8

《走近当代名校长系列丛书》
编 委 会

「卓」是一种信仰、追求和境界，「实」是一种美德、品格、态度。「实」是通向「卓」的方法和途径，「卓」是「实」的目标和追求，两者互为依存，缺一不可，这便是卓实教育的主张和理念。

——齐学军

卓然而立
惟实励新
甲辰 徐扬生

序

我国教育从不缺乏多样性，但像齐学军校长提出的这种别具一格的教育理念并不常见，单是书名就独树一帜。当然，我一直鼓励学校要办出特色。早在二十多年前我就谈过"什么叫'学校办出特色'"，特意强调教育是一种很复杂的社会活动，对它的规律我们还探索得不够清楚，尚需要学校和广大教师勇于提出新观点，改革教育内容和方法，实验全新的办学模式，探索教育的规律，探索学生成长的规律。我很欣慰有齐校长这样一批教育工作者一直在教育一线勤勤恳恳地实践和探索教育发展的规律和本质。

齐校长结合学校所具有的伟人故里、湖湘文化这一地域特征，从毛泽东同志提出的"好好学习，天天向上"和"为人民服务"的思想出发，提出"卓实教育"主张，引领学校走内涵发展、特色育人之路。这种特色发展模式我是十分认同的。我一直认为作为校长，要研究学校所处的环境、学校的历史和传统，发现学校的优势、认识学校的不足，扬长补短，不断开拓和创新，使学校前进有方向，师生努力有动力，逐渐形成学校的独特风格。可以说齐学军校长的想法和我不谋而合，更重要的是，他将这种想法付诸实践，也取得了很好的成效。这就让人肃然起敬。

教育所面对的，不是空洞、抽象的符号意义上的人，而是一个个有着鲜活生命、情感与智慧的具体的人。齐学军"卓实"教育理念的逐步形成和完善，不仅让湘潭县一中有了自己鲜明的教育主张和追求，明确了学校要办什么样的教育，培养什么样的人，以及怎样培养人的重要问题，也逐步构建和充实了属于湘潭县一中自己的教育理念和实践体系。除此之外，齐学军校长对"实"的阐释从品德忠纯、求实务实上升到为人民服务的高度，毫无疑问精准把握了中国特色社会主义教育的性质。早在《教育研究》杂志社组织的"弘扬为人民服务"思想座谈会上我就说过，要从实际出发，站得更高一点，思想开阔一点，要从广大人民群众的利益出发，切实地解决教育改革和发展中的重大理论问题和实际问题，建立有中国特色的社会主义教育体系，使我们的教育更好地为社会主义建设服务，使我们的民族的素质得到不断提高，人才辈出。2018年我发表的《再论教育本质和教育价值观——纪念改革开放40周年》一文中也说，教育必须为社会主义现代化建设服务，为人民服务。教育为人民服务是我国的教育价值观，这是由我国的社会性质决定的，这也是建设和发展我国教育的基本前提。齐学军校长把为人民服务作为学校发展的立足点，无疑是抓住了教育的生命线。作为校长应该有这样的认知和时代意识。难能可贵的是，齐校长还通过锻造卓实之师、培育卓实之生等举措将"为人民服务"的理念贯穿在教育管理、教学实践的每一处，实实在在落实在行动之中。

我很高兴看到齐学军校长做出这种尝试。作为一线教育工作者，我们要有这种敢为人先的精神，学校才能获得长足发展，我国教育现代化进程才能取得突破性进展。提起敢为人先，让我想起鲁迅先生。鲁迅从事教育工作的年代是我国最特殊的时期，他敢于向教育界的不良现象作斗争的精神，鼓舞着青年学生不断前进，鲁迅走到哪里，哪里就会掀起革命的浪花。值得一提的是，鲁迅对待青年有一颗赤诚的心。他不仅在课堂上循循善诱，而且在任何时候都热情帮助青年，解决他们的困难。我认为这种热爱青年、教育青年的赤诚的心是一个教育工作者的灵魂。我们这个时代的教育工作者更应该具有这样的灵魂。我曾呼吁"我们的校长们站出来，敢于直面自己心中期盼的'真教育'"。我认为真正的校长，对教育要有与生俱来的赤诚，对孩子要有与生俱来的赤诚！这就是真校长的教育情怀！有一个好校长，就有一所好学校。苏霍姆林斯基说，校长要走进课堂，走到教室、走到学生中去。齐学军校长给我的印象就是这样一位好校长，没有高人一等的架子和姿态，时常走进教室、走近学生，与学生共情，与教师共研，与家长共育，对教育有情怀、有远见。在他的书中有一件不起眼的小事让我印象深刻，当时还是班主任的齐学军校长因学生对任课老师不满要求换老师的事在班上严厉训斥学生，使师生关系异常紧张。事后，齐学军校长收到那位学生自我批评的长信。第二天，齐校长当着全班学生对自己的失态、对学生造成的伤害做了检讨，并诚恳道歉。齐校长当时处理突发事件的方式也许不是最合适的，但他能及时检讨自己，并公开道歉，这种行为表现出了一位教师的品格和胸怀。

阅读完全书可知，齐学军校长主张的"卓实"教育理念是既要让师生仰望星空，又要使师生脚踏实地。这是一种比较理想的教育状态。为能达成目标，齐校长一直坚守在教育一线，实践着他的教育初心。当然，他这也是在为我国教育迈向教育现代化的目标贡献一己之力。

是为序。

2024 年 7 月 11 日

（作者系中国教育学会名誉会长、北京师范大学资深教授）

目录

卓实教育论

导论　卓实教育绽芳华

在深化教育综合改革背景下，我提出了一种适合湘潭县第一中学（以下简称湘潭县一中或一中）发展的教育主张：卓实教育——锻造卓实之师、打造卓实之课、营造卓实之境、发展卓实之品、培养卓实之生。

《说文解字》言：卓，即高也；《广雅》言：实，即诚也。

所谓"卓"，正如刘向《说苑·建本》有言："尘埃之外，卓然独立，超然绝世，此上圣之所游神也。"其大意是：在芸芸众生的思想意识之外，高高突出，鹤立鸡群，将凡尘俗世的人们的思想追求远远地抛在后边，这是上圣之人的理想追求。学校提出"卓"之教育，是希望全体一中人无论是思想格局还是实际行动都能卓尔不凡，希望"追求卓越"成为一中人一生的信念。于教师而言，其"卓"表现在有大情怀，不只是将教书当职业，更将之当作毕生热爱的事业，甚至是当作自己的使命。我们要求教师明白自己所从事的是一种关乎独一无二的生命之未来的工作，同时也是一种关乎民族乃至人类之未来的工作，要对自己的工作有足够的尊重与敬畏，要对所面对的学生有足够真诚的爱。因为这使命感、这敬畏和这份真诚的爱，教师们要从各个方面高标准要求自己，让自己成为学生知识、思维、精神与心灵的源头活水。于学生而言，其"卓"表现在两个层面。一是希望一中的学子能够成为知识与真理的真正渴求者。不只是为了高考而学习，而要用心去感受各学科的独特魅力和思维活动带来的精神愉悦，从而真正实现学科核心素养的提升，为成为真正具备核心竞争力的专业人才打下坚实的基础。二是希望一中的学子能够品学兼优，眼中不只有小时代，还要有宏大又与自己息息相关的大时代；心中不只有自己的小世界，还要有装着他人、社会、国家的大世界，立志成为有责任担当、家国情怀和国际视野的现代公民。需要强调的是，"卓"绝不等于精英教育，它是面向全体学生的，是希望通过"卓"之教育让所有的一中学子都能达到上述两种境界。未来他们会去到不同的领域和行业，但在一中培养出来的追求卓越的信念会让他们在自己所从事的工作上精益求精，在一中所熏陶出的责任担当和家国情怀更会让他们成为祖国未来的优秀建设者。

所谓"实"，即指希望全体一中人成为品德忠纯、务实求实之人，其主要体现在两个层面：一是教师的教育工作要落到实处，不做表面文章，也不急功近利。明代王阳明在《传习录》中说："名与实对，务实之心重一分，则务名之心轻一分。"教育是最要不得弄虚作假的工作，误人、误国都不是小事。学校要求全体教师戒除浮躁心、功利心，俯下身去，做好每一件教育者应该做的事情。二是学生求学一定要落到实处，脚踏实地，不好高骛远，不急躁虚华。在培养学生高远理想的同时，学校更会引导学生明白"行远必自迩，登高必自卑"的道理，所有的梦想都要化为切实的行动。"实"更有充实之意，希望通过"实"之教育，让学生不虚华、不空虚，重视心灵的充实与精神的富足，明白"充实之谓美，充实而有光辉之谓大"的道理。"实则外患不能入"，唯有务实求实方能静心求学，将来也才能沉心干事业。

卓实教育是一个目标上追求卓越、要求上追求卓立、实践上追求务实、精神上追求充实的教育过程。我们追求卓实教师观，以"卓"引领，以"实"践行。教师在坚持立德树人的教育原则上，既是传道授业解惑者也是管理者，一步步丰富自我，追求卓越，关注学生成长的方方面面，将教育工作落到实处。我们追求卓实学生观，在以人为本的基础上，坚持学生在教育活动中的主体地位，致力于发展学生个性特点，把握学生的发展规律，将学生培养成目标卓远、思想卓厉、性格踏实、学业扎实的实学之人。我们追求卓实课程观，在响应我国新课程改革的基础上，追求课程卓立，即追求个性化的知识观；注重课程实际，强调课程的生活化与综合性。我们追求卓实成功观，不以职业分贵贱，而以卓实论英雄，致力于培养社会各行各业所需要的专业人才，培养社会所需要的具有良好品德的人。

第一章　叩门"卓实之本"，探寻"卓实之道"

苏霍姆林斯基说："教育——这首先是人学。"[①] 这应该是每一个教育者铭记的教育信条。"培养什么样的人？怎样培养人？"这也应该是每一个教育者在教书育人之前应该思考好的问题。"人"，一撇一捺，在卓实教育理念中，这一撇从高处来，代表着仰望星空、卓然绝尘、追求卓越；这一捺向低处去，代表着俯身实干、脚踏实地、忠纯务实。一撇一捺，为未来立下大写的"人"。

"人"一直是卓实教育的基础和核心。此处的"人"，既是具体的个人，也是抽象的人。马克思说人是类存在物："通过实践创造对象世界，改造无机界，人证明自己是有意识的类存在物。"[②] 因而，教育既要着眼于具体的个人，讲个性、特征，也要立足于人这一类存在物，讲共性、规律，既注重个人的全面发展，也注重人类的整体发展，这是教育的终极目的。本章节从这个角度出发，叩门"卓实之本"，探寻"卓实之道"。

"本"即本质、本源、本性。"卓实之本"即卓实教育的本质、本源，是卓实教育之所以能成为一种先进教育理念的核心所在。而"卓实之道"是指践行卓实教育理念的方法和途径。

卓实教育论

---

① 苏霍姆林斯基选集（第 3 卷）[M]. 北京：教育科学出版社，2006：11.
② 马克思恩格斯文集（第 1 卷）[M]. 北京：人民出版社，2009：162.

一、卓实教育的内涵

2021 年我在《中国教育报》上发文正式提出"卓实教育",这一概念主要是作为师资队伍建设、教师成长的理念,把"卓尔不凡、追求卓越"和"品德忠纯、务实求实"作为师资队伍建设的目标,立好德、树好人,用卓实教育构建教师成长模式。之后,我结合学校所在地具有的伟人故里、湖湘文化这一地域特征,从毛泽东同志提出的"好好学习,天天向上"和"为人民服务"的思想出发,完善"卓实"教育理念。

"卓实"图标设计理念:

图标的基本形状是由以"卓""实"二字的篆体字为原型的图案上下组合而成,颜色则采用一中文化中的红、蓝、绿三基色,自下而上分为四个部分。

编号 1 的半圆形代表大地,椭圆形代表知识的泉眼,意味着卓实文化有深厚底蕴,源于教育之根本;编号 2 所示是"一中"二字组成的小船,学校正是学子学海泛舟的载体;编号 3 部分设计成了书本的模样,书是人类进步的阶梯;编号 4 所示图形形似一个鞠躬的人,传达的是纵使人已经到达一定高度,但仍然保持谦卑的理念。

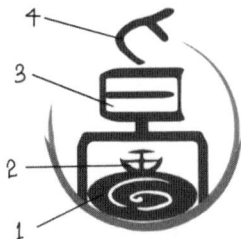

"卓"就是好好学习,天天向上。向上,卓也!

毛泽东同志曾几次提出"好好学习,天天向上",其中一次是为马三姐题写。1949 年渡江战役前夕,年仅 14 岁的马三姐跟着哥哥报名参加渡江突击队。4 月 20 日夜,渡江战役正式打响,马三姐和哥哥划着船与其他三条船载着 30 名解放军战士从无为县白茆镇向长江南岸进发,即使被子弹打伤了右臂她也拼命将三批解放军送上南岸,帮助解放军抢占先机。1951 年 9 月,马三姐收到毛泽东同志亲笔签名的请柬,邀请她进京参加国庆庆典。毛泽东同志得知马三姐还没有正式的名字时,当即给她取名马毛姐,临走时,还送给她一个笔记本,并在扉页上题写"好好学习，天天向上"，鼓励她好好读书，将来为国家建设做贡献。

"好好学习，天天向上"这8个字寄托了毛泽东同志对马毛姐的期望，也是对广大青年未来成为祖国建设者的殷切期望。

"好好学习，天天向上"是对中华民族学习精神和进取精神的总结，是学生们应该具备的学习态度和学习目标，也是"卓"的最本质的表现。"好好学习"是人追求卓越的过程，也是人应该持有的脚踏实地的态度。学习要持之以恒、心无旁骛，既要努力刻苦，也要讲方法、规律。"天天向上"则是最朴实的追求。"天天向上"要求人时刻保持积极进取的状态，时刻警醒自己，努力追求卓越。学校提出"卓"之教育，是希望全体一中人好好学习，做到天天向上，无论是思想境界还是实际行动都卓尔不凡，希望"追求卓越"成为一中人一生的信念。

卓实教育中"实"的最高级形态是"为人民服务"。为善，实也！《中国教育现代化2035》中提出，"坚持教育为人民服务"。"为人民服务"在卓实教育理念里有两个维度。首先，卓实教育坚持"为人民服务"的目标，坚持办让人民满意的教育。对学校而言，就是要为所有学生服务，树立以人为本的教育理念，办让所有师生都满意的学校。学校要以务实的工作态度促进所有学生的自由而全面的发展。其次，学校要培养品德忠纯、求实务实、为人民服务的人。"为人民服务"是品德忠纯、行为高尚的最高境界，是德育的表征，鼓励学生成长为为了人民的利益、事业奉献自我的力量、才智的有用之人。

同时，"实"也是湖湘文化的精神内核。湖湘学派素来重视求实务实，讲究经世致用。如陶澍以"有实学，斯有实行，斯有实用"[1]为学术理念，倡导"实学"与"通经致用"。魏源作为湖湘学派代表人物，强调"变"，更重视"实"，注重"以实事程实功，以实功程实事"[2]。

卓实教育将"实"作为德育的关键，以追求"为人民服务"为最高

① 陶澍.陶澍集[M].长沙：岳麓书社，1998：99.
② 魏源.魏源集[M].北京：中华书局，1976：158.

宗旨，重视爱国主义教育，培养学生的责任意识、服务意识，鼓励学生养成求实务实之风，脚踏实地，一切从实际出发，寄望学生们将来走出学校进入社会后能成为为人民服务的社会人才。

二、卓实教育的理论依据与时代性

我曾无数次思考，当学生们带着对未来的向往、带着家人的期待、带着时代的使命步入学校时，学校又将赋予你们什么？是学科知识，是健康体魄，抑或是优秀品质？其实，这些都是学校想送给学生的礼物，但我们最迫切的期望是唤醒学生的生命，让学生拥有"自觉"的生命模样。恰如周其凤院士在为湘潭县一中师生们的题词中所写的："为人类的航船奋力扬波"。

叶澜教授曾说："在一定意义上，教育是直面人的生命、通过人的生命、为了人的生命质量的提高而进行的社会活动，是以人为本的社会中最体现生命关怀的一种事业。"[①] 我们每个人的生命都只有一次，是不能重复也是不可逆的，这毫无疑问，但人的生命状态、生命质地是可以通过教育展现出不同高度和厚度的。这就是教育的意义。教育通过唤醒人的生命意识、激发人的生命力，使人实现"对自我的改善和对生命有限性的突破"[②]，从而使生命获得延展。

周其凤院士为学校题词

---

① 叶澜.为"生命·实践教育学派"的创建而努力——叶澜教授访谈录 [J].教育研究，2004（2）.
② 莱茵霍尔德·尼布尔.道德的人与不道德的社会 [M].蒋庆等，译.贵阳：贵州人民出版社，1998：2.

特别是在今天，青少年心理问题频发。虽然造成这种现象的原因很多，涉及学生心理、家庭、社会等各个方面，但青少年健康成长是一个国家、民族发展和强盛的力量源泉，我们有责任也有义务为青少年健康成长保驾护航。

（一）卓实教育的理论依据

作为教育者，我们应该看到，和我们生活的环境不同，当代中学生是在科技迅速发展、互联网广泛普及的时代潮流中成长起来的，他们虽然享受着经济发展带来的充实丰裕的物质生活、体验着科技和互联网带来的迅捷和便利，但同时也承受着各种各样的思想观念的冲击。例如极端享乐主义、拜金主义、个人主义等都影响着他们，各种视频、直播、八卦充斥着他们的日常生活，让他们的感官体验更直接，也更复杂。再加上他们的思想和智识都尚未成熟，对好坏的判断以及分析和思考复杂事物的能力都尚不足以让他们时刻保持清醒、明辨是非、坚定立场，难免会迷茫、无所适从。因而，教育最应该做的是唤醒人的生命意识，首先是让他们珍视生命，珍视自我。

湘潭县第一中学的办学核心理念是：激扬生命·奠基人生·成就梦想。激扬生命的核心是育生命自觉，通过激发潜能来激发学生鲜活的生命力，以及激发学生的时代使命感。奠基人生是奠定生存与发展的能力，奠定适应与创新的能力。成就梦想即成就个人之梦和家国之梦。

1. 激发潜能，激扬生命

通过激发潜能来激发学生鲜活的生命力，这是教育唤醒人的生命的一种方式。正如雅斯贝尔斯所说："没有一个人能认识到自己天分中沉睡的可能性，因此需要教育来唤醒人所未能意识到的一切。"[①] 可以理解为，教育要让学生产生"天生我材必有用"的意识，相信自己存

---

① 卡尔·雅斯贝尔斯. 什么是教育 [M]. 邹进，译. 北京：生活·读书·新知三联书店，1991：65.

在的价值。

　　"天生我材必有用"是李白《将进酒》中的名句。我相信学生们都很熟悉，或许也曾用它激励过自己。但也有一些同学认为那是诗仙李白，他才高八斗，而自己一无所长，何以谈"天生我材必有用"。如果这样理解就误读这句诗了。我们应该更深入地解读。这个"材"实际上是我们与生俱来的潜能，是尚未被挖掘出来的能力。美国人本主义心理学家马斯洛认为"普通人只用了全部潜能的极小部分，每一个人身上都潜藏着无限的能力。如果能睁开心灵的眼睛正视自己，我们将惊喜地发现，我们竟如此地幸运，因为我们具有如此巨大的潜能"[①]。这也就是说，每个人都具有无限的潜能，不管他是谁，生活在怎样的家庭环境中，他都拥有和其他人一样的潜能，只等着去激发。从这一点来看，学校里没有差的学生。我曾对老师们说过："每个孩子都是天才，学校不能把他们'整'成庸才，我们要用创新之光照亮他们的成才之路。"我要求老师用创新的眼光看学生，也用创新的思维教学。对学生来说，则无须因一时的成绩不理想就自卑、气馁、厌学，要相信自己拥有无限潜能，只是有待开发，要树立自信心。我们老师作为学生的引路人，要引导学生认识到自己具有无限潜能，让他们保持积极向上的心态，努力挖掘自我潜能。

　　我们所说的潜能，是指人潜在的能力，包括智力、感觉能力、创造力、脑力活动、精神潜力等。"潜能"一词最早出现在古希腊哲学家亚里士多德的笔下，表示为"可能性的存在"，后来被美国著名心理学家威廉·詹姆斯用在心理学方面的研究，意为"人的潜在能力或能量"，他认为"我们只运用了我们头脑和身体资源中的极小部分"[②]，就如露在海面上的冰山一角，看不见的部分才是冰山的主体。著名哲

---

① 罗伯特·艾伦.哲学的盛宴 [M].刘华，译.北京：新世界出版社，2017：331.
② 弗兰克·戈布尔.第三思潮：马斯洛心理学 [M].吕明，译.上海：上海译文出版社，2006：58.

学家康德则把潜能看作种子、胚芽，"在人性中有许多胚芽，而现在，把自然禀赋均衡地发展出来，把人性从其胚芽中展开，使得人达到其规定，这是我们的事情"①。马克思则认为，人通过实践改造外在自然时"使自身的自然中沉睡着的潜力发挥出来，并且使这种力的活动受他自己控制"②。有很多像康德、马克思这样的哲学家、科学家认识到潜能的重要性，并从精神分析学、人类学、生理学、心理学等多角度挖掘人类潜能的奥秘。

正如谢弗勒所说："人们普遍认为，整个教育系统的目的应当致力于充分实现儿童的潜能。"③杜威也持同样的观点，他在《民主与教育》一书中提道："教育的任务就在于发现一个人的禀赋，循序渐进地对之加以训练，使之服务于社会……"④我国当代著名教育学家顾明远先生在《着力提高教育质量 促进人的潜能充分发展》中也提出："素质教育就是人的发展问题，就是人的潜能得以充分地发展问题。"⑤

教育要促进人的潜能充分发展，除了让学生意识到自身具有的潜能、培养学生的自信心和积极心态以外，还应该深化教育改革、转变教育观念、创建优良的教育环境、优化课程规划、加强教学改革等，从而系统地开发学生的潜能。

我国传统教育重智育和知识的积累，培养的大多是传统型人才，而创新人才和科技人才匮乏。这主要是受应试教育影响，追求高分和升学率，不仅教学内容单一、僵化，而且还忽视了学生的主体性，限制了学生的想象力和创造力的发挥。因此，要转变教育观念，让学生成为学习的主体，成为教育教学活动的中心，充分发挥学生的主体性和能动性。

① 康德.康德教育哲学文集 [M].李秋零，译注.北京：中国人民大学出版社，2016：11.
② 马克思恩格斯全集（第23卷）[M].北京：人民出版社，1972：202.
③ 伊斯雷尔·谢弗勒.人类的潜能——一项教育哲学的研究 [M].石中英，涂元玲，译.上海：华东师范大学出版社，2006：10.
④ 约翰·杜威.民主与教育 [M].薛绚，译.南京：凤凰出版社，2012：90.
⑤ 顾明远.着力提高教育质量 促进人的潜能充分发展——在中国教育学会第20次学术年会开幕式讲话 [J].中国教育学刊，2007（11）：9-10.

转变教育观念的另一点是，对学生不先入为主，不预设结果，不提前认定要将学生培养成什么样的专才，而是通过改革教学模式、课程结构，根据学生的特征和需求展开教学，多元化、多渠道激发学生的潜能，促进学生全面发展。

2. 自我实现的内在性教育

激发学生潜能的方式有很多，最关键的是充分调动学生的积极性和主动性。学生是潜能的拥有者，如果学生不认可自己所具有的潜能，不积极参与活动、不发挥主体性，外界是无法充分激发他们的潜能的。正如人本主义学者罗杰斯认为自我实现的需要是潜能和人格发展的驱动力……正是由于人有自我实现的需要，才使得有机体的潜能得以实现、保持和增强。[①] 自我实现的需要是马斯洛提出的需求层次理论的最高层次，"指的是对自我实现的渴望，即人的潜力得以实现的趋势，也就是说，渴望成为自己理想中的人物，或者说，渴望成为自己能够成为的一切"[②]。自我实现可以说是一个人的行为动机。因为人对自我是有期待的，如要做成什么事，想成为一个什么样的人，达成什么样的人生理想，等等，在这样的期待中不断自我发展、自我完善，从而实现人生的价值和意义。当然，这个过程同时也是激发人自我潜能的过程。

虽然自我实现是人的行为动机，但并不是所有人都会有自我实现的意识，或者说并不会清楚地知道自己想成为什么样的人，特别是成长中的青少年。由于青少年生理、心理发展的不成熟以及社会环境的影响，他们中有一部分人对自我没有一个完整的概念，或者对自我认识充满了各种矛盾，也没有清晰的人生规划和理想，更不清楚人生的意义是什么。对他们而言，自我实现就是纸上谈兵，遥远又不切实际。或许这正是青少年容易陷入迷茫的原因之一。学校教育要促进学生完成自我实现，首

---

① 刘宣文.学校发展性辅导 [M].北京：人民教育出版社，2004：40-41.
② 郭永玉，刘毅，尤瑾，等.人格理论（下册）[M].上海：上海教育出版社，2021：17.

先得明确"自我实现"的内涵。

马斯洛将自我实现的内容归纳为十二个方面：一是对现实的客观知觉，能明确地把已知与未知区别开来，能分辨事实和提出对这些事实的意见，并能区别本质现象与可见的表面现象；二是能把自己、别人和世界看成应有的样子；三是非功利主义，指向于解决外部问题，集中于客体；四是能忍受孤单和需要独居；五是创造能力；六是行为自然，但不打算由于矛盾精神而简单地破坏常规；七是对于有优良性格的人抱友爱态度，但不受他的教养、地位和其他"形式"特征的影响；八是经常对少数人有深情的依恋，但不会经常无条件地敌视任何人；九是道德上是明确的，能清楚地辨别善恶，道德意识和行为上没有混杂、混乱和首尾不一；十是相对地脱离物理和社会环境，而具有独立性；十一是意识到目的和手段之间的区别，不会忘记目的，但同时在情绪上也感受到手段本身；十二是心理内容与活动的广阔范围（"这些人超然于琐碎事情之上，有广阔的视野与远见。他们以广阔普遍的价值为指南"）。[①]

自我实现的这十二个方面，涉及人对自我、他人、社会的认知，以及人际关系、道德观念、行为能力、心理能力等，涵盖了世界观、人生观、价值观三个方面的内容。可以说，自我实现对人的成长和发展有重要意义，更是一个人是否建立完美人性、完善人格的标志。这也是青少年在成长中应该形成的品格和素养。中学生处于青春期，正是人生过渡的阶段，生理和心理日益走向成熟但又没有完全定型；情感丰富，但情绪容易波动，自我意识进一步发展并成熟，人格也逐渐形成，正是世界观、人生观、价值观形成的关键时期。然而他们承受着巨大的学习压力，又面临着各种诱惑，自我控制力不强，容易受外界影响。因此，学校教育要引导学生树立正确的世界观、人生观和价值观，帮助他们形成自我

① 俞文钊. 管理心理学 [M]. 兰州：甘肃人民出版社，1985：150-151.

实现的理念，促使学生不断完善自我，发展自我。

学校如何促使学生走向自我实现？结合马斯洛在《自我实现及其超越》中提到的要达到自我实现而应该具备的八种积极态度，学校可以有针对性地开展教育教学活动。

能够忘我地专注某一事。"在完全地、活跃地，而且全神贯注地从事某一事业时，自我实现过程即开始。"

主动选择。"把生活视作一个接一个的选择过程时，人即向自我实现前进。这些包括对人对己诚实与否——讲真话还是说谎。"

敢于承认自我，彰显自我。"当一个人认识到他要表现的是一个独特的自我，并且开始表达出自己真实的情感时，他就是在沿着自我实现的道路前进。"

诚实，不隐瞒。"遇到疑惑时，必须诚实。"诚实的对象包括他人和自己。

勇敢，不畏惧。"在生命的任一时刻都敢于倾听自己，倾听自我的呼唤，敢于沉着地说：'不，我不喜欢这个。'换言之，人要勇敢而不是畏惧。"

不断进取与超越。"自我实现不只是一个终极状态（目标），它也是人在任一时刻，任何程度、水平上实现自己的潜能的过程。"

时刻保持清醒，不迷茫。"高峰体验是自我实现过程中短暂的时刻。"

正确认识自我，发现自我。"发现自己是谁，是做什么的，自己喜欢什么，不喜欢什么，什么对自己是好的、什么是坏的，自己将走向哪里，其使命又是什么——自己对自己要坦率诚实。"[①]

不管是专注、进取的态度还是诚实的道德品质，抑或是主动选择的主体性以及自我意识，这都是人的内在品性。然而，当前的学生还没有真正把学习当作自己发自内心的需要，也没有真正认识和掌握学习的规律，因此没有成为学习的主人，也不可能将学习当作自我实现的方式。

---

① 转引自詹姆斯·O.卢格、杰拉德·L.赫尔希.生活心理学[M].陈德民，等译.哈尔滨：黑龙江人民出版社，1988：18.

这就要求学校改变以往的教育模式，而转向尊重人的天性并促使人充分实现自我的内在性教育。内在性教育更侧重于依靠学生自我实现的内驱力开展教育活动，提倡启发、引导学生学习，激发学生的学习兴趣，尊重学生的情感需求和体验，关注学生的内心世界，重视学生的创造性发挥、良好性格的形成和对生命意义的引导。内在性教育注重能力的培养，更注重情感体验，将科学知识和经验知识融合、教育与实际生活统一，教学生学会学习、学会生活。

3. 走向全面发展

自我实现的最高形式是人的全面发展。人的全面发展理论的基础是马克思主义关于人类发展的哲学理论。在马克思看来，每个人的全面而自由的发展是人摆脱物的依赖性，成为完整意义上的人的基础，是社会发展到高级形态的特征。

马克思从人的片面发展及其原因、人的全面发展的历史必然性、资本主义制度对个人全面发展的阻碍以及人的全面发展得以实现的所需社会条件出发对人的全面发展展开系统研究，解释了人的全面发展的内涵与实质。[①]马克思主义关于人的全面发展理论是针对资本主义社会中人的片面发展、畸形发展提出来的，指出人要摆脱"以物的依赖性为基础的人的独立性"，获得真正的全面发展，在个性、能力、社会关系等方面自由、全面、和谐地发展，完全自主、自愿地发展自己的脑力和体力，即"人以一种全面的方式，也就是说，作为一个完整的人，占有自己的全面的本质"[②]。

马克思认为人的全面发展一是个体的全面发展。首先，人的潜能得到充分发展，包括体力、智力、才能、道德精神、审美情趣等方面的自由全面发展。其次，人的社会关系全面生成，包括人的对象性关

---

① 杨兆山. 教育学——培养人的科学与艺术 [M]. 长春：东北师范大学出版社，2006：149-158.

② 马克思恩格斯全集（第 42 卷）[M]. 北京：人民出版社，1979：123.

系、现实关系和观念关系。二是整个人类的全面发展，指人改造自然的能力、对生产资料的占有能力，自觉控制和驾驭世界交往关系的能力得到充分发展。马克思认为人是类存在物："通过实践创造对象世界，改造无机界，人证明自己是有意识的类存在物。"[①] 而劳动是人的类本质和基本形式。人类的全面发展，也是通过劳动能力与方式体现的。首先是对生产资料的完全占有，使生产资料不再与劳动者完全分离。这也就充分"保证一切社会成员有富足的和一天比一天充裕的物质生活"[②]。其次，人类驾驭世界交往关系的能力得到全面发展。由此可见，人的全面发展是从个体的全面发展到整个人类的全面发展。在马克思看来，人的全面发展是人类文明发展的必然要求，也是社会发展的必然要求。

人的全面发展是一种价值追求，更是社会发展的根本目的。而教育是促进人的全面发展的根本途径。我国继承、丰富和发展了马克思主义关于人的全面发展学说，把培养全面发展的人作为教育的根本目的，并走出了一条适合中国国情的发展道路。

卓实教育坚持培养全面发展的人的根本目的，构建"三全育人""五育并举"德育网格体系。三全育人，即全员育人、全过程育人、全方位育人；五育并举，即德育铸魂、智育固本、体育强身、美育浸润、劳育淬炼。卓实教育将二者充分结合，形成完善的德育体系，为培育更多时代新人奠基铺路。

总而言之，卓实教育并非无本之木，而是有深厚的理论基础，也结合了具体的教育实情，通过激发潜能、激扬生命，唤醒人的生命意识，赋予有限的生命以充实的内涵，依靠人自我实现的内驱力实现全面发展，从而使人获得生命价值的创造与提升。

---

① 马克思恩格斯文集（第1卷）[M]. 北京：人民出版社，2009：162.
② 马克思恩格斯选集（第3卷）[M]. 北京：人民出版社，1995：767.

（二）卓实教育的时代特性

当今世界正处于大发展大变革大调整时期。这种时代的特殊性是教育面临的一大挑战。教育作为"社会生产的延续和更新以及人类生存的必要条件之一"①，不仅要培养适应社会和改造社会的人，而且教育要先行，要承担起为未来培养人才的责任，要充分激发人的无限潜能来应对未来的各种挑战。

这是挑战也是机遇。卓实教育顺应时代发展潮流，始终坚持以人为本的教育方针，进行教育改革和实践，主要呈现出开放性、未完成性、公平性三种时代特性。

1. 开放性

卓实教育的开放性与灌输式教育的封闭性相对，指不拘泥、不保守、不墨守成规，坚持教育是"活"的，是不断生成的。

卓实教育的开放性首先表现在培养目标上。因为卓实教育认为人是具有无限潜能的。而潜能是尚未开发的潜在能量，因而在未激发出全部潜能之前，谁也不知道受教育者能成为什么样的人。这种未知性和不确定性，便意味着人是可塑的。而卓实教育就是要尽可能激发出人的潜能，帮助受教育者实现自我发展。因此，卓实教育不是一种定向培养，不是一定要将学生培养成某种专业人才，而是开放性的培养。培养目标的开放性就是教育始终走在学生发展的前面，不预设结果，而是引领学生全面发展，充分挖掘学生的潜能，鼓励学生追求卓越。

卓实教育的开放性其次表现在培养方式上。与传统教育模式不同，卓实教育并没有采取一成不变的培养模式，而是采取开放性培养模式。如卓实教育的课程设计是开放式的，采用走班制，没有固定的"行政班"；课程管理是差异化的，根据学生的认知水平、学习能力，结合学生的意

---

① 叶希波夫，冈查洛夫.教育学 [M].于卓，等译.北京：人民教育出版社，1955：3.

愿进行差异化教学；教学是个性化的，为学生提供个性化服务，实现精准教学。

2. 未完成性

卓实教育的未完成性具有两层意思。第一层意思，是基于人的未完成性而言。人是一种自然的存在，本身具有未完成性。按劳伦斯·库比的说法，教育的最终目的是帮助人们成为真正的人、成为完整的人。因而教育本身对人而言也是持续的，未完成的，教育的过程就是使人从未完成性走向完成性的过程。这也就是现在我们提倡教育应该从教知识转变为教学习方法、技能和思维，让人具有终身学习的能力。

卓实教育的未完成性的第二层意思，是基于"卓"的信仰和追求。"卓"作为一种崇高的信仰和追求，使受教育者一直在追求"卓"的路上，是一种未完成的状态。

3. 公平性

"基础教育尤其是早期教育实践中，只有依据潜能发展心理学的原理，尊重儿童全面发展的权利，强调因教育才，我们才能最终实现'面向全体、全面发展'的教育理想，进而解决公平的教育与教育的公平之间的矛盾。"[1]

教育的公平性是现代教育的标志，是实现教育民主化的基本要求，是文明社会的重要标志。这里说的教育公平性是一种"有教无类"的公平。"有教无类"是孔子提出的教育思想，指教育不分高低贵贱，对哪一类人都应一视同仁。在现代社会指每位公民平等、自由地享有受教育的权利以及接受教育的均等机会。

卓实教育坚持的公平，除了"有教无类"的公平，还有一种"人尽其才"的公平。卓实教育以潜能理论为基础，因每一个学生都是具有无限潜能的个体，所以不存在差的学生，只有潜能发掘程度的差异。从这

---

[1] 转引自邱章乐，杨春鼎. 潜能教育 [M]. 北京：线装书局，2013：33.

一点出发，学校认可每个人的潜能，并尽可能激发所有人的潜能，努力促进每个人自由而全面发展。

三、卓实之本：坚持人本思想的教育内核

卓实教育将人本思想作为内核，一切围绕人的存在、人的本质和人的发展进行教育活动，充分激发人的天性和潜能，实现人的自由而全面的发展。人本思想一方面强调人是教育的目的；另一方面又突出人是教育的主体与前提。

因为人是唯一必须受教育的造物。……动物通过其本能就已经是其一切；一种外在的理性已经为它安排好一切。但人必须自己给自己制订其行为的计划。……人类应当通过自己的努力，把人性的全部自然禀赋逐渐地从自身中发挥出来。[①]

人作为教育的目的，体现出教育是一种有目的、有方向的社会活动。雅克·马利坦说："教育自有其本质和目的，这一本质和这些基本目的关乎人的塑造及人类个体的精神解放。因此，不管这些附加的负担是什么，我们都必须对这一本质和这些目的加以保持。"[②] 教育始终是为人的，为了促进人的个性发展，满足人的需要，实现人的价值。一旦教育的目标从人本身偏离，则背离了教育的宗旨——使人成为完整的人。

人作为教育的主体，人的主体性、能动性和可塑性是教育的基础，因为"人有受教育的可能，才有教育的存在"[③]。而人的本质、需求和潜能等影响着教育活动的展开。

① 康德．康德教育哲学文集 [M]．李秋零，译注．北京：中国人民大学出版社，2016：7.
② 雅克·马利坦．教育在十字路口 [M]．高旭平，译．北京：首都师范大学出版社，2010：110.
③ 王啸．教育人学：当代教育学的人学路向 [M]．南京：江苏教育出版社，2003：245.

卓实教育的人本思想主要体现在人是目的与手段的统一和育人为本的主体性上。

（一）人是目的与手段的统一

马克思认为：人是目的与手段的统一。"每个人只有作为另一个人的手段才能达到自己的目的；每个人只有作为自我目的（自为的存在）才能成为另一个人的手段（为他的存在）；每个人是手段的同时又是目的，而且只有成为手段才能达到自己的目的，只有把自己当作自我目的才能成为手段。"[①] 这就像我们常说："人人为我，我为人人。""人人为我"意味着人是目的，"我为人人"又表明人是手段。这里，人达到了目的和手段的统一，但目的是第一位的。因为人作为生命最高贵的存在，其本身就有着至高无上的价值，也意味着每个人都有追求自由、发展和幸福的权利。今天，我们倡导的"以人为本"，最深刻的含义就是"人是目的"。

"人是目的"，这是康德提出的重要思想命题，为德国古典主义哲学指明了"人学"的方向。马克思受康德的"人是目的"的影响，指出人是目的和手段的统一。而人是目的和手段的统一，也正是教育的规律。

"人是目的"指人是教育的目的和归宿。人接受教育是为了实现自我、建构自我。"人是手段"指人本身又是接受教育的手段和载体，除此之外，教师作为知识、技能的传播者也是教育的手段。这里说的人是目的和手段的统一，主要指受教育者。

我之所以重申"人是目的"，是因为在传统的教育活动中，往往只注重对人的"技"和"术"的培养，忽略了人的自我意识、主体精神和人生价值。重申"人是目的"，是为了将教育的重心重归于人，关注人的个体情感、尊严、意志和价值。正如刘铁芳教授所指出的那样，"当

---

① 马克思恩格斯全集（第46卷）[M]. 北京：人民出版社，1971：196.

代教育需要形上的关怀。教育的形上关怀就是在任何时候都要意识到，教育的根本指向乃是个体生命存在的尊严与幸福，从而使得我们身处形下世界之中而能始终坚守教育的方向。给教育一点形上关怀，就是这样一种超越现象的世界，努力去追求教育本真、探询教育灵魂的尝试"①。

人是目的，是教育的目的，是为了实现人自身的发展和建构。卓实教育归根结底是以人为本培养卓实之才，是为了实现人的自由而全面发展。卓实教育坚持"人是目的"的规律，核心是人本身，是人的情感、意志和价值，如"五思"教学中"情境拓思"的"情"就是以学生必备品格的培养为核心，将学生的兴趣、需要、态度、情感、人格的培养纳入课堂教学，并对学生在学习过程中所表现出来的情感态度、价值观、心理状态、性格趋向等进行评价和反馈。

卓实教育为了促进人自身的发展和建构，首先关注人的个性化发展，因为个性是一个人在思想、性格、品质、意志、情感、态度等方面不同于其他人的特质。歌德曾说过："一棵树上很难找到两片形状完全一样的叶子，一千个人之中也很难找到两个在思想情感上完全协调的人。"这也说明，人与人之间是存在个体差异的，尊重个体差异，才能让人真正实现人的发展和自我建构。

"人是手段"的基础是人是有用的，因为人具有主体性、能动性、创造性，能更好地实现目标，所以说人是最有效的手段。在教育活动中，人之所以是手段，也是因为人在教育中发挥的主体性、能动性，是人实现自我价值、自由而全面发展的最有效的手段。人的主体性、能动性是人区别于物的关键因素。所以人不能被单纯地当作工具和手段，而是作为具有能动性、主体性的人才能最大程度发挥自我功用实现人的自由而全面发展，实现教育的目的。卓实教育对"人是手段"的表现，主要是

① 刘铁芳. 当代教育的形上关怀 [J]. 高等教育研究，2007（4）：1-5.

卓
实
教
育
论

通过发挥人的主体性来实现的，接下来会在"育人为本的主体性"一节详细说明，这里不再赘述。

（二）育人为本的主体性

现代教育要把育人为本作为教育工作的根本要求，要以学生为主体，以教师为主导，充分发挥学生的主动性，把促进学生健康成长作为学校一切工作的出发点和落脚点。关心每个学生，促进每个学生主动地、生动活泼地发展，尊重教育规律和学生身心发展规律，为每个学生提供适合的教育。

育人为本就是"真正地站到人的立场上来，以人之生成、完善为基本出发点，将人的发展作为衡量的根本尺度，用人自我生成的逻辑去理解和运作教育"[①]。育人为本的核心是人的生成，关键是发挥人的主体性。人不仅是教育的主体，也是教育的出发点和归宿。教育要遵循人的身心成长规律、促进人的个性发展、人格完善，而这些都是以人的主体性为基础，只有充分肯定人的主体性、能动性和可塑性，才能实现人的自由而全面发展。

人的主体性是人类特有的属性，是个人意识的体现，也最能体现人的本质力量。"人的主体性即人在与一定对象的关系中所具有的主动态势、能动作用、积极态度和支配地位。"[②]在教育这一人类专属的社会活动中，人的主体性主要是指人积极主动地按照自主的目的和自我需要参与教育活动，主要表现在自觉和创造性两方面。

1. 主体性表现之一：自觉

自觉是卓实教育的核心理念之一，"激扬生命"——育学生生命自觉。

自觉有三层含义，其一是自己感觉到、自己意识到；其二是自己有所认识而觉悟；其三是认为的意思。第二层含义是在第一层含义的

---

① 鲁洁.教育的原点：育人 [J].华东师范大学学报（教育科学版），2008（4）：15.
② 欧阳康.哲学研究方法论（第二版）[M].武汉：华中科技大学出版社，2022：425.

基础上进一步深化。作为主体性的表现之一，自觉主要指第二层含义，认识并有所觉悟，包含主体内化的过程。"自觉是自人出生、有生命于人世间后，从有意识到有自我意识，再到有自我生命发展意识与目标的逐渐生成过程。"[①] 自觉是主体认识、理解客观知识或外物后再生成的一种意识，具有能动性和积极性。我们常说的自觉思考、自觉参与，都是一种自发而为，是由人的主体性促成的。育人为本通过发挥主体的主体性，使受教育成为一种自觉的行为。自觉是卓实教育的核心理念之一，一方面强调教师的自觉：自觉培育高尚师德，树立良好师风；另一方面突出学生的自觉，实现自主学习，并不断实践，形成自觉，将其内化成生活的方式。

卓实教育追求生命自觉。生命自觉是指"个体对自己生命的存在状态觉知、成长目标清晰、理想人格确立和矢志不移追求"[②]。生命自觉是人通过教育完成自我认识、自我建构，达到自由自在的状态，使人能把握自己的命运，从而实现自我价值和人生理想。

生命自觉是自觉的高级形态。它包含人在价值取向和道德意义上的自我清晰，发展的自我选择、自我负责和自我完善，包括人对自己的特长与不足、目前的发展状态、可能的发展目标与前景、人生未来理想的构建与策略选择，以及有方向地、坚持不懈地践行与实现等方面。[③] 生命自觉是教育要达到的高度，也是人实现自由而全面发展的必经之路。

首先，要实现生命自觉当先自省。苏格拉底曾言："未经省察的人生没有价值。"所以首先要对自我有一个清晰的认知。只有清醒地认识自己，才能找到自身发展的着力点。湘潭县第一中学为了让学生找到自身发展的着力点，搭建了英语风采大赛、艺术节、运动会、社团节等多

---

① 王枬. 成己成人：叶澜教师观解读 [M]. 北京：人民教育出版社，2022：242.
② 王枬. 成己成人：叶澜教师观解读 [M]. 北京：人民教育出版社，2022：242.
③ 王枬. 成己成人：叶澜教师观解读 [M]. 北京：人民教育出版社，2022：245.

个梦想舞台，丰富大家的校园生活，展示各自的才华，而且让学生通过体验、感知后进行自省和自我肯定。在英语风采大赛上潇洒从容地向世界介绍中国的冯卓巍、吕新畅；坚定执着传承非物质文化——青山唢呐的朱典；在运动会上双双打破校运会纪录的唐杰文、唐嘉骏；还有在各类艺术舞台上崭露头角的王思睿；等等。他们对自己的清晰认识为自己找到了自身发展的着力点。但也要进一步自省，思考"我是一个什么样的人？""我想要什么样的人生？""我学习的意义是什么？"其实，认识到自己的命运和生命的意义是很难的。

其次，实现生命自觉还当自强。《周易》云："天行健，君子以自强不息。"湖湘文化中也强调"血诚""明强"。在我看来，自强之道，还重在"知行合一"。尽管前路漫漫、荆棘丛生，但我心之所往、志之所向，仍乘风破浪，傲然前进。当然，强者之路，也会存在艰难险阻，但自强而能够正视自己的人生的人不会困囿于此。罗曼·罗兰说："世界上只有一种英雄主义，就是认清生活的本质后依然热爱生活。"

最后，实现生命自觉更当自律。蒙田曾说："真正的自由是在任何时候都能控制自己。"学生的自律包括日复一日的早读、课间运动等。湘潭县第一中学的毕业生卢鹏宇同学曾说："没有监管的自由时光，是最轻松惬意，也是最容易让人懈怠堕落的时期，我庆幸自己没有虚度。"在自由的时光之中，他始终保持自律，自觉投身学习之中，最终圆梦清华。古人说"君子慎独"，而"慎独"的第一要义便是自律，如能自律，则前途不远。

2. 主体性的表现之二：创造性或创新性

主体性的另一个表现是创造性。"创造性是对现实发展的超越性，是主体性发展的最高层次，集中表现为创新意识、创新思维能力和实践操作能力。"[1]

---

[1]　重庆育才中学课题组.《创新生活教育理论构建与实践研究》课题结题报告 [R]. 2019：39.

创造强调从无到有，创新则是有中出新，立足于原有的基础进行生发、再造，是一种质变。"创新是指在前人或他人已经发现或发明的基础上，能够作出新的发现、提出新的见解、开拓新的领域、解决新的问题、创造新的事物，或者能够对前人、他人已有的成果作出创造性的运用。"①创造性是人基于主体认知、经验提出的超越时代认识与实践局限的观点、看法或实践活动，是主体性的最高表现形式。创造和创新，是人发挥主观能动性的结果，也是人的主体性外化的表现。

　　湘潭县第一中学重视对学生的创新意识和创新能力的培养，鼓励学生进行科技创新，让学生展开充分的想象，培养学生的动手能力、实践能力和创造能力，为学生今后走入社会奠定生存和发展的基础。

　　创造性和创新性表现为受教育者举一反三的学习能力、丰富的想象力和与众不同的思维方式等。爱因斯坦曾说过："提出一个问题往往比解决一个问题更重要。因为解决问题也许仅仅是一个数学上或实验上的技能而已，而提出新的问题、新的可能性，从新的角度去看待旧的问题，却需要有创造性的想象力，而且标志着科学的真正进步。"②可见，想象力比知识更重要。科技创新是强国建设的动力之源，培养具有创新意识、创新能力的新一代青年是学校教育的一大任务。教育的目的是让学生成为个性突出的自信卓越之人，对于爱好科学的学生，学校要创造条件培养他们的兴趣、挖掘他们的潜力，要用创新之光照亮他们的成才之路。

　　学校利用课余时间，开发校本课程，开展社团活动，举办校园科技创新大赛，组织学生参与社会实践……学校通过一系列举措，引导学生关注社会、关注生活、关注科学进步，从而增强时代责任感，拓展知识领域，树立创新意识，提高创新能力。

---

① 刘惠琴，白永毅，林功实．创新与创造的若干概念辨析 [J].清华大学教育研究，2000（3）：14-16.

② 爱因斯坦，英费尔德．物理学的进化 [M].周肇威，译．上海：上海科学技术出版社，1962：66.

智能防洪装置、GPS 定位纽扣、风动式灭蚊灯、自动翻转烧烤机、全自动土豆切丝设备……一批又一批的科技创新生力军，在县一中校园掀起爱科学、勤钻研的热潮，一项接一项的发明创造在学生手中诞生。近三年来，学生获科技创新大赛国家级奖项 15 个、省级奖项 17 个；10 多人获科技创新大赛省一等奖，三人获"明天小小科学家"科技创新大赛国家级奖励。郭润东等三位同学组成一个小团队，发明了一个智能捕鼠器，湖南广播电视台经视频道等媒体对其进行了专题报道。胡泽雄、贺汝成获 2017 年国际奥林匹克智能机器人竞赛中国赛区场地定向任务赛中学组一等奖；刘如雪的洪水溃堤自动塞在市第 37 届青少年科技创新大赛中拔得头筹。

四、卓实之道：践行卓实教育的基本方法

"教育目标的实现，必须通过受教育者作为一个活生生的人对于生活真实而丰富的体验；另一方面，教会人们懂得生活的可贵本身就是一种教育目标……没有真正的人生体验，真正的教育就无法开始。"①

卓实教育坚持人本思想的内核，尊重学生的主体性和情感体验，注重学生的认知发展和情感发展，通过对话和共情两种基本方法，激发学生学习兴趣，让学生把学习当作自己发自内心的需要，主动认识和掌握学习的规律，成为学习的主体。

（一）对话

德国学者克林伯格认为："在所有的教学中，进行着最广义的'对话'……不管哪一种教学方式占支配地位，这种相互作用的对话是优秀

---

① 张排房．动机研究黄金期的需要思想（上册）[M]．北京：新华出版社，2020：339.

教学的本质性的标识。"①

教育本身就是一种知识的交流与传递。正如弗莱雷所说：没有了对话，就没有了交流；没有了交流，也就没有真正的教育。

1. 对话的特性

根据《现代汉语词典》的解释，"对话"指"两个或更多的人之间谈话"，或"两方或几方之间接触、商量或谈判"。对话是与独白相对应的一种言语形式。

对话这种交流方式是我们最熟悉的。可以说，生活中对话无处不在。但将对话作为教育的手段，运用到教育教学活动中，并非常事。当然，在课堂上教师与学生、学生与学生对话的情况经常发生，但是，我们这里强调的对话，是一种理论意义上的对话，突出对话的特性，目的是通过对话形成新的师生、学生之间交往关系等。

从对话的定义看，可以知道对话具有平等性和交互性。

平等性：指对话双方的地位、人格、机会是平等的。巴赫金在对话理论中指出"没有足够的尊重、没有平等的交流平台，便没有对话"。在教育中，对话得以产生，也需要平等的交流平台。以往我们的教育是一种"独白"式的教育，教师说什么，学生就听什么，是在灌输知识，完全不考虑学生愿不愿意、能不能接受。整个教学过程，教师处于主导地位，学生处于从属地位，教师制定纪律，学生遵守纪律，学生的意愿、情感往往被忽视了。可以说，这种教育方式忽略了人是一种主体性的存在，自然在教学中就不存在真正意义上的交流和对话。对话要求双方是平等的、开放的，可以自由表达，鼓励师生之间交流见解和思想。

交互性：指对话双方在遵守共同的规则下，主动进行思想、见解的交流，没有主从原则和包含与被包含的关系，是一种双向沟通的过程。

① 钟启泉. 对话与文本：教学规范的转型 [J]. 教育研究，2001（3）：33-39.

双方能产生对话，表明双方在价值、文化、观念等方面存在差异，需要通过对话达成目的。因而对话是互动共生的，是在一来一回的互动过程中碰撞出思想的火花，实现意义增生，然后达成对话交流的目的。

高考前为高三学生加油

对话是在平等的关系和尊重的态度的基础上进行的思想交换和互动，在对话基础上建立教学模式，是一种对话教学，它改变了传统的师生关系、教学观以及课程观。

2. 对话教学

今天我们所说的对话教学，是相对于传统的"独白式"教学而言的，是以"沟通性"的"对话"为其品性的教学……究其实质，是指师生在真正民主、平等、宽容的氛围中，以言语、理解、体验、反思等对话方式在经验共享中创生知识和教学意义，提升人生品味、境界及价值的教学心态。由此可见，对话教学是一种尊重主体性、体现创造性、追求人性化的教学。[1]

对话教学对师生关系、教学观和课程观等方面的影响主要表现在以下几方面。

从对话的主体角度来说，存在多种形式。一是师生对话。师生之间进行对话的前提是，教师、学生作为教育的双主体，在地位上、人格上是平等的。教师不再是教学的中心和主导，承认学生的主体地位，赋予学生自主、自由表达的权利。师生进行思想、观念的交流与对话。对话的过程是彼此敞开心扉，彼此接纳和精神交流的过程。每一个学生都有

---

① 张增田，靳玉乐.论新课程背景下的对话教学 [J].西安师范大学学报（人文社科版），2004（5）：77-80.

自己丰富的内心世界和独特的情感表达方式，都需要他人的理解与尊重。师生在对话过程中接纳彼此观点的同时，必然会有新的情境、新的思维火花出现，它不是预设的而是动态生成的，在对话、交流、追问中培养学生的表达能力与思维能力。

二是生生对话。对话同样也发生在学生与学生之间。学生作为独一无二的个体，有着不同的想法、观念和经验，能进行知识的交流、思想的互动。基于小组内部的交流、对话、学习，使得组员之间能够充分分享经验、知识、智慧和思想，可以取长补短，学生之间也会碰撞出思维的火花，互相影响。教师应努力倡导"合作学习""互惠学习"，让学生形成学习小组、齐心协力、共同进退、共同探讨、自主研究，既能培养学生的合作能力，也能使学生养成责任意识。

三是生本对话。德国哲学家马丁·布伯在其著作《我和你》中提出，从主体和客体关系出发，存在两种对话：一种是主体与主体之间的对话，即"我—你"之间；另一种是主体与客体的对话，即"我—它"之间，是人与事的关系。在教育中，"我—它"即是生本对话。在传统的教学模式中，课程教学是以教材为核心，教材是权威，学生只能单纯地接受，是一种典型的灌输式教学。而生本对话，是在教师的指导下，学生与教材、与教材相关的拓展学习文本、与最前沿科技成果之间进行的对话。通过开展学科阅读，拓展学生的阅读面，开阔学生的眼界和思维，进一步拓展学习内容的外延，启发学生思考，培养思维能力。

在教学观方面，学校运用"对话启思"这一教学策略，重视开展小组合作学习，以学习小组为单位，构筑起"学习共同体"，更好地进行协同学习。教师要精心组建"学习共同体"，并给予方法指导。一是合理搭配，平衡优劣。在学生实际学习情况的基础上，合理搭配小组人员，均衡分组，形成优势互补。二是明确分工，角色轮换。每一个小组都要确定讨论过程中的协调员、记录员、资料员、发言人等，经过一段时间再进行组内角色互换。三是营造氛围，及时评价。教师还应教学生在小组合作学习时学会倾听、学会质疑、学会表达、学会评价，营造好组内学习氛围。在个人和小组展示成果时，教师应及时评价反馈或让学生互相评价反馈，并让学生及时提交书面报告，评价本次活动的得失、小组各成员的参与度、任务完成情况等，从而赋予学习共同体以开拓进取、努力思考、及时评价反馈的良好价值导向。

另外，学校也举办"对话钱老"系列活动。为促进学生对钱学森精神的了解，在学生入校之初，即要求人人阅读《钱学森传》，并要求做详细的读书笔记；入校后组织开展读书分享会，让学生谈自己对钱学森精神的认识。同时，组织学生观看电影《钱学森》，并要求他们写好观后感，最后进行评比颁奖。另外，还会利用主题班会、国旗下讲话、学术报告等多种方式，引领钱学森实验班学生走近钱老、对话钱老、感悟钱老，激发学生的爱国情怀，培养学生开拓创造、攻坚克难、钻之弥坚、精益求精的学术精神。

（二）共情

在教育活动中要产生共情，首先要有情感、有爱存在。

卓实教育认为爱是教育的核心，没有爱就没有教育。教育应该关注学生在情绪、情操、态度等方面的情感需求。正如苏霍姆林斯基所说："热爱孩子是教师生活中最主要的东西。没有爱，就没有教育。老师的爱，对学生来说是一种极好的鞭策和激励，对学生的成长和进步有极大的推动作用。"[①]

从情感的角度谈教育，常被人认为是情感教育。情感教育有很长的历史，从柏拉图的心灵教育开始，到苏格拉底的"产婆术"、亚里士多德的文雅教育，都有情感教育的身影。关于情感教育，目前主要集中在两个层次：第一层是把情感作为一种教育方法、教学手段，运用在教育教学活动中，从而获得更好的教育效果。第二层是有关情感的教育，如

---

① 转引自唐广勇.情感教育策略论[M].长春：吉林文史出版社，2017：195.

张志勇在《情感教育论》中所说"教育者依据一定的教育教学要求,通过相应的教学活动,促使学生的情感领域发生积极变化,产生新的情感,形成新的情感品质的过程"①。我们这里谈论的主要是第一层,将情感作为教育方法、教学手段,广泛应用于教育教学活动中。

在我国古代,其实就已经将情感作为教育的一种手段。如孔子的"治人七情"、荀子的性恶论"化性而起伪"等,将情感作为培养人才、齐家治国的重要手段。卓实教育说的情感教育,主要是将情感作为教育的手段,即共情,通过共情使师生之间产生情感交流,了解对方的内心世界,懂其所思所想,然后有针对性地进行教育教学。

共情最初是由铁钦纳在心理学领域提出的。人本主义学者罗杰斯认为共情是指体验别人内心世界的能力。"共情"一词在引进国内时,常译为"同感""共鸣"等。关于共情,主要有三层含义:"(1)共情是一种认知和情感状态。如Hogan(1969)认为共情是设身处地理解他人的想法,在智力上理解他人的一种情感状态,并据该定义编制了共情量表,用于测量共情状态下个体的认知状况。Hoffman(2002)认为共情是从他人的立场出发对他人内在状态的认知,从而产生的一种对他人的情绪体验状态;(2)共情是一种情绪情感反应。如Eisenberg和Strayer(1987)认为共情是源于对他人情感状态的理解且与他人当时体验到的或将会体验到的感受相似的情绪情感反应;(3)共情是一种能力。如Feshback(1987)认为共情是认知能力和情感能力的结合体。认知能力是辨别、命名他人情感状态的能力及采择他人观点的能力;情感能力指个体的情感反应能力。两种能力交互作用,使个体产生共情。"②

以上对共情的不同理解基本上包含了目前对共情的各种认知。可

---

① 张志勇. 情感教育论[M]. 北京:北京师范大学出版社,1993:74.
② 刘聪慧、王永梅、俞国良. 共情的相关理论评述及动态模型探新[J]. 心理科学进展,2009,17(5):964.

以说，不管认为共情是一种情感状态还是情绪情感反应，抑或是一种能力，共情往往发生在两个或多个主体之间，通过设身处地地站在别人的立场上理解他人的情感、需要和意图而产生的一种情感反应。在教育活动中，共情主要是作为一种教育教学手段，发生在师生、生生之间。

湘潭县一中提倡共情，既表明了一种能力，又凸显了一种态度。作为能力，是一种认知能力和沟通能力，主要体现在能清楚地觉知、辨别、感受和体验学生的情感状态，了解学生的情感诉求，并给予情感回应。作为态度，它表现为对学生的关切、接受、理解、珍惜和尊重，想学生之所想，为学生发展助力。

共情不单单是一种沟通能力，更是一种极为重要的教育特质。它表现为对学生的接受、理解和尊重，让学生感到被悦纳、被理解、被尊重，从而心生愉快、满足，促进学生自我表达、自我探索、自我了解和师生双方更深入的交流，使学生更加自信健康地成长。

1. 实现共情的方式

共情作为一种教育教学手段，主要通过换位思考和分享体验等方式实现。

换位思考是从学生的角度思考，体验学生的情感与诉求。如学校尊重学生人格与需求，共情育人，为此专门成立了新时代文明实践志愿者总队，分设教师大队、学生大队、家长大队等 7 个大队，倡议全体教师每周抽出一小时为学生开展义务辅导。在学校内，无论课间、午休还是晚自习时间，到处都可以看到任课教师义务辅导学生或者师生促膝谈心的场景，这些温馨的场面成为学校一道道亮丽的风景线。

分享体验指引导学生主动表达自己内心的感受和想法，然后对其进行客观理解和分析，做出适当的情感回应。如学校设立了"师生共情平台"，旨在鼓励教师向学生学习，积极吸收来自学生的反馈，助推自身的进步。

2. 教师的共情能力

教师应该有仁爱之心，有共情能力。

通过共情，教师便能设身处地理解学生，从而能够更准确地掌握每位学生的相关信息；通过共情，使学生感到自己被悦纳、被理解，从而感到更加愉快、满足，更能自信健康地成长；通过共情，更有利于学生自我表达、自我探索，从而使学生更加了解自己、师生双方更能深入地交流。通过共情达到"教育技术的顶峰，即师生之间心灵交往的和谐境界"[①]。这样，教育才能朝着最正确、最科学的方向发展。

教育是一种艺术，艺术的生命在于情感。湘潭县一中实践"卓实教育"育人理念，以师者的共情为境界，培育追求真理、品学兼优、脚踏实地、心灵充实的学生。

对话和共情作为卓实教育的基本方法，既改变了传统的教育方式、师生关系、教学观和课程观等，通过与受教育者的情感产生共鸣，与其思想、观念形成对话，满足受教育者的内在需求，又潜移默化于学校各处，化有形的教学为无形的滋养。

① 瓦·阿·苏霍姆林斯基.给教师的建议[M].杜殿坤，编译.北京：教育科学出版社，1981：182.

第二章　卓实之师：打造卓越师资力量

2013年9月9日，习近平总书记在致全国广大教师的慰问信中指出，"教师是立教之本、兴教之源，承担着让每个孩子健康成长、办好人民满意教育的重任"，希望广大教师"牢固树立终身学习理念，加强学习，拓宽视野，更新知识，不断提高业务能力和教育教学质量"①。

教师是教育现代化发展的第一资源，是教育的源头活水。而优质教师是学校发展的根本，是学校综合实力的表现，有什么样的老师，就有什么样的教育。因此，要发展现代教育，首先应该建设一流的师资力量。

学校的教师队伍建设，需要通过多种办法来革除教师职业道德丧失、心理情绪耗失、成就幸福感缺失等"三种职业怠倦"状态；通过目标导向的自我定位来激发教育热情，用专业引领、读书增蕴来丰润教育人生，用搭建平台、竞露才华来展现个性风采，用精细管理、严格要求来促成和谐团队的形成，从而使教师充满不断完善的内生动力。卓实教育将建设一流的师资力量作为学校建设的重中之重，力图通过完善师资建设机制，提高教师的核心素养和职业技能，打造专家型教师，建设卓越师资力量。

---

① 习近平.习近平向全国广大教师致慰问信[N].人民日报，2013-09-01（1）.

一、卓实之师的建设机制

2014 年 9 月 9 日，习近平总书记在看望北京师范大学师生时强调："教育大计，教师为本。国家繁荣、民族振兴、教育发展，需要我们大力培养造就一支师德高尚、业务精湛、结构合理、充满活力的高素质专业化教师队伍，需要涌现一大批好老师。"[①] 培养造就一支师德高尚、业务精湛、结构合理、充满活力的高素质专业化教师队伍是一个复杂的过程。影响教师成长的因素很多，而且这些因素之间互相联系、互相影响，因此很难有一个执行标准或操作流程可参照，也没办法用逐一对应的方式采取相应的策略，只能采用结构式对应的方式，建立较为完善的发展机制，根据内部结构和外部环境综合考虑。

机制原本是指物体的内部构造或工作原理，后来被用于社会学，指使某个组织或制度能够正常运行的合法规则等。机制的主要特征是，内部各个要素之间互相协调、互相约束，有机组合后发挥出最大功效。而师资建设的基本机制，是将促使教师发展的各要素有机结合，互相呼应和补充，从而发挥出最大效用。

虽然影响教师发展的因素很多，但内在动力始终是其自身，而外驱力则来自学校、社会提供的平台等。我们这里谈论的主要是教师自身的内在动力以及来自学校的外驱力，即学校为教师发展所采取的一系列措施，包括为提升教师职业技能进行培训和激励，为提高师德采取的文化熏陶和引领，为保障教师的教育主体权利建设的制度和规则等。这些元素互相影响、互相协调，构成了师资建设的基本机制。

湘潭县一中以卓实教育为核心，从自主发展机制、师资结构优化、

---

① 习近平. 习近平在北京师范大学考察 号召全国广大教师做党和人民满意的好老师 [N]. 人民日报，2014-09-10（1）.

文化引领机制、制度保障机制、团队合作机制、项目推动机制方面培养卓实之师。所谓卓实之师，是指无论是思想格局还是实际行动都能卓尔不凡，将"追求卓越"作为一生信念的教师。

近年来，湘潭县一中培养了一支在学科领域有突出成就的专家型队伍；培养了一支在教学领域有丰富经验的骨干队伍；培养了一支耕耘数理化生领域的竞赛教练队伍，助力培养学科拔尖创新人才。同时，学校的老师在省、市、县各级赛课平台全面开花，数次代表莲乡教师登上最高领奖台……一中的老师，如一中的杏坛一样千里芬芳，流光溢彩。

（一）自主发展机制

教师作为独立的社会个体，有自我发展、实现自我价值的需要。这是教师成长的内在动力。正如弗兰克尔所说："人不是一种事物：事物相互决定，但是人从根本上说是自决的。在天赋和环境允许的范围内，一个人成为什么样的人，完全取决于自己。"[①]教师身处变革的时代，信息技术与科学技术飞速发展，教育也发生着剧烈变革，如教育主体的多元化、教育价值的多重化、教育方式的多样化、教育环境的复杂化，等等，教师只有顺应变化，不断发展自我、完善自我，才能成为一名优秀的教师。

教师的自主发展从生命哲学的角度来说，是教师提升生命质量、实现人生理想的过程。我们常说教师是神圣的职业，这是教育带给教师的光环，是社会赋予教师的外在意蕴。而作为教师，不仅需要对教师这一职业有清晰的认识，更需要对自身有准确的认知，找准自己的定位，发挥自己的光和热，更好地体现自己的人生价值。因此，教师自主发展机制中主要包括教师的自我认知、树立自主意识、形成自觉意识三方面。

第一，自我认知。首先认识自己，了解自己的性格、需求、优势和劣势等，然后发现自己，挖掘自己的潜能、长处，找准发展点，从而实

---

① 弗兰克尔. 发现人生的真谛——意义疗法概述 [A] 陈珺. 心灵简史 [C]. 北京：线装书局，2003：96.

现自我发展。"一个优秀的教师，必须具有远大的理想，不断地给自己提出追求的目标，同时又要有激情。人要会做梦，优秀的教师要永远伴随着自己的梦想。"①

第二，树立自主意识。主动学习，自我更新，主动参与教育实践，提升教学能力，充分发挥自主权。自主意识强的人，能够排除外界干扰，并能承受较强的外在压力，自己做决定，制订适合自己的计划、目标，主动获取知识，主动完善自我，最终达成目标。自主意识最显著的表现是主动学习。"对一名现代教师而言，持续的学习将使他保持精神的高尚，支撑自己作为一个文明人的操守。"②

第三，形成自觉意识。"教育家的成长除了客观有利条件外，关键在于个人的自觉，包括对人生意义的自觉，对社会责任的自觉，对教育价值的自觉，对实践探索的自觉，对理论思维的自觉等。"③作为教师，对外，要拥有教育情怀，能自觉担负起教育的使命；对内，则要经常审视自己、反思自己。

（二）师资结构优化

结构是事物基本的存在方式。结构指"任何事物本身所固有的属性，而不是人为强加的节外生枝，一定事物的结构是由不同要素构成的，这些不同要素又是按一定规律相互联系、相互作用"④。结构也指部分构成整体的方式，具体来说就是指由许多元素按照一定的规则组成的系统。师资结构就是这样一个系统，"教师队伍中教师本身条件要素的数量构成比例及其组合关系，如教师的年龄、学历、职务、性别等各种数量比例，以及教师群体内相互之间的配合关系等"⑤。形成师资结构目的是要

卓实教育论

让整体发挥出大于部分、各要素的作用。

一般认为，合理的教师队伍结构应能适应国家经济建设和科技发展的需要；教师能互相促进、取长补短、充分发挥其作用；能够保证正常的新陈代谢和继续发展的活力。^①优化师资结构，是学校发展的需要，更是满足教师个性化发展的需要。不同的教师，在知识储备、教学经验、认知结构、思维方式、教学风格等方面存在差异，因此，不同教师的发展需求也不同。学校优化师资结构，便于有针对性地采取适合教师个性化发展的举措和策略，为培养一流的教师队伍做出整体规划。湘潭县一中落实教师梯队培养计划，圈定对象，明晰目标，开辟路径，分段落实，初步建立教师专业发展体系，确定老、中、青三个梯队，第一梯队 52 人，第二梯队 120 人，第三梯队 180 人。

1. 起用年轻教师

学校大胆起用年轻教师，在以考促学、以赛促训的能力提升过程中，强化他们的综合素质。为了不断提高青年教师的业务水平，学校放手让他们挑大梁，在高三课堂、奥赛培训、培优课上都可以看到他们的身影。这种高度的信任对年轻教师起到了巨大的激励作用，使他们一心一意扑在工作上，积极主动地钻研思考。同时，积极开展以赛代训活动，每年都会推出一批青年教师参加省、市、县各级各类比赛活动，让他们在竞赛活动中充分展示自我，享受成功，增强自信心。通过多轮打磨，年轻教师对各类教学突发事件，都能从容面对。另外，为助力青年教师成长，学校实施"一三六九

与青年教师在一起

---

① 振兴教育师资为本.我国中小学教师队伍建设书系 [Z].沈阳：沈阳出版社，2000：109.

工程",即确立青年教师"一年入门、三年过关、六年成骨干、九年成名师"的成长目标。同时组织好有关传统教学赛事(新视野、杏坛之星、金霞杯、八斗杯等),落实好每年3月份35岁以下青年教师解题比赛。

2.培养高学历的教师

学校重点培养研究生学历的教师,激励他们成为学校科研的中坚力量。让25位全日制研究生教师思考"如何提高学校的科研水平""如何指导学生进行研究性学习"等科研问题,要求每人每年度写一篇论文、参与一个课题、做一场报告、指导一名学生进行研究性学习的任务,争取在教学教研、教学比赛、研修培训等方面获得更多的话语权、自主权。

3.发挥中老年教师的支柱作用

学校充分发挥中老年教师的作用,鼓励他们著书立说,鼓励他们通过传、帮、带培养青年教师。这是学校师资队伍建设的一个重要特点。在新高考来临、新课标实施之际,各教研组以中老年骨干教师为领头羊,开始了一场迎接大变革的研究。同时,学校面向35—45岁的中年教师,大力推进科研型教师队伍建设,在课题申请、著作出版、论文发表上提供指导与帮助,鼓励他们朝着专家型、学者型教师迈进。45岁以上的资深教师,是促进学校发展的关键。学校请他们参加"金霞讲坛",展现其深厚的专业水平;开展"八斗杯"资深教师示范课活动,展示其丰富的职业技能;评选"金讲台"奖,发掘其身上淳朴的师者风范。作为教育家型教师,他们把握高考风向标、培训教师队伍,既在学科知识与课堂技能上做示范引领,又用坚守讲台、无怨无悔的师德风尚感染其他教师,他们是学校宝贵的精神财富。

(三)文化引领机制

文化作为人类精神活动及其产品、行为规范体系和价值观念体系,为人类发展提供方向和动力。一所学校的文化,是影响教师行为的重要因素,既有引领作用,又规范和制约着教师的言行,影响教师的价值观念的形成。

学校文化是学校师生在长期教学实践中创造和形成的共同信念、价值和追求，包括物质文化、精神文化、制度文化等。学校文化是学校综合办学水平的重要体现，是学校个性魅力与办学特色的体现，也是制约和影响学校发展的重要元素。在本书第五章会对学校文化深入探究，这里只提及学校文化对教师发展的引领作用。

学校文化引领教师发展主要体现在：强化人文关怀，凸显教师主人翁意识；注重文化浸润，提升教师专业素养。

1. 强化人文关怀，凸显教师主人翁意识

学校强化人文关怀，首先从营造良好的校园环境开始。良好的校园环境是教师高效工作与愉悦生活的重要保障。学校应努力为教师营造良好的校园环境与人文氛围，让他们感受到满满的职业幸福感。同时，为教师提供良好的办公环境、健全的运动设施，让教师在美好的工作生活环境中，全身心地投入教育教学。为丰富教师的业余文化生活，学校每年定期组织教师春游、秋游，号召全体教师在认真工作的同时学会享受生活。专门为女教师设置了瑜伽室，让她们在紧张的工作之余身心得到放松。其次，深入开展工会帮扶活动。由工会牵头，主动深入基层了解情况，了解教职工的利益诉求，帮助广大教职员工解决具体困难；为教职工送去生日礼物，开展节日慰问，组织教职工体检，增强教师队伍的凝聚力。同时，工会以开展喜闻乐见的活动为载体，如开展 50 米迎面接力赛、篮球赛、登山比赛、摄影比赛等活动，着力营造良好的学校文化氛围。最后，学校通过交流、对话，强化人文关怀，树立教师的主人翁意识。只要在学校，我每天都会前往教学楼办公室或食堂与教师们交流，听取大家的意见，让他们感受到自己的声音能被管理层听到，他们的建议能够为学校的发展发挥作用。在此基础上，学校形成了"校领导下班制度"，即校领导蹲点到班，充分联系教师，形成一股和谐的向心力，促进学校发展。除此之外，学校还通过一年一度的教师代表大会，集众智、凝众力，激励教师们积极参与学校事务，树立主人翁意识。被理解、被尊重，是教师们获得职业幸福感的重要原因。

2. 注重文化浸润，提升教师专业素养

学校营造良好的文化氛围，让教师在这一良好的文化场中，把读书贯穿在自己的工作和生活之中，从而实现专业上的自我超越和共同成长。每学期学校都要求教师阅读一本理论书籍（由学校指定），读完后交流学习心得；潜心于"专题性阅读"：在每年一度的"拜师学艺"活动中，学校都指定师徒阅读专题书，并跟踪检查，期末考评，评出"优秀师徒"；拓展"综合性阅读"：每周学校都要安排统一的阅读时间，教师各取所需，主动汲取知识营养；坚持"集合学习"，将最前沿的信息、有价值的经验、能促进思考的教育理念，大密度地"抛"给教师，促使他们精神上得到持久的滋养，业务上得到持续的提升。

在渐行渐盛的读书氛围里，学校逐渐选定了五大阅读范围，开展"五读"活动。一读教育专著，写好笔记，进行研究性阅读，夯实教师理论基础；二读文学名著，进行欣赏式阅读，丰厚教师文化底蕴；三读名师实录，进行"全程"记录，开展自省式阅读，促进教师专业成长；四读期刊杂文，旁批心得，进行主题式阅读，丰富教师的信息素养；五读人文读本，进行潜沉式阅读和校内交流，浸润教师的心灵。以此读成学识之师、文明之师、博爱之师。

（四）制度保障机制

学校制度是学校正常、有序运行的保障，也是学校师生行动的规范，具有强制力和约束性。它的目的是调整人与人、人与学校之间的关系，从而达到各要素和谐相处、互相促进、共同发展。对教师而言，学校制度除了约束教师的行为，还为教师的成长和发展提供了指导和规范。

学校为教师的成长和发展制定了相应的制度，使教师发展有章可循。

1. 培训制度

培训承担着提升教师教学技术、技能的任务，是教师成长中永恒的主题。长期以来，学校坚持"五大培训"制度不动摇，即信息技术培训、普通话培训、学科知识培训、名师讲堂、教师职业道德培训，促进教师成长。

另外，教师情况不同，则采取的培训制度也不同。如：一方面，学校每年通过新教师入职班管工作培训、开学初班主任会等多种形式，组织班主任集中学习；另一方面，积极安排班主任外出参加培训，同时也会把教育名家、德育专家请到学校来讲学。

这些培训制度都是具体的实践内容，也许有些培训制度并没有形成正式文件，但已达成共识，形成规范。

2. 激励制度

激励制度是教师成长和发展的动力基础。学校通过建立完备的激励机制，在薪酬、福利、荣誉三个层面上激励教师，使其获得职业满足感。在学校的"十四五"规划中，提出了优化激励机制，促进内涵式发展的"动力工程"，主要体现在以下三个方面。

一是多元化薪酬制度。作为学校管理者，我认为厚植职业情怀很重要，但一定的物质奖励也必不可少。县域中学优秀教师流失问题严重，其重要原因在于县域教师待遇和大城市教师待遇有较大差距。但是，县财政有明确的基本工资发放标准，学校无法改变，只能通过建立多元化的薪酬制度，让教师知道劳有所得、教有所获。在法规之内能够发放的薪酬，做到应发尽发，甚至创造条件，争取各类奖励资金，如通过创建"全国文明校园"，为全校教师争取了相当于两个月工资的"文明校园奖"。而且每一笔薪酬的发放都精确到项目，多劳多得，公平发放。除政府支付的财政薪酬之外，多元化制度的建立，更体现在学校发放的奖金上。学校广泛联系校友与社会爱心人士，募集善款成立教育基金，设立师德模范、教学能手、教坛新秀、金讲台、科研之星、突出贡献奖共六个奖励项目，奖励金额从数千元至数万元不等，每年一评选，极大地激励了教师们的工作积极性。2021 年末，我利用参加市人大会议的契机，联系优秀校友，筹得奖教奖学资金 1000 万元，这也使学校"教育基金奖"的评选规格更高、规模更大，使教师对学校更有信心，工作更有劲头。

二是多样化荣誉制度。我认为，好学生是鼓励出来的，好老师也是鼓励出来的。据此，学校建立了多样化的荣誉制度，激励教师获得职业满足感。在职称评定上，学校举全校之力帮助骨干教师参评正高级、特级教师；在省、市、县评优评先时，学校积极争取名额，推荐教师，近年来有多名教师获得省劳模、市优秀教师等多项荣誉；在省、市、县赛课活动中，学校统筹、教研组全力协助教师参赛，如在 2021 年的湖南省青年教师教学大赛中，学校英语老师胡伊莎获得了一等奖第一名，荣获"湖南省五一劳动奖章"。学校也在校内积极举办多种活动，如教育教学年会、楹联征集、摄影大赛、演讲比赛、教职工运动会等，不断给教师们提供展示的舞台，让他们在激励中享受荣誉带来的职业满足感。

三是多边化福利制度。良好的福利能温暖人心，学校大力推动"一人工作，惠及全家"的多边化福利制度。于个人，为优秀教师争取人才补贴，比如 2021 年加盟学校的青年教师谢伦驾，成为我县第一个教育系统享受人才引进补贴的教师。为新参加工作的教师提供公寓，每逢节假日发放节假日礼物，向全体教师提供营养餐，提供项目齐全的体检，购买足额保险。学校福利在某些层面也覆盖教师家人，比如评选模范家庭、发放儿童节礼物、为家属提供工作、帮助子女入学等。

为实实在在激励教师，学校积极向上级领导部门争取晋级名额，为教师的发展铺好路。2023 年，通过努力，争取到了一定的指标。今后，学校还将继续向上级领导部门争取，尽量对晋级门槛有重大突破。

（五）团队合作机制

"教师组织学习的最终目的是成为一个能够不断进行自我充实、自我反馈、自我完善的有机系统，一个能进行集体性系统思考的有智慧的组织。这样的教师组织才有力量对复杂的教育环境和问题做出创造性的、正确的反应。"[①] 团队合作是学校对师资力量进行资源配置的一种方式，也是使教师更好地成长和发展的重要组织形式。

团队是一种联合体，是由少数技能上可以互补、有共同目标且存在一定关系的人组成的联合体。教师团队则是学校内专业或教授课程相同的教师组成的团队，或者基于创新实践、研究学习、教学改革等共同目的组成的团队。这些教师团队可以充分利用个体优势进行优势互补、交流学习、共享信息、合作探究等，促进教师共同成长。

长期以来，学校坚持"向教师发展要质量"，积极探索"研究为本的教师专业化发展的理论与实践"，努力打造研究型教师团队。立足学校实际，将校本研修工作与教育实践紧密结合，让每一位教师坚定信心，执着梦想，坚持不懈地将教师专业成长向纵深发展。学校大力推进"名师工程"和"青年教师拜师学艺活动"，以及"研究共同体"，形成教师团队合作。

1. 名师工程

名师主要指在教育行业内某一领域具有专长且有一定影响力和知名度的教师。每一个名师都既有丰富的教学经验，又具有先进的教学理念和行之有效的教学方法，是专业领域内的标杆。

2021年，湘潭县一中被湘潭市授牌高中地理、高中信息技术名师工作室基地校，被湘潭县授牌高中数学名师工作室基地校、湘潭县高中语文名师工作室基地校。名师工作室以建立梯队式的教师培养方式来解决问题。梯队培育计划旨在建立教师专业发展体系，以打造"品牌卓越教师、中坚骨干教师、全面优秀教师"为目标，激发不同层次教师群体的职业动力，促进教师专业发展。为有效克服网络平台带来的局限性，

---

① 白磊.学校基层教师组织研究——年级组和教研组的冲突与整合[D].首都师范大学，2007.

参加湖南省新时代基础教育名校长培养计划

名师工作室以点带面，从资料的甄别到对青年教师进行教学设计的指导，实现了线上线下有机结合。

学校充分发挥名师引领作用，搭建和完善教师专业发展的研修平台。通过名师"传、带、帮"引领更多中青年教师成为名师，让名师工作室成为教师成长的摇篮、教研的基地、交流的平台、辐射的中心。并制订教师梯队培养计划，圈定对象，明晰目标，让教师确定好短期和长远发展目标，对自己有很清晰的了解和准确的认识，并采取具体的措施，进行追踪反馈、调整改进！

实施名师工程，努力培养名师名家，促进名师工作室内涵式发展，着力打造一批能影响 10 年甚至 20 年的名优教师典型。我曾主持湘潭县数学名师工作室，积极举办解题比赛、送教下乡等系列活动，在全县范围内起到了很好的示范引领作用。学校还培养了杨红、李建国、曹莉、汤雯娟等一大批作为湘潭市名师工作室成员的教师，并让他们在工作室承担重要教研工作。还有 20 位教师申报了市、县级学科带头人，27 人申报市、县级骨干教师。

2. 青年教师拜师学艺活动

实施"青蓝工程"，助推青年教师成长。青年教师通过拜师学艺的形式，向经验丰富的名师、特级教师取经。经验丰富的师傅们悉心指导，精心准备示范课；青年教师积极进取，虚心向师傅们学习如何上好展示课；通过师徒结对形式进行一对一对话式培训，使师徒在互学互助的过程中共同进步。例如，2012 年青年教师胡榕成为湘潭县一中这个大家庭中的一员。初登讲台，备课时，课堂上要讲的每一句话她都经过反复掂酌，并一一记录下来，生怕有所遗漏。整堂课从头到尾，预设的教学

卓实教育论

环节都按部就班地完成，可其师傅胡雨泉总觉得少了点什么。于是，他请徒弟走进自己的课堂。课堂上，师傅胡雨泉那些信手拈来的鲜活实例，让原本枯燥乏味的政治课变得生动起来，引得同学们笑声不断，使预设与生成的精彩自在其中……课后，胡雨泉向胡榕道出了"备课经"——备课不只是在 8 小时之内。原来，在他家的沙发旁放着一个记录本，电视里播放的重大新闻或是报刊上所载文章，但凡与政治教学沾边的，胡雨泉都会记录下来，许多课堂教学的精彩便由此而来。在胡雨泉的提示下，胡榕也摸索着将生活中无处不在的精彩融进课堂，放手让学生成为课堂的主角。在湘潭县一中的每一个日常教学里，这样的场景随处可见。如今，"青蓝工程"已成为学校助推青年教师专业成长的不二法宝。

2021 年度青年教师拜师学艺活动成功结对 15 对。另外，为使青年班主任尽快适应岗位、提高业务能力，学校每年都进行新老班主任结对活动。老班主任们发扬了学校"传、帮、带"的优秀传统，在他们的悉心指导下，新班主任们勤学善思，成长得很快。

3. 研究共同体

"共同体"是德国现代社会学家斐迪南·滕尼斯在《共同体与社会：纯粹社会学的基本概念》一书中提出的概念。他认为共同体是由人们的意志自然发展起来的，对内外产生作用的联合体，最初是建立在血缘、地缘、宗教的基础之上，后来发展为由人们的习惯、记忆、情感、精神等互相联结而形成的综合体。"共同体的类型主要是在建立在原生自然基础之上的群体（家庭、宗族）里实现的，此外，它也可能在小的、历史形成的联合体（村庄、城市）以及在思想的联合体（友谊、师徒关系）里实现。[①] 形成共同体有三个条件：其一，有共同的或共通的基础，可以是意愿或理念；其二，在指向、对象上有一定重合或相互关系；其三，关系上是平等的。"通过这种积极的关系而形成族群，只要被理解为统

---

① 斐迪南·滕尼斯. 共同体与社会：纯粹社会学的基本概念 [M]. 林荣远，译. 北京：商务印书馆，1999：ii~iii.

一地对内对外发挥作用的人或物，它就叫作是一种结合。关系本身即结合，或者被理解为现实的和有机的生命——这就是共同体的本质，或者被理解为思想的和机械的形态——这就是社会的概念。"[①] 可见共同体可以是人的联合体，也可以是事物的联合体。在教育体系中，常形成教师共同体、学生学习共同体、家校社共同体等，主要是指一种合作关系。

学校在促进教师成长和发展的目的上，打造以学习、交流、合作与发展为基本要素的教师"研究共同体"，是使教师相互学习、借鉴、影响，不断提升专业能力的有效方式。在行动的过程中，学校着力打造四个共同体。

一是打造常规教研共同体。以学科为单位，成立备课组，以挖掘教材、改进课堂为重点，进行教学研究。通过"集体备课"，让课堂教学"实"起来。如今，学校已形成了"集体通课、个人主备、平台发布、个性修改"的备课模式，重集体智慧的整合和个性特点的发挥，在思维碰撞中形成预设教案。开展"接力上课"活动，让课堂"精"起来。同级部老师就一节课进行反复打磨，轮番上阵，接力上课，在互为培训者的研究活动中，教师们获得了多角度、多层次的指导和帮助，并逐步内化、吸收，最终呈现给学生的是一节节精品课。开展"多维评课"活动，让课堂"活"起来。采用"堂堂跟进"的形式，每次听课必评课。上课者自评、听课者互评、指导者点评，反复咀嚼，精心思考，群策群力。"常规教研共同体"这种同伴互助式的教研方式，让教师在互动和对话中分享经验，互相学习，彼此支持，共同成长。

二是打造实验研究共同体。以课题组为单位，成立教研组，以发现问题、实验创新为重点，实现高效教学。学校本着"问题即课题"的教学理念，进行"微型课题"研究。教师就教育教学中存在的问题选择小课题进行研究，通过一个细小的切入点，直奔教学要害。研究共同体的建立，整合了教师资源，打破了学科界限，形成了教师教育场，使教师

① 斐迪南·滕尼斯.共同体与社会：纯粹社会学的基本概念.[M].林荣远，译.北京：商务印书馆，1999：52.

们在合作研究中走向了专业发展。

三是打造课程开发共同体。以课程门类来分组，设立教科室，以整合课程、制定纲要为重点，服务于教学。学校以"传统美德"为主题，建设校本课程。例如，开发"根文化"课程，以"孝、忠、善、礼、义、诚、勤、俭、智、勇"10项美德为内容，通过"传统故事、格言放送、经典阅读"等板块，让学生在讲故事、说成语、诵格言、背古诗、读经典的过程中习得中华美德。"课程开发共同体"提升了教师的课程意识，使学校"事事皆课程"的理念逐渐形成。

四是打造校本图书研发共同体。湘潭县一中以教研组、备课组为单位，成立校本图书研发部，各类资料均由本校教师自行研发。这样，既有实效性，又有针对性，且减轻了学生的学业负担。

（六）项目推动机制

教师只有在教育实践中不断学习、积累经验，才能有效提高自身的专业技能。换句话说，实践是教师获取知识和经验最直接的方式。因此，促进教师发展的一个重要方式就是学校设立各种实践项目，如教学竞赛、教学汇报、教师研修计划以及各种课题研究等，通过这些项目融合各种优质资源，促进教师专业能力发展。教师通过参与这些项目，既可以将自己的教学理念、方法、理论付诸实践，然后根据实践结果进行总结和反思，又能通过参与这些项目接触其他教师的教学理念和方法，从而拓宽视野，开阔思路，更新认知，提高专业水平。

1. 学校依托国培省培，创设成长平台

学校先后有统编教材语文、政治、历史的国培项目，数学、物理、化学、生物的国培工作坊项目。湘潭县一中有85位老师参与这些项目并在各个科目担任负责人，取得了较好的反响。学校还承担了数学、生物、物理科的现场培训任务，得到了湘潭教育学院和湘潭市教科院的一致好评。

2021年，湘潭县一中被湘潭市教育局授牌为"高中数学学科基地

参加湖南省中小学"教育家孵化"高端研修班

校""高中物理学科基地校""高中化学学科基地校"以及"拔尖创新人才培养基地校"。

2. 开展多层次教学竞赛

教学竞赛是一种良性的竞争，有利于调动教师的积极性，促使教师主动革新教学方法、创新教学手段，提升教师个人技能和转化课堂教学成果，激活教师自觉开展高质量教学的内生动力。

学校全年开展湖南省青年教师教学竞赛、精品课展示活动、湘潭市新视野教学竞赛、县"杏坛之星"教学竞赛、校"金霞杯"教学竞赛以及新进教师汇报课。以第四届"杏坛之星"第三轮教学竞赛为依托，围绕参赛教师的课例开展课例研究，既有赛课前执教者的组内说课、研课，也有执教者反复试教的组内听课、评课，还有课后的议课和反思，在不断的打磨中，执教者得到了快速成长，组内老师的专业技能也得到相应提升。有序开展的听评课活动，大大地提升了教师的专业能力。"教而不研则浅，研而不教则空"，通过听评课既提升了教师的专业素养，又为教师提供了一个展示自我的平台。在湖南省赛中，学校英语老师胡伊莎获得全省第一的好成绩；在市赛中，学校语文、数学、英语、物理、化学、地理、生物科目均获得全市第一的好成绩；在县赛中，学校 18 人参赛 17 人获得一等奖，14 人获县"杏坛之星"称号。

学校还开展"TED演讲"活动、命题比赛、教学比赛、解题说题比赛等，助推青年教师成长。"TED演讲"活动秉承营造书香氛围，激励教师潜心钻研，鼓励教师勤于思考，分享教师幸福生活的理念，力争打造一个跨学科交流，快乐分享的平台。2021 年度"TED演讲"活动，侧重于讲述学科故事，展示学科风采。学科团队的教师们从相逢到相聚，有着

卓实教育论

不一样的成长历程，在成长的过程中大家分享着不一样的故事，收获满满。在教育逐梦的路上，阅读让教师们思想日益丰盛！周群老师和周玮舒老师所作的题为"宁静致远"的读书分享，让其他教师坚定了教育梦想，执着于努力前行！

3. 鼓励申报课题，促进专业发展

课题研究是教师教育科研活动的主要形式，是教学创新、解决教学难题的重要载体。因此，课题研究是提升教师专业能力的重要途径。

课题研究是指用先进的教育理论作指导，选择教育教学领域有价值且有待解决的问题，应用科学研究方法，通过分析问题、研究解决问题、有效表达等推广应用成果的认识和实践过程。[①]课题研究有多种形式，如基础研究型课题、应用研究型课题、自主课题等。不论是哪一种类型，课题研究的核心都是创新。因此，教师通过参与课题研究可以增强创新意识，提升自身理论素养，提高专业水准。

比如，2019 年学校申报了 10 个课题，全部通过了市"十三五"规划课题立项，且有我和曹荣芳老师主持的课题（共 2 个）获得了省级一般资助课题，有谭红彪、李启亮、章平老师的课题（共 3 个）获评湖南省教育科学研究工作者协会重点课题，有欧阳雪莲、何香平、王琪、吴卫兵、马洪亮老师主持的课题（共 5 个）获评湘潭市教育科学"十三五"规划一般课题。在 2020 年申报的课题当中，由齐国亮老师主持的课题"普通高级中学党的建设与政治核心作用发挥研究"获评湖南省教育科学研究工作者协会基础教育重点课题；贺勉之老师主持的课题"3+1+2 模式下高中化学教师面临的挑战及应对策略研究"获评湖南省教育科学研究工作者协会基础教育一般课题。2021 年，杨红校长的语文课题，章平老师的地理课题，黄伶俐老师的体育课题，李亚芳老师的英语课题也成功立项。到 2022 年 1 月已有 2019 年立项的 6 个课题实现结题。

---

① 庞海云 . 关于提高中小学教师课题研究实效性的思考 [J]. 教育实践与研究，2011（6）：7-9.

二、卓实之师：核心素质与核心竞争力

教育的成功与否关键在教师。教师是学生学习、生活的导师和思想道德的引路人。唯有"卓实"之师方能育出"卓实"之生。因此，要践行好"卓实教育"，要立好德、树好人，必须从提高教师的核心素质和核心竞争力开始。

（一）核心素质

师德是教师的立业之基、从教之要。国家高度重视师德师风建设，强调"评价教师队伍素质的第一标准应该是师德师风"。

2013 年 9 月，教育部出台《关于建立健全中小学师德建设长效机制的意见》，强调师德建设是教师队伍建设的重中之重。它不仅关系到教师队伍的发展、学生的培育，而且也影响到新时代教育事业的顺利开展。

习近平总书记非常重视师德建设工作，提出一系列关于师德建设的重要论述，为新时代培养一流师资队伍指明了方向。

师德是所有教育工作者所必须具备的道德规范和行为准则，包括道德观念、品质以及修养等。但师德不只是职业道德以及相关的职业信念、职业态度、职业作风等，同时也是走出学校、超出行业范围后教师所表现出来的观念意识和行为品质。前者是针对教师这一职业而言，后者是作为常人而言，两者合在一起，便是我们常说的以身作则、率先垂范的"大先生"。习近平总书记指出，"教师不能只做传授书本知识的教书匠，而要成为塑造学生品格、品行、品味的'大先生'"[1]。"大先生"首先体

---

[1] 习近平. 习近平首次点评"95 后"大学生 [N]. 人民日报，2017-01-03（2）.

现在有大德，即"道德文章、堪为师表"。由此可见，师德是一种高尚人格的体现。

习近平总书记指出，"师德是深厚的知识修养和文化品位的体现"，"做一个高尚的人、纯粹的人、脱离了低级趣味的人，应该是每一个老师的不懈追求和行为常态"①。这就要求广大教师要从道德情操、知识修养、文化品味等多个角度提高师德修养。湘潭县一中以卓实教育为引领，通过宣传教育、发掘典型、警示教育、开展义务辅导等方式，引导全体教师自觉培育高尚师德，树立良好师风，着力建设一支有理想信念、有道德情操、有扎实学识、有仁爱之心的高素质专业化教师队伍。

1. 道德情操

道德情操是指"教师在特定的职业生活中和在遵守行为规范的基础上，所形成和表现出来的比较稳定的思想意识和行为品质"②。学校以弘扬优良品德为导向，坚持不懈地抓好师德师风建设。作为一名合格的教师，应尽最大努力传授好知识，守护好学生安全，帮学生树立良好德行，尊重学生的成长规律。这也是教师师德高尚的"标配"。要做一名德才兼备的教师，不辱没"老师"这个神圣的称呼，应该做到公平正义、敬业、细心、有良知、有责任感。

一是要坚持公平正义。有的老师说，这个社会存在着很多的不公平，我人微言轻，我能改变吗？我认为，能改变。在你的班上，你是孩子们心中公平正义的化身，在调整座位时、处理学生矛盾时、辅导学生作业时、上课提问时，你的每一个动作、每一句话，甚至每一个微笑，无时无刻不在影响着学生。当你把自己的爱给了班里的每一个学生时，你才能真正成为学生心中的好老师，学生才能真正信服你、敬慕你。

① 习近平. 做党和人民满意的好老师——同北京师范大学师生代表座谈时的讲话 [N]. 人民日报，2014-09-10.
② 程敬恭. 新编高等学校教师职业道德修养 [M]. 太原：山西人民出版社，2014：115.

二是要敬业、要认真细心。很多时候，老师们的工作是周而复始、机械重复的，不需要多少英勇的壮举，需要的只是平凡的敬业精神。敬业，不是喊口号，而是要体现在日常生活的点滴中。比如，你每天批阅上百本作业，不觉得厌烦，你耐心地指出学生的错误，并且督促他们改正。再如，一道题，你讲了几遍，学生依然一脸茫然地望着你，这时你不会暴怒，不会去指责学生，而是调整讲授方法重新讲，直到学生听懂为止。敬业，就是你努力去提高自己的业务能力，让自己更能胜任这份工作。

三是要用良知和责任去践行教育教学工作。在每位教师身边，都有许多师德高尚的师者，他们坚持用自己的人格魅力，用传统、正向的基本道德、基本操守，去影响、教导学生。那么，教师应用怎样的良知和责任去践行教育初心呢？我认为，首先，要有责任感。家长把孩子交给学校，就是把孩子的一生和家庭的希望托付给了老师，这一"托付"重如泰山。其次，要懂得感恩和知足。作为教师要明白自己不仅是爱的奉献者，也是爱的报答者。学生的成长、成才、成功，就是教师的价值所在，更是教师价值的彰显。最后，要珍爱学生。一个学生的成功与失败对教师来说可能是微不足道的，但对一个家庭而言就是天大的事情，所以身为教师要珍爱每一位学生。

2. 职业素养

爱是教育的核心，是师德的重要内涵。但"爱"不是空泛缥缈的东西，它必须落实到教师的每一个工作细节之中。学校提出了用"勤奋、共情和科学来立师德"的口号，倡导全体教师成为有理想信念、有道德情操、有扎实学识、有仁爱之心、有勤奋态度、有共情能力、有科学方法的好老师。

培养人的工作，需要教师勤奋的付出，需要教师俯下身去与学生共情，需要科学的方法。所以，将勤奋、共情和科学融入"师德"的内涵之中，是对生命的敬畏、更是对民族未来负责。而为了培养"勤奋、共情、科学"的卓实之师，湘潭县一中聚合创新要素和校内资源，精心构建"学校引导""师师互促""师生共情"三大平台，为师德师风建设凝聚合力、激发活力。

（1）勤奋

学校大力倡导勤奋，唯有教师勤奋，才能让学生把宝贵的时间用在刀刃上；唯有教师勤奋，才能让学生的求知之路方向明晰、过程愉悦、结果完满。学校要求教师用"工匠精神"做好每一个细节，认真研究学情并做好分析报告，着力打造高效课堂，写好教学反思、教学日记等。

我记得我刚教高中时是手写教案，几年下来写了几十本，其中有几本是写得密密麻麻的数学真题集、模拟题集。那是一段热血的青春时光。我常常用两天甚至三天时间来准备一堂45分钟的课。因为除了要用心厘清教学思路外，我还要将所有找得到的辅导书看一遍，把相关的真题、好题都工工整整地摘录在我的教案本上。这样，我在课堂上讲授的每一个例题，课后布置的每一道作业题，就是茫茫题海里精华的部分。在这一过程中，就像庖丁解牛一样，我摸索到了数学教学中的一些"道"、一些规律，至此我开始原创有代表性的题目。我之所以会不厌其烦地去做这些看似很笨拙的事，是因为我有一个近乎执拗的观点，即以扎实的学科知识，以高效的课堂教学，让学生用最短的时间学好一门学科，坚持做到不浪费学生时间、不耽误学生未来。这是作为一名教师最根本的师德。而要守住这一师德之"根"，勤奋是教师必须做到的。

（2）共情

共情是学校提倡的教育教学手段之一，代表着学校的态度和能力。对教师而言也是如此，共情既是教师的一种态度也是一种能力。作为态度，教师通过共情、关爱、理解、尊重学生，一方面可以建立融洽的师生关系，营造和谐的学习氛围；另一方面，有助于教师将以自我为中心的教学模式转变为以学生为中心，更好地激发学生的学习兴趣和主动性。作为能力，主要指教师的情感反应能力和行为能力。教师通过共情，对学生的情绪和行为做出恰当的反应，并能换位思考，从学生的处境感受他们的喜怒哀乐，做出有助于学生全面发展的行动。比如，根据学生需要，学校 2019 年开展"守护教育蓝天　大爱成就未来"志愿服务活动，全体教师每周抽出一个小时为学生义务辅导，为学生答疑解惑或集中授课，同时还提供心理辅导和生活扶助，为学生全方位服务。

（3）科学

学校在人才培养上注重方法的科学性。每一个独特的生命个体来到学校，如何让他们朝着最好的方向发展，需要每一个教育工作者用心观察、用心研究、用心设计、用心开展教育教学活动。在湘潭县一中的课堂上，教师们秉承"今天你面对全体学生了吗"的教育初心，以"让每一个学生都有出彩的机会，让他们都朝着最精彩的未来发展"的教学理念，努力培养"形态各异"的时代新人。学校为有特殊天赋的学生单独设计培养方案，实行分层教学、部分学科走班制、音体美特色教育等因材施教、科学施教的有力举措。

（二）核心竞争力

有人认为教师的核心竞争力是反思能力、创新能力和终身学习能力，也有人认为是教学能力、研究能力、信息技术应用能力，等等。关于教师核心竞争力在学界还未得出统一定论。

"核心竞争力"最早出现于商界，普拉哈拉德和哈默尔在《哈佛商业评论》上发表的《公司的核心竞争力》一文中对企业的核心竞争力如此定义：核心竞争力是企业组织中的集合性知识，特别是关于如何协调多样化生产经营技术和有机结合多种技术流的知识。[①] 核心竞争力后来被用于战略管理中，是使企业开发潜在市场、拓宽新领域，并在竞争中保持优势的来源和基础。总而言之，核心竞争力是使自身区别于其他同类事物，并能使自身持续发展且处于优势地位的能力。核心竞争力用于

---

① 转引自陈春花，赵曙明，赵海然 . 领先之道 [M]. 北京：机械工业出版社，2021：141.

教师身上，是指在教师能力系统中起主导作用的，并能使教师与时俱进且有一定优势的能力，这也就是我们常说的教学能力和科研能力。

1. 教学能力

作为教师，教学能力是最基础的能力，也是行业基本要求。但越是基础的越能体现一个教师的能力。因为要把最基础的、大家都会的教出水平，不是一件容易的事。

学校为了加强教师技能培训、强化教师职业基础，建立了多层次、一贯制的教师培养体系，在激励教师强化职业自信的同时，为教师充电赋能。

第一，更关注教师"入口"，加大"招进来"的力度。

在县委、县政府的支持下，学校争取了教师招聘自主权，面向教育部6所直属师范院校进行招聘，将优秀师范毕业生引进学校。为了让优秀毕业生将所学更好地用于高中课堂，学校帮助新教师"入好门"，在开学前夕邀请骨干教师开展校本培训，从备课到上课，从教学实践到理论研究，从师生关系到家校关系，培训课程遍及教师工作的方方面面，更好地助力新教师站稳讲台。在此基础上，为了帮助青年教师更快地成长，学校要求青年教师做到"三会"。

一是会做题。通过业务能力考试，给青年教师布置寒暑假作业，帮助他们提高业务能力。二是会讲课。实施"青蓝工程"，开展拜师学艺、校领导随堂听课与点评活动，通过亮相课、教研课、"金霞杯"赛课、"杏坛之星"赛课等形式，帮助青年教师提升授课技能。三是会创新。鼓励青年教师多钻研、多实践，将赛课、公开课、外出学习的机会向青年教师倾斜，以他们为主体开展一周一次的"TED演讲"，召开一学期两次的青年教师大会等，助力青年教师更科学、快速地成长。

第二，落实"教学五环节"，找准教师专业成长的着力点。

"教学五环节"，即备课—上课—作业—辅导—评价，是教师专业发展的关键。湘潭县一中着力促进高效课堂的打造，为教学注入了活力，为进一步培养学生创新精神和实践能力奠定了基础，为学科组、备课组从优化教学人员思维模式、优化教学结构、优化教学方法和教学手段、优化考试评价等方面开展校本研修活动搭建了平台。

在校本研究中，每位教师必须做好"五个一"，即做一次教学研究汇报，设计一份体现新课程要求的多媒体教案，上一节研究课，整理一份听课记录，写一份专题总结。

学校要求教师备课不仅要备大纲、备教材、备学生、备教法、备学法，还要基于课程标准、个性化要求和文本立意，对备课方案进行综合设计。教师备完课后，再引导教师说课：说教学指导思想、教学目标、教材的重点难点、教学过程、教法与学法等，促进教师间的交流和分享，形成"一人在说课，小组来研究，大家出智慧，整体促提高"的气氛，达到教案共定、课件共用、资源共享、知识互新、思想互融的目标。

为了提高课堂教学效率，学校每学年都要推出三类公开课：新进教师亮相课和汇报课、骨干教师研究课、学科带头人示范课和创新课。而且每年都设有一个"教研月"，举行"金霞杯"赛课活动。

第三，开展"校本教研"，抓住教师专业成长的根本点。

提高课堂教学实效，是教师专业成长的根本出路。学校要求各学科组、备课组制定新的课堂教学常规，以利于实现"低起点、多活动、重点拨、高效益、高质量"的教学目标。同时，要求教师在课堂教学中实现"三个转变"，即教学方式向启发诱导转变，学习方式向主动参与转变，教学目标向知识、方法、能力、品德并重转变；要求学生做到"五个落实"，即落实学生的思考，助力学生发现问题、提出问题、解决问题；落实学生的观察分析，让学生掌握知识的获得过程；落实学生的自我表述，让学生内化知识；落实学生的动手行为，让学生体验、实践；落实学生的概括归纳，让学生主动探究。

学校将校本研究作为教师专业发展的支点，把理念的内化贯穿于校本研究全过程，体现教师主体。以课程实施中的问题为起点，"开展自己的教研，发表自己的见解，解决自己的问题，改进自己的教学活动"。依托常态课，确立"深化教学思考力，提升教学软实力，激发教学潜在力"的发展策略，在教学实践中不断细化和完善。同时，注重两个"加强"，即加强对教材知识的二次开发和加强对新课程教学模式的研究。加强对教材知识的二次开发，是指教师对教学内容进行加工组织，包括对学科知识理解的准确度、精深度，体现了教师的知识面和自身业务的精深度。这源于教师在日常教学中的博览与广泛借鉴，是提高教学实效的关键。课程标准、辅导资料、考试标准、题型设计等，要靠教师自身的创造性劳动灵活运用。同样的教材，能否在深刻解读的基础上实现超越，有赖于教师自身的积淀。加强对新课程教学模式的研究，是为了提高教师的专业素质。教师素质的提升最终体现在课堂上，即如何解决在课堂上"怎样教"和"教什么"的问题。学校倡导教师从改革课堂教学模式入手，积极构建自主预习、互动讨论、探究发现的课堂教学模式。"自主预习"作为课堂教学的先导，要求教师在集体备课中针对教学内容，编制导学提纲，指导学生课前独立预习。"互动讨论"是课堂教学活动"主线"，它是教师以导学提纲为课堂教学的切入口，通过开展互动讨论活动，使学生达到对知识的理解与贯通。"探究发现"是在课堂教学中生成的，即让学生在课堂上通过调查、质疑、探究、发现去获取新知识，形成新能力。在此教学模式的课堂中，教师不仅要进行知识的传授，更要促进学生能力的发展——要侧重于引发学生的思维开拓，提高其思维质量。

追求教师专业成长的实效，应着力于课堂。在深化课程改革的过程中，湘潭县一中在短期内强调教师专业发展的工具价值，注重学校制度建设，强调专家的知识、技能与方法在促进教师专业发展中的指导性作用。这些都是提高教学效能的选择。随着课程改革的不断深入，我们看到了一种新的指向：坚持主流价值观导向，关注教师的生命价值，尊重教师的专业自主权，丰富教师的专业情感。而培育教师的专业精神，就是促进教师专业发展的不竭动力。

2.科研能力

我校针对县域高中"科研不足，蛮干有余"这一短板，提出科研兴校，成立强师、提质、文化、品牌、树人五个研究室，其中强师研究室致力于锻造卓实型教师队伍。从师德师风建设、教师发展等方面积极探索，做实分层分类培养模式（青年教师会讲课会做题、中年骨干善研究、资深教师会引领），打造了师德高尚的学校名片。近三年，有7人次获"全国五一劳动奖章""湖南省五一劳动奖章""湖南省优秀教师""湖南省教学能手"等国家级和省级荣誉。

除此之外，学校还以课题研究为突破口，让教师结合自己的兴趣，认真总结教学经验并进行系统梳理和理性分析，从而找到自己的教育教学亮点、成功之处，促进个性化发展，形成自我教育特色。以此引领教师，形成教研理念，结集成课题，从"每一个问题"入手，深入开展研究、研修，以提升教师教学水平，激发教师专业发展的内驱力，努力提高教师课堂教学能力、科研能力，助力教师专业成长。

为了鼓励教师积极参与专题研讨、课题研究，充分发挥学科主任在学科教学教研方面的骨干带头作用，学校将每年的4月定为科研工作汇报月，并要求科科有课题、人人做科研。

教研是教学的先导，是提高教学质量的关键，是教师成长的舞台。教师们在教育教学实践中发现了问题，并进行整理提炼，使各教研组形成了各自的研究专题。围绕专题，教研组长提前做好谋划，明确主题，提出要求，争取一次专题研讨解决一个问题或者找到解决问题的策略。教研活动为教师提供理论思辨、智慧碰撞的平台。

课题研究是教师克服职业倦怠、解决教学问题、推动学校教育科研建设的重要途径。教师日复一日、年复一年地重复教学，难免会产生职业倦怠，形成固定教学模式，缺乏创新思维，长此以往便难以适应时代需求，难以担负起为未来、为民族复兴培养人才的重任。而课题研究有助于教师以科研思路审视教学过程，发现教学中的问题并总结经验，及时更新教学理念、改进教学方法，从经验型教师转向研究型教师。湘潭县一中要求教师要有科研意识，能对自己的教学理念和行为进行科研审视，促进课程改革纵深发展，推动学校教育科研建设。如潘敏老师主持的课题《高中语文个性化阅读教学研究与实践》，获评湖南省教育科学规划一般资助课题；郭良玉老师主持的课题《"互联网+"智慧校园建设研究》，获评湖南省教育科学规划重点资助课题；李启亮老师主持的课题《运用现代教育技术优化高中物理课堂教学研究与实践》，获评湖南省教育科学研究工作者协会基础教育重点课题。

三、卓实之师：研究实例

《研究为本的农村高中卓越数学教师专业发展策略研究》研究报告

本文从县域高中数学教师的发展现状与问题入手，开展问卷调查、原因分析和策略研究；借助县域高中数学名师工作室平台和资源，发挥骨干教师引领示范作用；创设高中数学教师专业发展平台，优化高中数学教师培养策略，并从四个方面提出研究结论与对策。对引领、推广县域教师培养方式，促进县域基础教育教师队伍稳定发展，发挥很好的作用。

一、背景与界定

（一）研究背景

1.问题的提出

党的十八大以来，习近平总书记对卓越人才的培养作出了一系列重要论述。卓越人才培养呼唤卓越教师，党和国家为此出台了大量的政策文件。

2018 年 9 月 26 日，中共中央、国务院印发了《乡村振兴战略规划（2018—2022 年）》，这为提升乡村教育质量提供了政策支持。目前，农村教育面临不少困境，对新的教育理念认识不够深刻、全面，甚至出现偏差，如果问题得不到解决，必然会影响教学效果。并且在农村高中众多科目中，数学教学的高耗低效历来是从事高中数学教育和教学研究工作者面临的一个难题。

湘潭县高中数学名师工作室成员来自全县各普通高中和职业高中，工作室肩负着培养名师、引领县域高中数学教学的重任。为了破解卓越教师成长瓶颈，找到卓越教师成长的有利因素，改变卓越教师成长的途径和方法，形成有效的农村高中数学卓越教师成长模式，本课题组以"研究为本的农村高中卓越数学教师专业发展策略研究"为题展开研究。

2. 研究的意义

本课题的研究，以厘清高中数学名师工作室成员如何成长为卓越教师的诸多因素关系，展开讨论，趋利避害，最终达成目的。其研究价值，就微观而言，能给湘潭县现有的各名师工作室有效运作提供参考，也能为全县今后进一步有效发挥这一团队形式的示范、引领、辐射和激励作用提供参考。就宏观而言，其研究活动作为一种探索，能为卓越教师的培养探索一条有效的捷径，为其他县域卓越教师培养积累经验，为其他县市数学名师工作室建设提供样本和借鉴。

（二）课题界定

教师专业发展：教师作为专业人员，在专业理念与师德、专业知识、专业能力等方面不断发展和完善的过程，即是从专业新手到专家型教师跨越的过程。

以研究为本的教师教育：以研究作为培养教师的途径，即在教师的专业发展中，引导教师做研究，使教师在日常工作中以"研究"来促进自身的专业成长，逐步成为一名研究型教师。

农村高中：以湘潭县普通高中和职业高中为代表。

卓越教师：热爱教育事业、师德高尚、有较高的专业素养和研究素养的师资人才。

二、目标与内容

（一）研究目标

本课题以教师发展的相关理论为指导，通过学习和研究，分析农村高中数学教师开展教育教学研究的现状、内容、方式和困境，探索农村高中以卓越数学教师研究为本的成长方法，坚持综合研究和实践研究相结合，注重反思，及时归纳总结农村高中卓越数学教师师德、教育理念、教学风格，探索农村高中数学教师成长为卓越教师的背景条件，给兄弟县市农村高中卓越教师专业成长提供可供参考的范式。

（二）研究内容

一是农村高中数学教师成长之研究现状和问题归因的分析。通过对研究对象进行个人专业成长历程、教学风格与主张、专业素养与技能、教学效果、课题研究方向、培训需求等方面的调研，对存在的问题进行分析，提出解决问题的策略。

二是农村高中卓越数学教师成长之理念与师德提升的研究。通过高中数学名师工作室对高中数学教师教育理念的更新与师德培育进行研究，探究拓展提升高中数学教师职业认同的原则、条件和方法。

三是农村高中卓越数学教师成长之专业知识丰富和知识应用提升策略的研究。通过形式多样的研究活动，如解题竞赛、教学竞赛、专家讲座等，促使教师开展学科研究，探索提升教师专业知识的优化途径。

四是农村高中卓越数学教师成长之专业能力提升的研究。通过由名师工作室成员领衔课题研究，参与模课与磨课研究，坚持撰写教学反思、案例分析，坚持编写校本教程等，提升教师的专业技能与教学艺术。

三、过程与方法

（一）研究过程

根据研究目标和内容，课题组开展了以下研究活动：

1. 农村高中数学教师成长之研究现状及问题归因分析

湘潭县高中数学名师工作室从 2018 年 1 月 8 日成立开始，就开展了以讲题为主要形式的试题研究活动，工作室主持人、导师及学员，全员参与。课题组成员谭红彪老师精选了近三年 100 道高考真题，开展了"高考真题一二三"活动，即第一轮全员完成；第二轮选题精做，形成说题课件及文稿；第三轮说题比赛。本次活动旨在以案例研究的形式提升成员对专业知识的内涵及外延的研究，了解各成员的研究水平现状。活动涌现出一大批数学教师精心制作的优秀说题案例，充分说明我县数学教师专业储备充足和拥有不可估量的研究潜力。

2018 年 10 月，为了了解成员的研究现状和成长需求，课题组成员姜亚球老师组织了一次以名师成长现状及需求为主题的调查，对象为名师工作室所有成员。2018 年 12 月，李建国老师主持开展了名师成长之路访谈活动。该活动通过对胡如松、夏远景等名师的访谈，了解其个人专业成长历程，学习其教学风格与教学主张，厘清专业素养与课题研究、培优辅差与常规教学等方面的关系。

2. 农村高中卓越数学教师成长之理念与师德提升研究

根据需求进行调研和现状分析。成员们普遍希望用先进理念武装自己的头脑，但也存在外部和自身的各种问题，致使走向卓越的信念发生动摇。针对这种情况，课题组从以下几个方面进行了研究。

一是寻找身边的师德标兵活动。结合县师训股国培送培到县项目，各成员从身边的教师中寻找师德高尚的对象，去主动了解他们的心路历程，倾听他们的教育故事，学习他们的教育主张。主持人齐学军校长亲自在全县高中教师会上演讲，推介湘潭县一中的德育标兵；湘潭县二中讲述了"飞机屋场周爷爷"的故事；湘潭县四中发掘了"向日葵妈妈"的故事……这让全体成员感悟到教育不仅是奉献、陪伴，更是平凡中的坚守，需要教师蹲下来与学生对话。

二是从教学中挖掘德育案例。教育就要弘扬正能量，传播核心价值观。师德的养成，不是一味地向往，而要注重实践。面对新课程、新高考、新要求，教师要从中梳理出立德树人内容，在育人的同时，也育己。姜亚球老师认真研究新高考的"一核四层四翼"，提出在高中数学教学中不仅要有"数学味"，也要有"德育味"，要将枯燥的数学进行推演训练，融入时代中来，让学生知道数学来源于生活、应用于生活。在数学教学中，要融入五育元素，让学生感受大国辉煌，坚定"四个自信"，树立正确"三观"，始终牢记"为党育人，为国育才"的使命。

三是用"走出去，请进来"的方式，更新教育理念。课题组号召成员积极参加各种项目培训活动，走进名校，与名师面对面交流。2019年以来，齐学军校长参加了清华大学承办的卓越校长领航培训，姜亚球老师参加了北京师范大学承办的高中数学卓越领航培训……同时，工作组针对大家时间紧、工作任务重的情况，先后邀请了章建跃教授、黄仁寿教授、夏远景老

湖南省中小学卓越校长领航班

师、胡如松老师来校做讲座。专家老师们针对教师们感兴趣的核心素养与新课程改革、新高考评价体系与高考命题分析、解题中的读想算写，以及数学核心素养、创新培优与数学竞赛等方面进行解读，确保了数学教学理念新、方向明，有效提高了教学效率。

3.农村高中卓越数学教师成长之专业知识丰富和知识应用提升策略研究

根据调研情况，大部分成员专业知识储备充足，但对教材的处理不是很专业。针对这种情况，课题组开展了"读标准、思教法、写反思"活动，要求教师在阅读数学教材时，要整体把握教材，对教材中的数学概念、公式、定理等进行批注，深挖教材中数学知识背后隐藏的数学思想、方法，弄清知识发生的逻辑顺序和编者的编写意图，及时写下自己对阅读内容的理解和体会，以便整体把握教材，用数学史和数学思想方法进行备课。同时，要明白数学教学应该"用教材教"而不是"教教材"，合理设置相应的数学情境性知识，在教学中充分揭示数学思维过程，激发学生的好奇心、求知欲。工作组名师谭红彪老师组织湘潭县一中青年教师开展解题竞赛活动，姜亚球老师、李建国老师举行了新课程标准解读讲座，齐学军校长与湖南省高中数学卓越领航名师工作室联合举办了"新高考背景下关键问题的研究"研讨会，还邀请了省内特级教师、正高级教师来校讲学，并特意请新教材主编章建跃教授来校讲座，让全体成员了解教材编写的来龙去脉。

章建跃教授来校指导

4.农村高中卓越数学教师成长之专业能力提升研究

根据调研情况，大部分成员希望参与

课题研究。首先对本课题进行解读，让课题组成员知道教师的课题研究是用科学的方法，来解决教学中遇到的问题，而形成的模式、流程或策略，并具有创新性和可复制性，能够发现问题、提出问题、分析问题、解决问题。同时，要求他们发现自己在教学中存在的问题，着手研究，科学验证，寻找对策，争取在省市县立项。

学校先后有 5 个小组成员的课题被省市教研部门立项，如谭红彪老师的"校本课程开发研究"课题被省教育科学研究工作者协会立项；姜亚球老师的课题"农村高中学生数学学习兴趣低下的成因及对策研究"被省教育科研工作者协会立项。

部分青年教师采用项目研究的形式，由课题组引领开展研究。先后有左幸、陈先付、李贵、张烽等老师给广大教师展示了自己的项目研究情况，如学考备考策略、一二轮复习策略，既说明了如何开展，也阐释了为什么这样开展，同时还展示了这样做的效果。

为适应新教材、新高考的需要，课题组还开展了跨学段交流活动。湘潭县一中谭红彪老师、胡星老师、周章金老师给广大教师阐释了初高中培优的理念和做法，湘潭古城中学和易俗镇三中等学校的数学老师也参与了学习交流，并分享了自己的学习体会。

（二）研究方法

本课题以行动研究法作为主要方法，结合调查研究法、个案研究法的方式进行。

1. 行动研究法

行动研究是一个螺旋式发展的过程，每一个螺旋发展圈都包括了四个互相联系、互相依赖的环节，即计划、行动、观察和反思。据西雄 (D.Schon, 1983) 的研究得知，当一个人在行动中反思时，他就成了实践脉络中的一位研究者。这种研究者不是依靠现存的理论或技巧来处理问题，而是针对一个独特的情形来思考问题。他将目标和手段视为一种相互建构的关系，根据彼此之间的需要进行相互的调整。他的思考不会脱离实践事物，所有的决定都会转化为行动，在行动中推进自己对事物的探究。它促使参与者将自己的思考结果转换为行动，通过对不同策略进行比较，将相同的因素提出来，排除不恰当的做法。本课题的行动研究如下：

（1）调查研究确定问题。对名师成长的现状及需求进行调查，明确农村卓越数学教师专业成长需求，确定研究方向。

（2）制订研究计划。根据调研结果，有计划地开展提升理念与师德、专业知识水平和专业能力的研究活动。

（3）实施行动研究。积极开展"寻找身边的师德标兵"活动、从教学中挖掘德育案例、"走出去，请进来"参与项目培训、"读标准、思教法、写反思"教研活动、参与课题研究和项目研究等活动。

（4）撰写活动总结与反思。对开展的活动进行总结和反思，对研究效果进行反馈，若活动开展成效不大，需及时调整研究方向。

2. 调查研究法

对名师工作室的主持人、导师、成员进行调查和访谈，对县市各学科带头人进行调查分析，并组织课题组成员对名师成长的现状及需求进行调查，找寻其成长的驱动力在哪里，探寻教学研究在其成长过程中的地位和作用。

本课题组先后进行了两次基于网络问卷的调查，其问题的设计围绕研究对象的需求和困惑进行。比如，高中教师对线上培训的态度、高中数学教师对教师评价的态度等问题。课题组对省内名师进行基于专业成长路径的访谈，从专业知识丰富、专业能力提升、研究意识形成，以及教书育人事业观等几个方面设置访谈提纲。通过访谈，较好地凝练出卓越教师成长和培养的路径，为后续活动的开展和策略的实证提供了参考。

3. 个案研究法

（1）制订研究方案。本课题选拔我市、县数学名优教师李建国作为名师中的典型代表，由他来指导湘潭县一中青年教师李贵，课题组对李贵老师两年来的成长进行跟踪研究。

（2）确定研究对象。李贵老师为湘潭大学硕士研究生，于2018年7月入职担任湘潭县一中数学教师；2018年10月，成为湘潭县高中数学名师工作室成员。李建国老师是湘潭市、县数学名优教师，从教近40年，教学教研经验丰富，近10年先后在湖南省教育厅主管、湖南省教育考试院主办的《教育测量与评价》刊物上发表了《全国卷高考试题中函数零点与恒成立问题浅析》等7篇论文，其中有5篇论文获省、市级奖项，曾主编或参与过4部教材或教辅资料的编写。

（3）收集资料，对问题进行诊断与分析。近两年来，李贵老师积极参与课题组开展的各项活动，在教学和教研教改方面都取得了显著的进步。教学方面，所任教班级在期末跟踪考试和学考中成绩均居全县同年级前列，并顺利任教高三，毕业班级学生高考上线率达100%。教研教改方面，参与2项课题研究，参与3本校本教材编写，一篇论文获市级奖项。其公开课在省级展示活动中，被评为优秀教学案例，荣获一次市级课堂展示一等奖，多次荣获县级教学竞赛一等奖。李贵老师相较于同一时期参加工作的青年教师而言，其成长速度明显要快。从他快速成长的过程可以看出，本课题组开展的各项研究活动对卓越教师的专业发展有着巨大的推进作用。

四、结论与对策

（一）搭建和完善教师专业发展的网络研修平台，促进卓越教师快速成长

高中数学教学质量较低和优秀数学教师贫乏制约着农村教育的发展。因此，如何在现有条件下，提高农村高中数学教师的专业水平是急需解决的问题。我们对名师工作室成员成长展开的现状

及需求调查结果表明：100% 的成员认为，名师应有先进的教育理念、丰富的专业知识、示范引领的能力；80% 以上的成员认为，名师要实现示范引领作用，就必须上公开课、做课题研究、撰写论文、做学术讲座等。在回答"基于目前的工作情况，你认为自己最需要参与哪些方面的实践"问题时，有 94% 的成员认为是参与课题研究和专家点评案例，81% 的成员认为是参与学术讲座，50% 的成员认为是参与解题训练，44% 的成员认为是参与赛课。从以上调查可以看出，工作室成员急需以研究为本的研修活动，有先进的教育理念、丰富的专业知识、前卫的示范引领能力，以及用科学的方法解决教学问题的能力，并能总结凝练，形成模式或理念，进行成果分享，共同提高。

根据名师成长现状及需求的调研结果显示，针对湘潭县高中数学教师的研究现状，网络研修平台需完善资源建设机制。鉴于此，可开发教育理念与师德提升、专业知识与技能提升和专业能力与素养提升等板块，分门别类实现优质教育资源共享，优化资源共享环境，进而提高资源共享效率。解决教师研究方向方法的问题，帮助教师有针对性地进行自主学习，以满足不同阶段的卓越教师专业发展需求。同时，平台采用主题研修和项目研修方式，强调任务驱动和成果展示，鼓励个性化的资源设计行为，以满足资源的个性化需求，推动资源建设的多元化发展。

课题组利用名师工作室微信群、微信公众号等平台，采用微课、微讲座等形式开展系列研讨活动。通过一系列活动，教师专业发展的网络平台呈现如下优点。第一，网络平台突破了时间和空间的限制，特别是从 2020 年新冠疫情期间，学习和培训转移至线上，网络技术很好地解决了疫情防控和学习培训的矛盾。网络平台也解决了时间的制约问题，线上会议、线上交流不必集中时段，参与者可以根据自己的生活工作实际安排时间。这较好地解决了农村中学教师在繁重的课业负担中参与专业培训的时间问题。第二，网络平台方便资料共享，提高资源传播效率。通过多媒体技术，可以将各种各样的信息及时分享给教师们，丰富教师们的信息量。在网络平台上，教师们可以交流学习心得，可以探讨专业知识，从而丰富教师们的教学经验，进一步提高教师们的专业能力。第三，网络平台为教师们提供了展示自己的舞台。由于农村高中学校的生源参差不齐，学校的发展也不平衡，故教师的授课容易受生源影响而失去追求卓越的动力，而网络平台正好给了教师们交流展示的机会。

但网络平台也有其缺点：第一，易导致部分人沉迷网络，特别是年轻教师；第二，网络信息的可信度相对较低，容易误导人；第三，网络是个虚拟空间，容易缩小人在现实生活中的交际圈。针对这些缺点，可利用名师工作室建立梯队式的教师培养方式来解决问题。梯队培育计划旨在建立教师专业发展体系，以打造"品牌卓越教师、中坚骨干教师、全面优秀教师"为目标，激发不同层次教师群体的职业动力，促进教师专业发展。为有效克服网络平台带来的局限性，名师工作室以点带面，从资料的甄别到对青年教师进行教学设计的指导，实现了线上线下有机结合。湘潭县一中 2020 年新入职数学教师 3 人，通过一年时间的"以老带新"，在名师工作室导师和骨干成员的指导下，他们都成长为学校放心、家长安心、学生贴心的合格教师。

（二）立足校本研修，构建研修共同体

立足校本研修，构建研修共同体，是卓越教师加强师德修养和更新教育教学理念的重要途径。时代与社会的发展进步要求教师必须加强师德修养、更新教育教学理念，用高尚的职业道德修养和先进的教育理念充实自己，树立正确的教学观、学生观、课程观、知识观、发展观等，以适应课程改革的需要。根据需求调

研和现状分析，大家一致认为良好的师德素养和先进的教育教学理念是名师最重要的精神特质。从课题组开展的"寻找身边的师德标兵"活动、从教学中挖掘德育案例和以"走出去，请进来"的方式更新教育理念等活动中，我认为加强师德修养，要从发现身边的"美"做起，立美德、践雅行，让成员在卓越名师研修中有不竭的动力。因为一切优秀教师的道德实践，都是师德规范准则在教育教学活动中的具体体现，具有鲜明、生动、形象的特点；更新教育理念，既应倾听大师之音，也应聆听一线名家之言，以理论引领、实操观摩，来获得要领与章法，做到道术并举。

校本研修是以解决学校和教师在教育教学中生成的问题为出发点，通过研修将教师的学习、教学和科研结合起来，促使教师反思和改进自身教学理念和行为，有效提高专业能力和师德修养，从而促使教师专业发展，并使其发展与学校发展相协调。校本研修功能主要包括以下几个方面。

第一，校本研修能及时、有效地落实国家和地方政府的教育方针政策，体现了先进的教育理念。校本研修为把国家和地方政府的教育政策、方针和先进的改革理念准确地传达给教师提供了渠道，并能结合学校实际贯彻到课堂，落实到具体的教育教学行为中去。校本研修对实现"立德树人"根本任务起到了实质性的作用，通过校本研修能统一思想、端正教育观念，从而促进师生共成长。第二，校本研修能营造良好的学习、文化氛围，促进学校可持续发展。开展校本研修活动，可以不断弥补教师知识和技能上的不足，促进教师专业成长；通过不断提高教师对外界变化反应的能力，促进学校可持续发展。第三，校本研修能有效促进教师个体专业发展。通过校本研修，构建研修共同体，让教师知晓卓越教师培养的目标和要求，拓宽视野，由被动接受到主动探索，提高理论水平，丰富实践经验，促进其专业有序、协调、持续发展。

为了构建研修共同体，湘潭县在名师工作室下设基地工作站。每一个参与的数学教研组就是一个工作站，工作站由名师工作室导师对接指导，定期开展校本研修活动。实践

湖南省新时代高中齐学军名校长工作室挂牌

表明，近两年来，湘潭县高中名师工作室通过各类校本研修，涌现出多名优秀骨干教师。例如，湘潭县一中胡星老师立足课堂教学一线，深入开展教学设计研究，2019年他参加湖南省青年教师教学技能大赛获得"湖南省教学能手、五一先锋"称号，其教学设计收入《高中数学思维教学研究——课例题例案例分析》一书。还有县云龙中学赵修懿老师、凤凰中学周光明老师，均在自己平凡的岗位上不断提高专业能力，提升师德修养，已然成为所在学校的骨干教师。

（三）开展形式多样的专题研究活动，建立合理的评价和激励机制

开展形式多样的专题研究活动，建立合理的评价和激励机制，是推动农村高中卓越数学教师提升专业知识的有效途径。从调查分析的结果和部分教师的访谈中得知，高中教师在应对各种激励机制中表现出如下几个特点。

一是"兴趣"是高中数学教师力量的源泉。可能是由于学科的特点，数学教师在校本研修中表现出的个体差异往往比较大。故在促进教师专业成长的激励机制中，可以将鼓励教师个人成长与集体成长相结合，强调团队力量；将教师的个人兴趣爱好与工作的内在意义相联系，形成兴趣激励。

二是"参与"和"培训"是当代青年教师较为热门的激励方式。随着时代的变迁，青年教师在工作中，不愿拘泥于固定的重复劳动，他们热衷于追求新事物、新生活。而"参与""培训"就是给青年教师的一种较好"福利"。我们借助名师工作室，让更多青年教师积极参与——参与活动、参与管理，让培训成为有效的激励机制。

三是"荣誉"和"成就"激励是推动农村高中教师专业成长的重要方式。县域高中受生源等条件制约，学生学业成绩提高比城市学校学生更困难。而高中教师成就感的获得更是不易，荣誉的取得也更难。通过创造条件，开展各类研究活动，特别是针对县域高中实际情况的专题研究活动，能较好地调动教师的积极性。

四是"目标"和"物质"激励制度的优化是教师们关心的重要方面。重视教学一线、重视专业发展，是高中学校不同于义务教育学校的重要特征。高中教学目标和任务决定了学科知识、学科思维的重要性，我们应该加强学业水平评价，加强有别于义务教育阶段的活动评价。这样，既有利于提高县域高中教学水平，也有利于提高高中教师的业务水平，从而端正其工作态度，提高其师德水平。

本课题将数学教师专业知识分为四类，即数学学科知识、数学教学知识、数学课程知识和一般教育学知识。其中，数学学科知识主要指高中数学学科的内容知识，即高中数学学科中的概念、定理、规则和它们之间的关系；数学教学知识是指高中数学教学中运用的教学方法与策略等知识；数学课程知识是指对高中数学新课程标准的解读和运用教材及教学相关资料的知识；一般教育学知识主要指普遍适用于各个学科的教与学的原则、技能和有关教育心理学方面的知识。从课题组开展的研究活动成效来看，通过开展形式多样的专题研究活动而建立合理的评价和激励机制是有效推动农村高中卓越教师专业能力提升与应用专业知识的方法。

如通过解题竞赛、教学竞赛、专题研讨、"读标准、思教法、写反思"感悟分享等活动，激励教师们进一步夯实学科基础，开展教材研究，设计教学案例，探索和分享提升教材处理能力的方法。

（四）积极践行课例研究，提升卓越教师专业能力

积极践行课例研究，主持或参与课题研究，是卓越教师提升专业能力，向科研型教师转变的必要途径。根据调研情况，大部分成员希望参与课题研究。教师的课题研究是用科学的方法解决教学中的问题而形成的模式、流程或策略，是对教学实践的反思和提炼，对教育现象的分析和提升，对教育本质的探究和概括。而教育科研课题研究的具体性，则可以进行教育叙事研究和课例研究。

一是教育叙事研究以"故事"为载体，叙述有意义的教育事件，诠释教育经验背后的意义，构建教育生活的意义。

湖南省株洲市教科院丁文平教授在《乡村小学一位新岗全科教师的教育叙事》一文中说：一位刚入职的库区村小教师，承担五年级的全科教学和全校的日常管理工作，一年内撰写教育叙事160篇，真实记录了入职一年的专业成长经历，反映了她敬业、执着、勤奋、大爱的教育情怀。同时，他提出"教育叙事"是非常适合村小教师的一种有效教研方式。我们课题组的同人认为，"教育叙事"研究也应当是农村高中数学卓越教师成长的一种有效研究方式，倡导课题组成员坚持写好自己的教育叙事，并定期回顾、整理、反思，为课题研究提供素材，以期从"教育叙事"中积累教育经验、归纳教育规律、提升研究能力，向专家型教师转型。

二是课例研究是一种教师所擅长的、基于实践性与情境性的反思性研究。通过成功的课例研究活动，既能帮助学校在较短的时间内解决某些具体问题，又能促进教研组发展和教师专业成长。在课例研究中，教师用自己最擅长的研究方法，凝结成研究共同体，对课堂教学进行深入分析，不断改进课堂教学模式，从而实现自我认同和团队认同。

课题组成员在各自的学校分别进行课例研究，如胡星老师在湘潭县一中开展"五思课堂"课例研究，姜亚球老师在湘潭县四中开展"四环八有"有效课堂课例研究，逐步形成了课例研究的基本模式（如下图所示）。

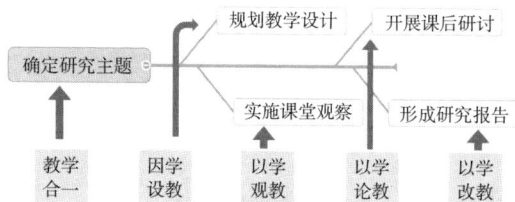

课例研究的基本模式

通过实践发现，课例研究可以激发教师读书热情，让其主动寻求发展；可以培养教师合作能力，形成研究共同体；可以实现理念引领向行为输出的有效转化；可以促成有效教研。课例研究的开展使得传统教研形式得到了改进，更加注重研究过程，关注研究结果的后期延伸，扩大活动的影响力和作用，能使教师在参与课例研究中得到很好的发展。特别是活动结束后，撰写教育叙事和反思随笔，能促进活动延伸。

三是课题研究是运用科学的研究方法探索教育的客观规律的过程，也是通过认识教育规律来提升教师素质、提高教育教学质量的过程。通过这个过程，可以提高教师分析问题和发现问题的能力，收集文献资料和筛选信息整理资料的能力，归纳和概括研究资料的能力，等等。就如同数学中的"四能"——发现问题、提出问题、分析问题、解决问题，说明数学教师进行课题研究是自身专业能力发展的需求，是卓越教师由经验型教师向科研型教师转变的必经之路。课题研究与教育叙事研究和课例研究紧密结合，形成科学可行的结论与策略。目前，课题组成员除了参加本课题研究外，每个人都申报了一个省级或市级规划课题，践行教育叙事研究、课例研究与课题研究的融合。如姜亚球老师主持的湖南省"十三五"规划课题"农村高中生数学学习兴趣低下的原因及对策研究"已于 2021 年 12 月结题；赵修懿老师主持的湘潭市教育科学规划课题"高中数学教学的实效性提升研究"已申请结题；周光明老师主持的市一般课题"将优秀传统文化融入中学数学课堂的实践研究"于 2021 年 5 月 12 日开题……

五、成果与影响

（一）理论成果

2020 年 7 月，由湖南教育出版社出版了专著《高中数学思维教学研究——课例题例案例分析》；2021 年，在《现代教育理论与实践》上发表了论文《核心素养视域下"五思"学科思维教学》，同年在《教师教育》上发表了论文《利用课本习题，激发学生创新潜质的一个案例》。

提炼出基于核心素养的高中"五思"学科思维教学策略，即"自学存思"重预习；"问题启思"重设计；"情境拓思"重应用；"对话辨思"重合作；"评价反思"重反馈。2021 年 10 月，还由湘潭大学出版社出版了著作《思维至上》。

提炼出新时代高中数学课堂"四环八有"，即"问题导学→先学少教→合作探究→精彩展示；有知识，有方法，有生活，有境界，有激情，有趣味，有创意，有美感"教学模式。

（二）应用成果

主持人齐学军校长被授予"五一劳动奖章"，晋升为"湖南省特级教师"，获得"湘潭市第八批优秀专家"称号，还被聘为湘潭大学客座教授、湖南科技大学研究生导师，曾先后三次在湖南科技大学外语学院和湘潭大学公开讲学，其学科思维教学策略获得大家的一致好评。

姜亚球晋升为数学正高级教师；胡星、谭红彪等老师晋升为高级教师；姜亚

荣获全国五一劳动奖章

球、谭红彪、胡星、张烽成为湖南省卓越领航名师工作坊核心成员；谭红彪、姜亚球、周光明、赵修懿被评为市骨干教师、县学科带头人；马文亮、陈先付、周章金、李贵、康玉婷、张烽、左幸等老师注重课堂的"四环八有"，多次获湘潭县"杏坛之星"赛课一等奖；张烽、李贵老师应用"五思"教学策略进行教学设计，在湘潭市高中数学青年教师片段教学中获一等奖；李贵老师在湖南省高中数学教师课堂教学片段展示与观摩活动中应用"五思"教学策略进行教学过程展示，获得一致好评。

六、改进与完善

研究活动中变量的逻辑关系没有很好地厘清，控制变量与干扰变量有相互干涉现象，如师德提升中"看、听、说"身边的师德标兵，对提升师德水平的充分性不够。不同个体、不同的三观会产生不同的效果，应从教育心理学的角度，研究试验多少次多长时间的积极影响才能形成稳定持久的师德认知；如何形成研究为本的学术习惯，还有没有更简单易操作的策略尚可探讨。

本课题属于教师培训领域，很多研究活动依赖于教师培训部门的支持；培训的效果检验，未能有科学的量表作为支撑；后期要与高校合作，利用专门的量表检测工具，提高研究成果的可信度。

第三章　卓实之课：建设特色课程

　　课程是落实教学思想、教学价值观的关键一环，也是贯彻学校教育理念的最佳载体，更是学校把教育思想转化为教育现实的纽带。如何提高课堂教学效果、高效落实教学思想，最重要的是选择合适的课程模式和课堂教学模式。

　　2019 年 2 月，中共中央、国务院印发的《中国教育现代化 2035》明确提出，加强课程教材体系建设，科学规划大中小学课程，分类制定课程标准，充分利用现代信息技术，丰富并创新课程形式。

　　2014 年教育部印发《关于全面深化课程改革，落实立德树人根本任务的意见》（教基二〔2014〕4 号），再次提出"全面深化课程改革"。

　　长期以来，我国中小学教育注重共性化教育。作为工具理性和机械文明相结合的产物，其最大的特点就是模式化和工厂化。它按照统一的要求或标准来影响学生，采用灌输的形式，将相同的教育模式，千篇一律的知识内容传授给不同的学生。这种教育形态"以牺牲精神自由为代价"[①]，忽视了学生作为"人"的特质，抹杀了学生发展的个性化需求。

　　立足新时代，共性化教育显然已经不能满足现代社会生产力的发展需求。我们应更多地关注人的个性化发展，因为个性是一个人在思想、性格、品质、意志、情感、态度等方面，不同于其他人的特质。歌德曾

---

① 　雅士贝尔斯 . 时代的精神状况 [M]. 王德峰，译 . 上海：上海译文出版社，1997：99.

说过："一棵树上很难找到两片形状完全一样的叶子，一千个人之中也很难找到两个在思想情感上完全协调的人。"这也说明，人与人之间是存在个体差异的。因此，要构建新时代教育，真正实现减负增效，就必须大力推动个性化教育的落地。而立足学校教育场域，个性化学习与发展的实现必须以课程与课堂为主要抓手。

一、卓实课程的组织与资源开发

关于课程的定义很多，有指功课的进度，有指教学的科目，也有指某一专业教学科目的全体，等等，这里说的课程主要是指学校课程。

目前学校课程的主流定义"是对育人目标、教学内容、教学活动方式的规划和设计，是教学计划、教学大纲和教材全部内容及其实施过程的总和"[①]。可以说课程是实现教育目标和规划、落实教育理念的最直接和有效的方式之一，也是教学研究、课题实践的主要载体，是学校开展教育教学活动的基本形式。如果说深化教育改革是我国当前教育的核心内容之一，那么课程改革则是教育改革的重中之重。它直接影响到教与学的成效，影响到教学计划与教育目标的实现。

《国务院关于基础教育改革与发展的决定》（国发〔2001〕21号）指出："加快构建符合素质教育要求的新的基础教育课程体系。适应社会发展和科技进步，根据不同年龄学生的认知规律，优化课程结构，调整课程门类，更新课程内容，引导学生积极主动学习。"这一决定为课程改革指明了方向，从课程结构、课程内容、课程开发与管理等方面进行课程改革。

我校在响应我国新课程改革的基础上，追求卓实的课程观，即追求个性化的知识观；注重课程实际，强调课程的生活化与综合性，并全力

---

① 全国十二所重点师范大学.教育学基础[M].北京：教育科学出版社，2008：155.

打造"卓实之课"，以"创新能力培养"为核心目标，我们着力在"通识·跨学科融合""贯通·跨学段培养""融通·利用社会资源"上综合发力，呈现课程设置的优化性与课程内容的开放性、课程类型的多样性与课程选择的自主性、课程教学的研究性等优势。

（一）卓实之课的理论依据

课程是实施素质教育的重要途径，也是创新人才培养的主要方式。实行课程改革是要更好地促进人的全面发展，培养适应时代发展趋势的人才，实现科教兴国、人才强国的目标。基于此，卓实之课以人本主义理论、建构主义学习理论和多元智力理论为理论依据，结合湘潭县一中的师资力量和生源情况建构特色课程体系。

1. 人本主义课程理论

20 世纪五六十年代，美国兴起人本主义学理论，强调人的尊严、意义、潜能、价值、创造力、独特性和自我实现等。人本主义学者在抨击"学问中心"课程论的"非人性化"后，强调教育的人性化，"旨在帮助人们充分了解自己、帮助人们调动自身一切积极的因素以实现最完美的自我、帮助人们创造最美好的人生境界"[①]。

马斯洛从人的主体性、生存需要的角度出发，提出人类需要层次理论，即从最基本的生理需要、安全需要、爱与归属的需要、尊重的需要到最高级的自我实现需要。马斯洛的人类需要层次理论，认可人的本能和本性，只有满足人出于本能的基本生存需要，才能调动人的主观积极性。这种需要正是促使人不断进取的动机和内驱力，也指明了人发展的方向，从生理需要到自我实现需要，是人从"缺失性需要"到"成长需要"的过程。"人体内都存在着一种向一定方向成长的趋势和需要，这个方向一般可以概括为自我实现或心理的健康成长。"[②]可见人天生就具有寻

---

① 罗伯特·艾伦.哲学的盛宴 [M].刘华，译.北京：新世界出版社，2017：319.
② 马斯洛.马斯洛人本哲学 [M].成明，等编译.北京：九州出版社，2003：299.

求自我实现的内在倾向。但人要完成自我实现,最关键的是要激发潜能。

关于潜能和自我实现的理论,我们在第一章的"卓实教育的理论依据"部分已提到过,这里主要就潜能和自我实现的理论对课程的影响稍做论述。

"普通人只用了全部潜能的极小部分,每一个人身上都潜藏着无限的能力。如果能睁开心灵的眼睛正视自己,我们将惊喜地发现,我们竟如此地幸运,因为我们具有如此巨大的潜能。"[①]马斯洛提出潜能理论,促使学校教育从灌输式教学向启发式教学转变,通过改进课堂教学、营造良好的学习环境,适当引导、鼓励学生充分发挥自我潜能。

马斯洛认为:"自我实现价值的人是人类中的最好典范,他们精神健全,能充分利用自己的天赋能力和潜力,他们被称为'不断发展的一小部分'。他们的个人特点、创造性,向人们展示了令人惊讶而又激动万分的美好前景:人,经过充分地发展,竟然可以达到如此的高度!"[②]自我实现包含两部分:一部分是完美人性的实现,包括品行、社交、价值观念等;另一部分是个人发展潜能的充分发展,包括智力、体能等。

人本主义课程论是在人本主义的"潜能""自我实现"的基本理念上,提出教育要"以学生为中心",以启发式教学为主,课程目标从应付考试转变为自我实现,课程内容选择的原则也转变成遵从学生成长规律与发展需求的适切性原则、课程实施的非指导性以及课程评价的多元化。

课程目标:人本主义认为教育的作用是充分激发人的潜能,满足人的自我实现的需要。因为"人是作为一个完整的人格而成长的。单纯地着眼于智力活动或伴有大脑活动的抽象智力的发展,人格是不能获得健全的成长的"[③],因此课程目标不应该只局限于传授学生知识和技能,还应该培养学生正确的世界观、人生观、价值观,促进学生自由发展、自

① 罗伯特·艾伦.哲学的盛宴[M].刘华,译.北京:新世界出版社,2017:331.
② 罗伯特·艾伦.哲学的盛宴[M].刘华,译.北京:新世界出版社,2017:340.
③ 钟启泉.现代课程论[M].上海:上海教育出版社,1999:159.

我实现，这才是学校课程的完整目标。

课程内容：人本主义课程论认为课程内容的选择要符合学生"认知发展"和"情意发展"两方面的需求。因为"年轻人都有发自内心的成长的渴望。虽然环境中充满挑战因素，但他们对周围的一切都是那么好奇，热心于探究，希望把一切都弄个明白。然而，在我们现在的教育中，许多孩子在学校学习多年后内部动机反而大大下降，这不能不说是教育的一大悲哀"①。课程内容不应该以教材为王，让学生服从教材，而应该让教材为学生服务。教师通过情境设置、问题引导等方式，设置个性化、多样化的课程内容，既符合学生认知发展和情意发展的规律，又引起学生学习的兴趣，满足学生身心发展需求。

课程实施：罗杰斯提出的著名"非指导性教学理论"，认为学生是整个教学活动的中心，学生应该始终处于主体地位，教师只是教学的促进者，对学生的学习起促进作用，而不应进行干涉和过多控制。因此，在课程实施过程中，不能采取教师"满堂灌"的方式，而应该激发学生学习兴趣，让学生主动学，发挥学生在教学活动中的主体作用。

人本主义课程论强调"以学生为中心""非指导性教学"的理论，认为教育要从人的自身出发，关注学生"认知发展"和"情意发展"，强调充分激发潜能，促进学生自我实现。这种人本位思想，使教育回归人本身，从人的自我实现需求出发，把促进人的全面发展作为教育的目标。卓实教育关注学生的认知发展，更注重学生的情意发展，始终将实现人的全面发展作为课程改革的准绳，尊重学生的个性以及自我实现的需求。

2. 建构主义学习理论

建构主义认为"学习的本质是建构，即强调学习的发生不是被动接受，而是主动建构的过程。建构有两个基本含义：第一，建构既是一种发现又是一种发明，建构有创造性的意思；第二，建构必然是一个发生、

---

① 罗杰斯.自由学习[M].伍新春，管琳，贾容芳，译.北京：北京师范大学出版社，2006：170.

发展的过程，发生的起点与发展的基础是主客体之间的相互作用，即动作或行为。建构是一种主动建构，并不是外界给予任何刺激主体都会发生建构，而是只有学习者了解了刺激对自身的意义或发现了刺激与已有经验间有某种关系时才会去建构"[①]。

建构主义理论的代表是列夫·谢苗诺维奇·维果茨基，他认为每个人认知的方式、能力是不一样的，并且认知效果和认知状态也各不相同。因此，学校不能采用统一的、标准化的模式教学，而是应该根据学生的发展情况，建构适合学生学习的内部环境和外部环境，充分发挥学生的主观能动性，让学生主动吸收知识、提升能力。

维果茨基还认为学习者获得知识，不是通过感觉或交流获得的，而是在现有知识、经验的基础上建构新的知识。在个体知识建构过程中，为了适应不断增长的经验，个体的知识会不断进化，特别是在与环境互相作用的过程中，通过磨合与适应的过程后，一方面将适合的知识吸收进来合并到自己的认知结构中，另一方面对无法同化、吸收的知识进行重组，从而主动建构自己的知识。

建构主义学习理论坚持学习是发生在具体情境中的，知识是基于真实世界、现实生活的真实情境而发生的，因而学习也不能脱离情境孤立地存在。在课堂教学中，营造适合的情境或活动场有利于学习。

建构主义学习理论的认知过程性、学习情境性以及知识的建构性对教育教学实践和改革产生了一定的积极影响。学习的情境性意味着知识是基于现实世界的，只有当学习和思维处于具体情境中才能凸显其意义和实践价值，脱离情境孤立地看问题是不能激发学生学习动机的，更无法将学生的思维引向深处。因此在课堂教学中，要注重学习情境的设置，创设良好的学习环境、氛围，使课堂充满积极的、正向的情感能量，激发学生的情境思维和情感认知，从而实现知识和能力的提升。

① 王定华.美国基础教育：观察与研究（修订版）[M].北京：人民教育出版社，2021：204.

3. 多元智力理论

多元智力理论我们将在第六章详细介绍，这里主要提一下多元智力理论对课程的影响。加德纳认为每个人都具有多元智力，并主要介绍了七种智能，包括语言智能、音乐智能、数学逻辑智能、空间智能、身体运动智能、人际交往智能、自我认知智能等。而且其结构也是多元的，是以组合的形式出现的。

加德纳认为每个正常的人都拥有多项技能，或许程度不同，但是普遍存在。人身上不同智能的组合，是人与人产生差别的主要原因。"学校教育的宗旨应该是开发多种智能并帮助学生发现适合其智能特点的职业和业余爱好。我相信得到这种帮助的人在事业上将会更投入、更具有竞争力，因此将会以一种更具建设性的方式服务于社会。"[①]

加德纳的多元智能理论对我国教育的影响是多方面的，涉及学生观、教师观、课程观等方面。

（1）学生观

"我认为智能是原始的生物潜能，从技能的角度看，这种潜能只有在那些奇特的个体上，才以单一的形式表现出来。除此之外，几乎在所有的人身上，都是数种智能组合在一起解决问题或生产各式各样的、专业的和业余的文化产品。"[②]加德纳认为，不能仅从语言智能和数学逻辑智能两方面去评价所有学生。有的学生可能这两种能力不强，但他们其他方面有才能。因而，在智能发展上不存在失败的学生。

（2）教师观

教师要"尽可能敏锐地、全面地理解和认识学校中学生的能力和兴趣"[③]，然后根据学生所拥有的智能类型、目标和兴趣，选择适合的教学方法。

① 霍华德·加德纳.多元智能 [M].沈致隆，译.北京：新华出版社，1999：10.
② 霍华德·加德纳.多元智能 [M].沈致隆，译.北京：新华出版社，1999：10.
③ 霍华德·加德纳.多元智能 [M].沈致隆，译.北京：新华出版社，1999：11.

（3）课程观

加德纳认为"并非所有的学生都采用相同的方法学习（现在我们已有了强化这种差异的方法）……以个人为中心的学校，应该在评估学生个体的能力和倾向方面富有经验。这种学校不但寻求和每个学生相匹配的课程安排，也寻求与这些课程相适应的教学方法"①。因此，学校在课程教学中，要尽可能地用多种方式展现内容，并调整课程使之尽量适应不同的学习方法和特长。

加德纳的多元智能理论强调个性化教育、关注学生潜能，而且涉及课程与教学改革，对我国深化教育改革、实行素质教育有一定影响。

（二）卓实课程的组织架构

目前，我国实行三级课程管理制度，即国家课程、地方课程、校本课程三级。三级课程管理制度，改变了以往采用全国统一的课程标准、必修科目、教科书的国家课程开发模式和课程管理模式。国家、地方、学校三级课程管理制度，不仅明确了国家、地方、学校三方的权利与责任，让地方和学校充分发挥自身优势办好教育；同时，地方和学校可以根据实际生源情况、教育质量、教学水平，自主开发课程，满足地方、学校、学生发展的多样化需求。

国家课程是为了实行素质教育，保证教育质量，提高全国教育的整体水平而设置的基础课程；地方课程是以国家课程为基础，结合当地的经济、政治、民族、文化传统、教育水平以及人才需求等具体情况，充分利用地区自然资源和社会资源，开发适合本地区人才发展的课程。

《基础教育课程改革纲要（试行）》强调"学校在执行国家课程和地方课程的同时，应视当地社会、经济发展的具体情况，结合本校的传统和优势、学生的兴趣和需要，开发或选用适合本校的课程"。因此，校

---

① 霍华德·加德纳.多元智能[M].沈致隆，译.北京：新华出版社，1999：10-11.

本课程是以学校为基地，是学校自主开发和管理的课程。校本课程是学校利用自身优势资源，结合学校的办学理念和特色，为促进学生全面发展和个性化发展而展开的课程。校本课程在探索课程的多样性、实践性，提高课程的实效性、灵活性方面更具有优势，也更能发挥教师的主体性和创新能力。

三级课程管理制度，充分发挥了国家、地方、学校三方优势，调动了各方的积极性和主动性，丰富了课程内容，增加了课程的灵活性和适应性。卓实教育强力推进国家、地方、校本课程建设。开足、开齐国家课程，确保国家课程有效实施，有机整合、协调推进国家、地方、校本三级课程，结合学校实际和办学目标，开发或引进独具特色的校本课程，构建更全面、更科学的课程体系，即"卓"的课程与"实"的课程。这两类课程一类以思政教育为主，一类以实践教育为主。

1．"卓"的课程

"卓"的课程主要是指梦想课程、理论型课程，包括学术型（学术讲座、科学讲座、国学基地），综合型（阅读中国、湖湘文化、红色文化、海航文化、传统美德、学业发展指导）。"卓"的课程偏向于思政教育，超越学科界限，重在帮助学生树立崇高的理想和信念。

一方面，学校利用特有的优质资源，组织教师编写《湘潭县一中新生手册》《心理健康教育》等，作为高一新生的入学读本，以增强学生适应社会生活的能力，并分批次组织学生参观校史馆，发放学校发展历程资料，激发学生的斗志。另一方面，学校还充分挖掘利用"伟人故里""海军航空实验学校""钱学森实验班"等教育资源优势，开发"飞行员摇篮""国防军事""伟人足迹""杰出校友"等特色德育课程，并以"传统美德"为主题，建设校本课程，从而形成特色德育校本课程体系。

湘潭作为伟人故里，一中学子自然对毛泽东同志有着深厚的情感。学校利用这种天然优势，针对全体学生开展"毛泽东诗词赏析"活动，让一中学子走近伟人，与伟大灵魂对话，以伟人为镜，寻找到自己的人生坐标点，绘就"自画像"。除此之外，湘潭县一中还针对美术专业的学生开展齐白石校本课程。齐白石是从湘潭走出去的世界名人。一中学子对其有着天然的亲切感和深入的了解，学习齐白石的绘画技巧也有着得天独厚的优势。

为拓宽师生视野，提升其人文及自然科学素养，学校不定期邀请中科院院士、知名大学教授以及各行各业优秀人物做客"金霞讲堂"。如校友周湘虎在"金霞讲堂"分享了他不懈追求航天梦想和披荆斩棘的军旅生活。他说"能够把自己的青春热血献给航天事业，我从心底里感到自豪与无悔"，他用最质朴又最深情的话语让在场的学弟学妹们真切地体会到什么是家国情怀，什么是将个人梦想融入伟大的中国梦之中。又如中科院强耦合量子材料物理重点实验室主任陈仙辉院士带领创新班和海航班学生走入了神奇的超导世界，为他们开启了科学之门。他通过奇特的物理现象告诉学生什么是超导，超导在生活中是如何广泛应用的，又通过一个又一个鲜活的事例、一个又一个生动的实验告诉学生科学其实离我们并不遥远，告诉他们什么是信心，什么是梦想，什么是坚持，什么是团队合作，激发了孩子们对物理、对科学的浓厚兴趣。

2."实"的课程

"实"的课程以培养学生的创新思维能力为主。"实"的课程主要是指实践课程，包括实践型（走进科学实验室、走进工厂、走进农村，劳动技能、军事技能），活动型（青春教育、社团活动、音体美艺术教育、生活教育），学科型（五大学科竞赛、科技前沿、科技制作发明）。

"实"的课程中，以实践为主的研学活动很好地体现了湘潭县一中的教育目的：让教育回归生活，让学生在生活中获得生长的养分，让学生的生命生长、精神生长。比如，2018年11月27日下午，学校组织了高一年级1802班全体师生参观学习中国中车株洲电力机车集团。中国中车株洲电力机车集团作为我国轨道电力牵引装备主要研制生产基地和城轨交通设备国产化定点企业，面向国家重大战略实施和重大工程需求，坚持走创新之路、产业化之路，坚持交通强国战略，为国家轨道交通运输装备的现代化做出更新更大的贡献。学生集中参观了中车集团历史展厅、标准化工作间，还穿上研究员服装走进中车集团研究所，

出席湖南省第十四届人民代表大会

深入了解 IGBT 项目，对芯片、封装、模块、检测和应用等多项技术有了初步了解，也对科研有了更直观的感受和更浓厚的兴趣。

学校为了落实注重培养科技创新能力的教育理念，开设了专门的科学技术课程，并多次邀请科学研究者来校进行科普讲座。如 2018 年 11 月，武汉大学水利水电学院教授刘攀、中国科学院测量与地球物理研究所武凛以及中科院武汉研究所周林三位科学研究者为学生带来了三场精彩的前沿科学系列科普报告，并和学生进行了面对面、零距离交流，满足了他们强烈的好奇心和求知欲，也激发起了他们的科创热情。

学校还为爱科学创新的学生搭建了平台——成立了科技创新协会，设立了"科创实验室"和"机器人试验基地"，并将每年的 11 月 10 日定为科技日，还会举行"科技创新大赛"。科技创新协会是一个组织有序、分工明确、团结协作的团体，多次代表学校在国家比赛中取得优异成绩，为学校增光添彩。我校还被评为 2016—2020 年"湖南省青少年科技活动示范学校"。

湘潭县一中校本课程主要具有特色化、多样化、实践性、跨学科性等特征。

首先，校本课程的特色化，是由学校的办学理念、教育思想、自身优势资源等决定的。湘潭县一中校本课程的特色化表现在形成了"卓"和"实"两大课程体系。"卓"的课程又称为梦想课程，涉及全人教育、

生命教育、安全教育、国防教育、团队教育、职业人生、财经意识等方面，核心是对学生的心理、人格、意志等的培养。而"实"的课程侧重对学生的能力培养，包括创新能力、实践能力、合作能力等，因此，"实"的课程多采取实践的形式，如走进科学实验室、走进工厂、走进农村等，将课堂搬到广大的社会实践中，让学生走进第一现场，进行现场教学。

其次，湘潭县一中的校本课程还呈现出多样化的特征，一是指课程内容多样化；二是指课程形式的多样化。

校本课程主要是作为国家课程和地方课程的补充与拓展，因此校本课程涉及的主题范围比较广，在内容的选择上具有多样化的特征，可以是"（1）反映学生兴趣、特长、综合素质和身心健康等个性发展的主题；（2）反映时代发展需要的新的素质，如理财、表达、合作、宽容、创新等方面的主题；（3）反映学校特色发展的主题；（4）反映民族、民俗、社区、环境等地方文化与自然的主题；（5）其他对学生发展有重要价值而国家课程又难以涉及的主题活动"[①]。校本课程的内容不再局限于语、数、外这种基础课程后，学校扩大了课程范围，涵盖了各种实践知识、人文知识、地方性知识等。学校坚持以地域文化涵养学校品格，用地域文化助推学校高质量发展，大力开发湖湘文化、红色文化课程，创办碧泉书院，开设国学课程、毛泽东诗词鉴赏课程等。

在课程形式上，学校校本课程没有一定的标准要求，教师可以灵活调整，采取大课还是小课，讨论课还是实践课，综合类课程或者专业化课程，等等。教师根据课程目标、课程内容选择适合的课程形式，完成课程教学。

再次，一中的校本课程具有一定的实践性。一是校本课程不像国家课程，是为了提高全国教育的整体水平而开发的，而是为了满足学生个性化发展需求开设的具有探索性、实践性的课程。学校的校本课程开发是一项实践性活动，是根据学校实际情况、师资力量、学生发展需求等

① 吴刚平. 校本课程的功能与结构 [J]. 基础教育课程，2013（08）.

具体情况开发的课程。学校校本课程在课程内容、课程形式、教学方法等方面没有标准可依，还在探索、实践阶段。课程设置是否合理、课程内容是否合适，是否能满足学生发展需求等都有待评估。二是学校校本课程的实施以实践为重点，主要是培养学生的实践能力，包括学生的创新与问题解决能力、社交能力、合作能力等。

最后，一中的校本课程还呈现出跨学科性。跨学科即不拘泥于单一学科，而是通过主题学习方式、项目学习方式找到学科间的共通性，从单一知识传授走向研究性学习，注重对知识的分析与综合。如学校打造的红色文化校本课程超越了学科的界限，从红色文化德育课程、红色文化校园活动和综合实践活动，到红色文化进课堂，将红色文化渗透到各学科教学中。语文课把有关历史事件、人民战争等内容中的红色精神加以提炼，对学生进行爱国主义教育；音乐课上可通过教唱《义勇军进行曲》《打靶归来》等歌曲，根植红色基因。

二、课程实施的个性化与构建思维课堂

深化课程改革，更新课程理念，研发校本课程，开设丰富多彩的选修课程，开发适合学生的课程资源等，都要通过课程实施和课堂教学体现出来。合理、有序的课程实施才能完整地体现课程目标，高效的课堂教学才能完成课程任务、课程计划。课程实施和课堂教学也是课程改革中的重要一环，直接影响到课程改革的水平。因此，学校要重视课程实施和思维课堂的构建。

（一）卓实课程实施的个性化

课程实施是将课程计划、课程目标、课程方案付诸实践的过程。课程实施过程通常被认为是课程教学过程，但教学过程只是课程实施的一个组成部分，课程实施还包括课程设计、课程管理、课程建设等。要实现课程改革，促进学生全面而有个性的发展，首先得创新课程实施方式，改变传统的共性化的课程实施方式，根据学生个性特征，构建多样化、有层次的课程实施方式。

湘潭县一中通过课程设计的个性化、课程管理的个性化、课程教学的个性化深化课程改革，满足学生个性化发展需要，激发学生内驱力，充分发挥学生的主体价值，让学生主动学习、主动建构知识体系，实现自我发展。

1. 课程设计的个性化——走班制

走班制教学是新课程标准背景下产生的一种新的教学管理形式。但走班制并非是一个新的概念，其起源于美国，最早由哈佛大学采用了走班制。1959 年著名课程专家约翰·古德莱德提出"无年级学校"推动了走班制的实践。走班制被认为是"非固定班级""无年级"制度。我国早在 20 世纪 80 年代就有实行走班制的教学实践，但主要是在数学、英语这种主要科目，打破原有的行政班级序列，按学生的能力和学习水平分层走班。《国家中长期教育改革和发展规划纲要（2010—2020 年）》提出"注重因材施教。关注学生不同特点和个性差异，发展每一个学生的优势潜能。推进分层教学、走班制、学分制、导师制等教学管理制度改革"。走班制在教育政策的引领下，被广泛用于中小学校。

走班制、选课制的实施使同一"行政班"的学生可在不同的"教学班"上课，而教师和教室是固定的，学生可根据自身需要，选择流动听课。走班制打破了原来固定的"行政班"的格局，扩大了学生交往范围，促进了同学之间的相互影响，有助于学生之间形成良性竞争和团结合作。学校为推行走班制教学，实现减负增效，严格按照先走一步、重点推进、分步展开的策略，精心准备，科学实施。

走班制是根据学生的能力水平、认知基础、兴趣爱好、发展需要等，结合学生的自主意愿，进行分层教学或选课。走班制分为分层走班制和选课走班制。前者是基于能力、学习水平分层，后者是基于爱好兴趣、发展需要选课。这里主要介绍的是湘潭县一中采取的分层走班制实践。

（1）能力分层：基于学生选择。

学校在年级实行分层走班制。班主任和科任教师提出建议，在学生结合自己能力、兴趣爱好自主选择的基础上，将每班知识基础较差、学习积极性不高、成绩欠佳的学生分为 A 层，将知识基础一般、学习比较自觉、成绩中等的学生分为 B 层，将基础扎实、接受能力强、学习自觉、成绩优秀的学生分为 C 层。最后，将全年级 25 个班级学生全部打乱，再将其分成 A、B、C 三层，对三个层次的学生采取走班制上课。其中，A 层占 20%，共 5 个班；B 层占 60%，共 15 个班；C 层占 20%，共 5 个班。上课时，学生走动老师不动。走班制给了学生自主选择的权利和空间，体现学生的主导地位，学生可以根据自己的学习进度、能力选择课程，选择适合自己的学习环境，增加自信心，提高学习兴趣和自觉性，提升人际交往能力等。

（2）师资配备：让所有的学生都受益。

学校要求每个任课教师至少任教两个层面的班级，并能高质量地承担一门基础型课、一门拓展型课的教学，引领自己所教学科相关领域的研究课题，逐渐建设、完善、形成富有个性特色的课程"套餐"，以便让每个学生都能享受到最优质的教学资源。

实行走班制对教师的要求更高，不仅要求教师有扎实的学科知识和教学技能，还要有良好的管理能力和组织能力，以及更新教学理念、教学手段的能力，最大限度满足学生个性化发展需要。

（3）异质分组：让学困生与学优生齐头并进。

在实施分层走班制教学后，A 层次的班级中往往有小部分学习能力强的学生有更高的学习目标和要求；C 层次的班级中，也会有小部分学习基础较差的学生难以跟上教学进度。为此，学校在学生中建立了合作小组，让学优生与学困生自由组合，起到了以优补缺之效。同时，开设学科特长班和基础班，并定好辅导时间、地点和人员，教师全程参与，以保障学优生与学困生能齐头并进。

2.课程管理的个性化——差异化教学

差异化教学最早可追溯到我国春秋战国时期，孔子提出"有教无类，因材施教"。国外的差异化教学则可以追溯到布鲁姆的教学目标分类理论，"布卢姆从学生的认知能力出发，将学生行为按照由简单到复杂的顺序排列，通过测定学生的行为来制定有层次的教育目标，并以此采用不同教学策略和方法"①。

差异化教学的特征之一是以学生为中心，认可学生在学习中的主导地位，学生是知识的建构者，基于之前的知识和经验主动建构新知识。教师在教学中主要是起引导作用。以学生为中心，不是让学生迁就教师和课程，而是通过调整教学策略、方法、课程来符合学生的个性特征和差异。差异化教学的特征之二是尊重学生差异。承认和接受学生是有差异的，学习兴趣、学习能力不一样，认可学生拥有的智能是不一样的，有的学生语言智能突出，有的学生数学逻辑智能超群，而有的学生具有音乐智能、空间智能，等等。尊重学生差异，从学生差异出发，展开有差异的教学，促进学生个性化发展。

实施差异化教学，提高课堂效率是落实减负增效工作的关键。差异化教学是在常规班级授课制的前提下，根据教材内容和学生认识能力、个性差异，确定各个层次的教学要求，选择适合各个层次学生的教学方法，设计适合各个层次学生的练习与作业，因材施教，充分调动各个层次学生的学习积极性，使每个学生都能得到充分发展，从而达到提高教学质量的目的。

（1）合理划分差异等级

要准确把握学生差异，教师就应深入了解全班每个学生的智力水平

---

① 张楠.布卢姆教育理论的中国化研究 [D]. 天津师范大学，2014.

和非智力因素，并在综合评价的基础上，把全班学生分为不同水平的三个层次。

（2）科学制定教学目标

教师要在认真钻研教材和整体把握课程标准的基础上，弄清本节课的重点、关键、难点问题和目标，然后结合学生实际分层制定教学目标。在制定教学目标时，需分别拟定基础目标、中层目标和发展目标。基础目标是紧扣课标和教材，让学困生掌握的识记、理解和初步应用；中层目标是中等生经过努力能掌握的较简单的综合应用；发展目标是针对学优生才能掌握的较复杂的综合应用。

（3）有序实施差异化教学

在教学内容方面，对不同层次的学生，提出不同的学习要求，让"不同等级的学生在最近发展区域得到不同的发展"；在教学方法方面，对不同层次的学生施以不同的教学方法；在课堂提问、作业布置、评价等方面，采用不同的方式对待。为了给各个层次的学生提供合适的学习机会，使他们都能积极思考，把问题分成上、中、下三层；其中，难度大的问题面向学优生，中档问题面向中等生，基础性问题针对学困生，使不同层次的学生都能学有所得。课后将作业练习分为必做和选做两部分：必做题是所有学生都必须完成的；选做题主要是指综合题，视学生的能力来定，不做硬性规定。在分层评价上，教师要根据学生的实际情况，尊重学生差异，进行有针对性的评价，使不同层次的学生都有成功的可能。

差异化教学是从学生的个性差异和实际水平出发，遵循教育规律和学习发展特点的一种教学试验模式，能使减负增效工作在课堂教学中落到实处。

3. 课程教学的个性化

在"互联网＋教育"的环境下，教师应实现角色转换，"从文化知识的传授者、知识学习的指导者、课程教材的执行者、教育教学的管理者转变为未来生活的设计者、知识体系的建构者、课程教材的研究者和人际关系的艺术家"①。在大数据的助力下,学校要求全体教师从教学的主宰者、知识的灌输者向学生的学习伙伴、引导者等角色转变,使教师的教、学生的学等重要的教学环节都发生深刻变化。

(1)提供个性化教育,实现精准教学

传统的课堂,是教师让学生举手表示对所讲授的知识点全部掌握。但在有大数据支撑的课堂上,教师可以用机器代替人的分析,用大数据分析随时掌握学生的学习情况,从而大幅减少教师的工作量,让教师及时调整教学内容和方法,实现精准教学。在考试制卷中,教师可直接在网络上组卷,考试结束后,利用机器快速扫描采集试卷数据,并可以精确统计错题率。这为个性化教学提供了参考,使教学更高效、更有针对性。分析系统还可以分析整理学生的错题,生成诊断报告,即哪些知识点学生还未熟练掌握,进而提供个性化学习包,形成学业追踪档案,建立起一套学生个人的自适应学习系统。实现随时评估一个学生在某一个知识点的掌握情况,从而为其"对症施治",再有针对性地推送相关试题。为此,教师可以以此为每名学生定制个性化作业,减少重复,提高教学效率和教学质量。

(2)为学生释放剩余时间,实现减负增效

学校充分利用大数据技术,无论是在教师的教学效率方面还是在学生学习效率方面都有很大的帮助。原来一节课教师只能讲解5~10道题,利用大数据后就可以讲解15~20道题,甚至更多,大大地提高了教学效率;原来学生课后要做20道题,利用大数据后,结合每个学生学习现阶段特点和知识掌握情况,每个学生只需做5道题左右,学习效率提高了4倍。效率提高后,释放出了更多的时间,学生可以培养更多的兴趣,可以积极参与公益、社会实践等活动,在文艺、体育方面也能取得均衡发展。有了大数据的支持,教与学更能取得实效,

① 宋广文,苗洪霞.网络时代教师角色的转换 [J].教育研究,2001(8):40-44.

更有针对性和实效性。

（二）构建思维课堂

"长期以来，人们总希望能够有一个教学的框架或者模式，来规范课堂教学，提高课堂教学的效率。"[①] 我相信很多人曾有这样的疑问，有没有一种固定的框架、一个生成理想课堂的工具，让"新教师可以把它作为'地图'来引导自己穿越最初的教学迷径；有经验的教师可以把它作为'支架'以便使自己的工作更有效率；大家可以借助它作为'工具'，努力改善教学"[②]。我认为这种框架和工具是存在的。在湘潭县一中的教学实践中，坚持卓实教育的办学理念，以"卓"为信仰，以"实"为美德，"以德为首、五育并举""同心同德、同力同行"，通过对新课标的研究和新高考政策的解读，对教材内容和课堂教学进行适度调整，打破模块的固定形式，根据各部分内容的难易程度和学生的接受能力，灵活安排各模块的教学顺序；以教材为本，但不完全依赖教材。切实做到以教师为主导，以学生为主体，精讲精练、当堂巩固，努力提高课堂教学的有效性。

1. 创建理想课堂

在传统的"知识本位"教育观的主导下，我们的教学中过分重视学生积累和获得知识，学生的主要学习目的是理解、记忆知识。一部分教师在课堂上片面强调课堂密度、知识容量，追求"高效"课堂，追求知识传递的"有用""高效"，"满堂灌"现象比较严重。在这种教学中，学生学习的过程完全是被动的，无法深度思考，更无从理解学习的意义与价值。

要改变传统的"满堂灌"式的课堂教学，打破传统的以知识为唯一

①　朱永新. 新教育 [M]. 北京：文化艺术出版社，2010：105.
②　夏洛特·丹尼尔森. 教学框架——一个新教学体系的作用 [M]. 张新立，么加利，译. 北京：中国轻工业出版社，2005.

目标的教育模式，首先要进行课堂创新。

（1）立足课堂创新

课堂也需要创新思维。"思维活动是课堂教学中师生的核心活动。"[①]随着新课改的提出，以往陈旧的课堂教学理念、教学方法、教学模式已经不适应新时代的教育发展，因而，课堂也要推陈出新，要转变课堂教育理念，提出新的课堂教学模式。教师不仅要创设民主自由的课堂氛围，鼓励学生大胆提问，勇敢质疑，还要着重将培养学生的批判性思维有层次地融入学科主干核心内容中。学校倡导教师改革课堂教学模式，积极构建自主预习、互动讨论、探究发现的课堂教学模式。"自主预习"作为课堂教学的先导，要求教师在集体备课中针对教学内容，编制导学提纲，指导学生课前独立预习。"互动讨论"是课堂教学活动"主线"，它是教师以导学提纲为课堂教学的切入口，开展互动讨论活动，使学生达到对知识的理解与贯通。"探究发现"是在课堂教学中生成的，即让学生在课堂上通过调查、质疑、探究、发现去获取新知识，形成新能力。

湘潭县一中姜亚球老师提炼出新时代高中数学课堂"四环八有"，即"问题导学→先学少教→合作探究→精彩展示；有知识，有方法，有生活，有境界，有激情，有趣味，有创意，有美感"课堂教学模式。胡星老师开展"五思课堂"研究，即"自学存思"重预习；"问题启思"重设计；"情境拓思"重应用；"对话辨思"重合作；"评价反思"重反馈。"五思"，将预习、设计、应用、合作、反馈应用于整个课堂教学过程中，创设引发思维时空、培养思维习惯、训练思维方式、提升思维品质，对构建创新型人才培养模式做出了有益的探索。

（2）加强新技术与课堂教学的融合度

学校以信息化助推课堂教学改革，成立大数据中心，加大投入，引进智能信息服务公司，构建智慧校园。教育信息化对开发教育资源、优

---

① 林崇德，胡卫平.思维型课堂教学的理论与实践[J].北京师范大学学报（社会科学版），2010（1）：29.

化教育过程、加强课堂管理、提高课堂效率等方面，发挥着重大作用。加强新技术与课堂教学的融合，为学生学习提供大量的、个性化的数据分析，提供优质、多样的课程资源，科学、人文的教育教学模式，及时、有效的指导服务。在有大数据支撑的课堂上，教师可以用机器代替人的分析，用大数据分析随时掌握学生的学习情况，从而大幅减少教师的工作量，让教师及时调整教学内容和方法，实现精准教学。

（3）抓实课堂管理

学校实行教务处、年级部双重课堂教学管理，每个年级安排一名教务副主任落实教学常规，并配备一名查堂人员，抓课堂常规管理。同时，学校也成立听课团队（课堂诊断小组）。团队由学校校长、书记及名优教师组成，并由校长和书记亲自带队，积极做好课堂观察诊断与跟踪，定期开展"课堂讲评"活动，将课堂教学过程管理落到实处，着力打造真实、朴实、扎实、高效的常态课堂，努力提高教育教学质量，提高教师专业成长。

（4）重课堂教学反思

学校重视教师的课堂教学反思，并强调一课三反思，每思有所获。教学前反思。从个人备课，到集体通课，再到个性修改形成教案，教师经历的是对教材的反复阅读理解，对资源的多次整合重构，对方法的多向审视调整。在教学中反思。课堂教学中，针对实际情况，面对不同学生，及时调整教案，让课堂成为师生共创的过程。教学后反思。在反思中总结成功经验，剖析不足，提出改进措施，启示将来。

2. 为思维而教

培养创新人才，不仅要让具有创新特质的学生掌握丰富的知识，更重要的是引领他们在知识的应用与创造上不断迎接挑战、突破自我，实现创新特质的深化与拓展。而培养创新人才，最关键的是提升学生思维品质，培养他们的高阶思维能力。正如杜威在《我们如何思维》一书中所写"学习就是要学会思维"。钱学森也持同样观点"教育最终的机理在于思维过程的训练"。因此，我从担任湘潭县一中校长后开始思考如何在全校逐步推进学科思维教学。我们组织了部分优秀教师进行了基于核心素养的学科思维教学的理论研究并进行了大量的教学实践，不断总结、提炼、优化，最终形成具有自己特色的思维教学——"五思"学科思维教学理念。

（1）"五思课堂"建设

"五思课堂"是指课堂教学中灵活运用五条基本教学策略的课堂。"五思课堂"实现了课堂教学从"知识本位"向"素养本位"的转变，主要关注学生在具体问题情境中解决问题的实际能力、在解决问题过程中的情感培养，重在提升学生的思维品质和能力。

"五思"具体是指"自学存思""问题启思""情境拓思""对话辨思""评价反思"的五个过程。

"自学存思"重预习，在教师授课前学生通过预习带着问题与思考，即"存思"去上课，让学生做学习的主动者。教师通过布置自主预习清单、预习检测练习，让学生提前预习。学生在预习时可能会出现一知半解、似知非知或者全部理解等情况，不管是哪一种，学生对知识都有了大概印象，并进行了"个性化解读"，有了一定的思考和疑问，再通过课堂上对预习成果进行检测，会引起更深入的探讨和思考，使原本陌生甚至枯燥的知识变得有趣。

"问题启思"重设计，即通过问题设计来引导、激发学生思维，解决"学"的问题。问题设计是关键，不能简单化、程式化，要注意趣味性、核心性、开放性和情境性。现代心理学认为：思维的本源在于问题情境，问题在情境中发现、生成，也在情境中理解、解决。德国学者关于情境与知识有一个著名的比喻：将15克盐放在你面前，无论如何你难以下咽，但将15克盐放入一碗美味可口的汤中，你在享用美味佳肴时已将15克盐全部吸收了。这也就是说，基于真实情境的学习，更有利于知识的内化。

"情境拓思"重应用，即通过设置情境来拓展思维的深度与广度，训练学生解决实际问题的能力，解决"用"的问题。学习不是简单地把抽象的、去情境化的知识从一个人传递给另一个人。我们常见到这样的情况，学生将教师教的东西全盘接受，但一到实际应用中却束手无策。正如学生懂得热胀冷缩的原理，但遇到乒乓球被打扁时却毫无办法。因此，只有把知识与社会、生活、科技前沿联系起来，学生学习才有意义，学习的热情才能被点燃。

"对话辨思"重合作，即通过小组合作、课堂展讲的形式展开对话、碰撞、辨析、思考，从而创设思维空间，培养学生思维能力。课堂上的对话形式主要有师生对话、生生对话、生本对话，这一点我们在第一章提到过，这里主要是指通过对话达成合作，构建学习共同体，实现共同体内的成员优势互补、互相促进。

根据学习金字塔，学习内容平均保留率在 50% 以下的几种传统方式，都是个人学习或被动学习，而学习内容平均保留率在 50% 以上的，都是团队学习、主动学习和参与式学习。可见，合作能大大提高学习成效。

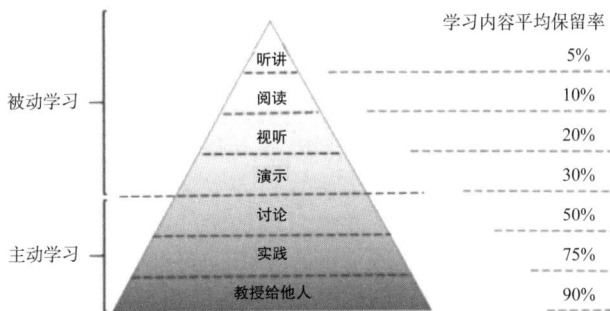

学习金字塔

"评价反思"重反馈，则是对课堂的总结回顾，反思评价，完成对学生思维的内化、提炼、升华。"五思课堂"呈现出评价主体的多元性、评价内容的多元性、评价方法的多元性等特征，并特别注重学生对教学

著名数学家侯振挺为学校题词："数学最美"

评价的参与。学生通过自我评价与反思，可以有意识、有目的地进行自我调节，有助于提升思维能力和自主学习能力。

"五思课堂"并不是固定机械、一成不变的，而是可以根据课堂需要灵活安排。如周章金老师和胡星老师的教学案例《幂函数》，第一步，情境引入："都说数学是一门艺术，有人把这门艺术写成了三行情诗，悲观版的诗：后来悲伤地发现我是反比例函数，我努力地想要靠近你，却突然明白你可望而不可即。乐观版的诗：双曲线的两支不会相交，然而对望，已是最好的时光。也有人把这门艺术编成了舞，下面我们来欣赏一下函数舞蹈……"第二步，主动研究，自学存思。学生自主对幂函数图像性质进行研究。第三步，问题导思，知识运用。第四步，课堂总结，评价反思。总结课堂所学内容、思想方法有哪些？总体来看，这堂课的实施过程非常流畅自然，先让学生对幂函数图像有感性的认识，再给出性质猜想，然后严谨证明性质，从感性认识上升到理性认识，比较理想地完成了教学目标。

"五思课堂"教学，是在我们每个学科选拔的优秀教师展开学科思维的理论探究与教学实践基础上形成。因为我一直从事数学学科教学，数学组率先在全校进行了"五思"学科思维教学的研讨与实践，还成立了湘潭市数学名师工作室，我有幸担任名师工作室的主持人，重点研讨高中数学学科思维教育，并出版了专著《高中数学思维教学研究》。

我校一直坚持思维至上、为思维而教的理念，积极推动"五思课堂"建设，努力培养学生的质疑精神与创新思维，开展的《普通高中"五思"学科教学改革的六年探索与实践》项目，获得湘潭市第六届基础教育教学成果奖一等奖，《高中数学思维教学研究》获得湘潭市第二届教育科学研究优秀成果奖。

（2）思维教学实例

核心素养视域下"五思"学科思维教学

"五思"学科思维教学是在中国人才培养战略转型背景下的一种学科思维教学理念，它强调教学的核心是思维能力的培养，一切为思维而教。"五思"具体是指课堂教学中的五条基本教学策略，即"自学存思""问题启思""情境拓思""对话辨思""评价反思"，它将预习、设计、应用、合作、反馈应用于整个教学过程中，创设引发思维时空、培养思维习惯、训练思维方式、提升思维品质，对构建创新型人才培养模式做出了有益的探索。

一、"五思"学科思维教学的价值

习近平总书记强调："'两个一百年'奋斗目标的实现、中华民族伟大复兴中国梦的实现，归根到底靠人才、靠教育。"同时，全球新一轮科技革命和产业变革正在孕育兴起，重大科技创新已成为引领社会深层变革和重构国际竞争秩序的关键力量。现在的中国比以往任何时候都更需要加强创新型和创造型人才的培养，这是实现教育强国和中华民族伟大复兴的源头活水。

传统的以知识获得、模仿型学习的人才培养模式，已经不能适应新时代国家人才强国的战略要求。故打破传统的以传授知识为唯一目标的教育模式，提升学生思维品质，培养学生高阶思维能力、自主创新和原创性能力，是建立创新型人才培养模式的必由之路。为适应新时代的教育形势，教育部于2014年首次提出了"核心素养体系"概念。核心素养的提出，是新时代教育强国的战略要求，是推动中国人才培养战略转型的重要举措。普通高中课程方案和课程标准（2017年版）根据学生发展核心素养体系，提出了各学科的核心素养。其中，思维方法、思维素养成为学科素养的灵魂，成为学科课程的内在品质。美国教育家杜威指出："学习就是要学会思维。"我国心理学家林崇德等认为："思维活动是课堂教学中师生的核心活动。"学习的本质是思维，思维素养是核心素养的核心，是核心素养中"关键能力"的核心和基础。因此，核心素养的培养应该聚焦的是思维素养。

自 2020—2021 年，我国就开启了高考综合改革实践；2020 年 1 月，教育部考试中心发布了《中国高考评价体系》，同年 10 月，中共中央、国务院印发《深化新时代教育评价改革总体方案》。"有什么样的评价指挥棒，就有什么样的办学导向。"实现从"考知识"到"考能力"、从"解答题目"到"解决问题"的转变，"重视对以思维方法为核心的学科素养、以批判性思维为代表的高阶思维能力的考察，将是高考命题改革的基本方向。它必将深刻影响中国的基础教育改革，也必将深刻影响高中学校的'教与学'"。

对于广大一线教师而言，冲破"知识本位"教学观的围栏，走出"死记硬背"和"解题套路"的传统教学模式，汇入"素养本位"教学的时代洪流，培养学生的核心素养、提升学生的思维品质是高考综合改革背景下教学改革的首要任务。湘潭县一中从 2018 年下学期开始本着"激扬生命·奠基人生·成就梦想"的教育理念，选拔部分优秀教师对各学科思维教学进行研究，经过长期的优化与提炼，形成了独具特色的"五思"学科思维教学。"五思"学科思维教学在培养、发展学生一般性思维能力的基础上，突出"学科思维"、强调"学科价值"，强调教给学生认识世界和解决问题的学科视角、学科思维方法和特有的逻辑。

二、"五思"学科思维教学的内涵

"五思"学科思维教学（以下简称"五思"教学）是在培养学

生核心素养背景下的一种学科思维教学理念，它强调教学的核心是思维能力的培养，一切为思维而教，师生的主要活动是思维活动，在教学的每一个环节，以提升学生的核心素养为归依，以落实思维训练、培养学生高阶思维能力作为贯穿课堂的主线。"五思"教学中的"五思"是指课堂教学中的五条基本教学策略。

（一）"自学存思"重预习

"五思"教学倡导前置学习，变"课后作业"为"课前检测"，教师授课前引导学生自主预习在"五思"教学中占有极为重要的地位。建构主义学习理论认为："学习是学习者在一定情境下主动建构内部心理表征的过程。"预习是思维习惯形成的助推器，在预习的过程中，学生只有通过自己的感知、理解、分析、判断、想象等心智活动才能弄清思路、抓住要点、解决难点，从而提升思维品质。学生在充分预习的基础上，会对所学进行思考并产生问题，学生带着问题与思考"存思存疑"地进行学习，使学习变得更主动，小组活动更为活跃。如果学生能在课前（也包含课中）进行充分自由的预习，那课堂上教师需要传授、讲解的内容就会减少，节约了大量时间。苏霍姆林斯基说："在人的心灵深处，都有一种根深蒂固的需要，那就是希望自己是一个发现者、研究者、探索者。"学生在预习的过程中，深刻体会到了自己是学习的主人，会产生自由意志与自主思考，最大限度地提高了学生的自主学习能力，从而适应终身学习的要求。虽然，大部分教师在以前的教学中也有预习这个环节，但被严重弱化了。其主要原因是，教师布置了大量的低水平作业，导致学生课后必须花大量时间完成作业而很难有精力、时间进行预习，同时也没有时间进行深度思考。"自学存思"关键是要做到以下两点。

第一，为确保前置学习的落实，"五思"教学要求教师精心设计预习内容。学生的预习能力、学习水平是有差异的，因此要根据分层教学理论，充分利用"五思"把预习任务分为三个层次、四个任务。把学生通过自学就可以基本掌握的课内知识、课外拓展，以及补充的知识（可以由教师提供辅助学习材料）设计为基础性预习清单，要求全体学生完成。根据不同学科的核心素养要求把本节课将要学习的学科核心概念、重点问题、关键知识设计为提高性预习清单，要求80%的学生完成。把难度较大的重点问题、开放性问题，以及将要完成的情境性任务、迁移性运用任务、项目式设计任务等设计为拓展性预习清单，允许学生自主选择，不要求全部做完。特别要指出的是，拓展性预习清单强调预习目标设计的情境性与现实性，拓展性预习目标应设计为教师正式授课前学生要完成的项目化、情境化、专题式、设计式任务，以任务、项目为核心激发、驱动学生自主学习的热情与动力。在预习清单中还有一个重要的内容，就是设置"我的问题"一栏，鼓励学生记录、提交自己在预习中遇到的疑难问题。需要强调的是，教师在设计自主预习清单时，应依据布鲁姆教育目标分类学的识记、理解、应用、分析、评价、创造六个层次的认知分类目标理论来设计预习清单，目标表述时要明确规范。"学习目标的核心是动词与名词的组合，动词界定学生所要达到的认知程度，名词指向具体的知识点和能力，如'陈述《辛丑条约》的主要内容''归纳二元一次方程的特征'。"教师在设计学习目标时不能以知识点、教学重难点来代替预习目标，一定要精准描述。比如，以记忆与理解为主的预习目标应明确具体到"陈述、列举、解释、识别、背诵、归纳、概括、评价、收集、整理"等动词；以应用和创造为主的预习目标应明确具体到"运用、解决、设计、撰写、验证、推广、预测、制定、组织、总结"等动词。与预习清单配套的是预习检测，预习检测题分为基础性检测与提高性检测两部分。教师应提前两天将预习检测发下去，让学生完成，然后及时批阅检查，并做好数据统计、学情分析。只有小部分学生没有解决的问题，可通过课前小组讨论在组内迅速解决，教师应把教学重点放在大部分学生未能掌握的知识、未能解决的问题上，并结合预习清单上学生"我的问题"确定好教学内容。

第二，要求教师课后除必要的评价检测性作业以外，原则上不留作业或少留作业，通过学生自己选择作业的方式进行课后巩固。由教务处对教师的作业布置进行定期督导、检查落实，促使教师把时间花在课前预习清单、检测性练习的精心设计与预习检测作业的及时批阅检查、学情反馈上。

（二）"问题启思"重设计

从根本上说，教学设计就是问题设计。问题是最好的学习诱因，是点燃学生思维的火把。实践证明，疑问、矛盾、问题是思维的"启发剂"，能使学生的求知欲由潜伏状态转入活跃状态，能有力地调动学生思维的积极性和主动性。好的问题设计是开启学生思维的钥匙、引导学生思考的阶梯。教学中，教师要尽量通过问题启发、引导学生认识上的矛盾冲突，以思维活动为主线，让其贯穿课堂中的"提出问题""分析问题""解决问题"全过程，让学生在问题中"多待一会儿""多想一会儿"。在这个过程中，学生会动用自己的认识、理解、分析和比较等思维手段，使用综合、概括、抽象和具象这些思维工具，甚至还会经历从概念、判断、推理到结论的逻辑思维全过程。"五思"教学要求教师在设计课堂问题时，突出以下几个主要特征。

第一，学科性。教师设计课堂问题时，应在学科大概念的基础上抓住学科核心问题，以单元、主题为引领来设计问题，通过学科大概念下的学科核心问题让学生深入认识学科本质，体现"学科价值"，树立认识世界和解决问题的学科视角，进而掌握学科的基本思想与基本思维。所谓学科核心问题，即教师在设计问题时能够反映该学科中最为基础、基本和具有范例性的概念、原理及理论。

第二，开放性。开放性问题的解决没有"正确"答案，也不可能在书本上找到现成的答案。它需要经过讨论和探究才能找到解决方案，需要学生根据学科核心概念、生活阅历等，经过小组讨论与交流，才能完成学习任务。开放性问题对于培养学生的发散思维、创新思维等思维能力具有十分重要的意义。

第三,情境性。只有当学习和思维处于情境中才能凸显其意义，缺乏情境性的孤立的问题不能激发学生学习的动机，无法将学生的思维引向深入。"五思"教学要求教师将孤立的知识问题化、情境化、具体化，从自然到社会，从生活到科学，源于现实生活情境的真实或模拟真实的问题才能赋予学生的学习活动以生活的意义与生命的价值。

教师在运用"问题启思"这一教学策略组织教学强化思维训练的时候，还应注重培养学生自主发现问题、提出问题的能力，把提问的主动权交给学生，让学生真正成为课堂的主人。让学生学会提问的首要前提，是培养学生的质疑精神。质疑是批判的先导，批判是质疑的延伸，质疑能力是建立批判性思维的核心要素。批判性思维与创新人才的培养有着高度的关联，从一定程度上说，批判性思维水平决定了一个人的创造性。有学者指出："批判性思维态度与创新个性的大部分特征是相同或相似的。……这就意味着当我们去培养一个人的批判性思维态度时，在很大程度上也是在培养这个人的创新个性。""加强批判性思维教育对推进创新、对创新人才培养具有重要意义。"《中国高考报告（2021）》也指出，对以批判性思维为代表的高级思维能力的强调，是国家实现人才强国战略的重要环节,也成为本轮新高考综合改革的重要方向。在"五思"课堂教学中，教师不仅要创设民主自由的课堂氛围，鼓励学生大胆提问，勇敢质疑，还要着重将培养学生的批判性思维有层次地融入学科主干核心内容中。因此，教师应提升自己的批判性思维教学能力，教给学生批判性思维的方法，训练学生面对各种复杂问题时独立思考，敢于质疑，根据对问题情境的分析，从多元性、情境性、关联性、层次结构性、动态平衡性、开放性和时序性等方面把握问题和事物的本质，从而培养学生的创新与批判性思维等高阶思维能力。

在教学实践中，教师应以学生自主提问为先，教师设计问题为后；以引导思考类问题为主，以检查知识类问题为辅；以学科核心问题为支柱，以加工性问题为支撑。这也是"问题启思"的关键所在。

（三）"情境拓思"重应用

只有当知识与技能在解决复杂的生活问题、科研问题的真实情境中，用于解决问题时所形成的品格和能力才是核心素养的重要组成部分。情境式学习理论认为，知识是情境性的，基于现实世界的真实情境是学习者学习的基本条件，获得知识的重要途径是使用知识，任何脱离特定情境或场合的知识将失去它的实践价值。如同问题的呈现、知识的理解内化应该情境化，在情境中建构知识，同样知识的迁移运用也需要情境化。"五思"教学重视对学生知识的迁移与运用能力的培养，立足于真实情境下的思维拓展、训练、提升。"五思"教学中"情境拓思"的"情"就是以学生必备品格的培养为核心，将学生的兴趣、需要、态度、情感、人格的培养纳入课堂教学；"境"就是以思维为核心，通过创设体现各学科核心素养的真实或模拟真实的学习情境、生活情境、社会情境和学术情境，拉近知识与学生现实生活的距离，在真实情境中拓展学生思维的深度与广度，提升学生综合运用知识处理、解决问题的能力。

第一，"知识发生"情境。知识本身具有过渡性符号化和抽象化的特点，这必然导致知识的惰性化和僵化，从而丧失知识的活力和价值。因此，我们必须赋予知识和认知以"情"与"境"，从而使知识和认知变得具体化、形象化、情趣化、生动化。教师应努力挖掘学科教学中的生活情境、社会情境、科研情境，引导学生发现生活原型，引出学科问题，开发学生学科思维，为知识的实际运用做好准备。

第二，"应用迁移"情境。教师要精心创设具体的现实问题情境、学术问题情境，让学生去亲身面对、体验思考。在这个过程中，应训练学生采用严谨求真、实证性的逻辑思维方式对问题情境进行分析，运用抽象与联想、归纳与概括、推演与计算、模型与建模等思维方法来组织、调动已有的知识与技能来解决新的生活实践情境或学术探索情境中的各种问题。"应用迁移"能力中最重要的思维能力是概括能力，概括是思维的第一特征，思维乃至智力的最显著特征是概括性。因此，教师应注重培养学生在各学科中的概括能力。

第三，"跨学科运用"情境。教师以跨学科的项目化学习、主题式教学为方法，以复杂、真实情境中解决问题为导向，创设现实问题情境或学术问题情境，引导学生将某一学科、某一领域或某一活动中所学的知识、方法，以及形成的积极态度迁移到其他学科、其他领域中去发现问题与问题之间的联系、学科与学科之间的联系，在探寻答案的过程中培养系统思维，运用发展、辩证、联系的观点来分析、解决问题，从而形成正确的价值观、积极的态度，提高思维能力。

在创设情境对学生进行思维训练时，可引入设计思维、任务思维来培养学生的高阶思维能力。设计思维、任务思维的引入，使得学生思维的运用植根于问题解决和任务完成的过程中，让学生有了运用形象思维、抽象思维、发散思维、聚焦思维、分析思维、综合思维、逻辑推理等多种思维方式的机会。这个过程有助于提高学生的迁移运用能力，有助于学生高阶思维能力的形成和内化，从而促进创新思维的产生。

（四）"对话辨思"重合作

"五思"教学强调，无论是以问题为中心、思维为主线的"问题导思"教学场景还是以情境为中心、应用为目的的"情境拓思"教学场景，教师都应强调让学生通过构建"学习共同体"以"对话辨思"的教学策略进行"自主探究"，提升学生思维力，即"五思"教学中的第四点——"对话辨思"重合作。

"五思"教学强调对话教学的开展，引导学生从独白的世界走向对话的世界。日本教育学专家佐藤学认为："学习，可以比喻为从已知世界到未知世界之旅。在这个旅途中，我们同新的他人相遇，同新的自身相遇；在这个旅途中，我们同世界对话，同新的他人对话，同新的自身对话。因此，学习的实践是对话的实践。""学习的快乐就是走向对话。"在多种形式的对话互动过程中，通过师生之间的睿智引领、深度追问、不同观点与视角的碰撞都能有效激发、开启学生的思维活动，让学生尽情讨论辨析、思考表达，其思维方式将得到优化、思维习惯得到培养、思维品质得到提升，而没有对话也就不可能有真正的批判性思维的产生。

对话的主体也有多种形式。一是师生对话。师生在对话过程中接纳彼此观点的同时，必然会有新的情境、新的思维火花出现，它不是预设的而是动态生成的，在对话、交流、追问中培养学生的表达能力与思维能力。二是生生对话。基于小组内部的交流、对话、学习，使得组员之间能够充分分享经验、知识、智慧和思想，使学生之间碰撞出思维的火花，互相影响、共同进步。三是生本对话。在教师的指导下，学生与教材、与教材相关的拓展学习文本、与最新前沿科技成果之间进行对话。通过开展学科阅读，扩大学生的阅读面，开阔学生的眼界和思维，进一步拓展学习内容的外延，启发学生思考，培养思维能力。

运用"对话辨思"这一教学策略,必须重视开展小组合作学习,以学习小组为单位,构筑起"学习共同体",更好地进行协同学习。教师要精心组建"学习共同体",并给予方法指导。一是合理搭配,平衡优劣。在学生实际学习情况的基础上,合理搭配小组人员,均衡分组,形成优势互补。二是明确分工,角色轮换。每一个小组都要确定讨论过程中的协调员、记录员、资料员、发言人等,经过一段时间再进行组内角色互换。三是营造氛围,及时评价。教师还应教学生在小组合作学习时应该学会倾听、学会质疑、学会表达、学会评价,营造好组内文化氛围。在个人和小组展示成果时,教师应及时评价反馈或让学生互相评价反馈,并让学生及时提交书面报告,评价本次活动的得失、小组各成员的参与度、任务完成情况等,从而赋予学习共同体以开拓进取、努力思考、及时评价反馈的良好价值导向。

(五)"评价反思"重反馈

没有评价就没有教育活动的进一步促进与发展,学生的各种习惯、学习品质形成的第一步,都是通过教师及时评价得来的。对课堂教学进行评价,是一个非常重要的教育环节。传统的教学评价多为测验、考试,偏向于单一的知识与技能的检测,它是通过知识的再现进行的。这种重视知识和技能分解的评价方式容易走向"死记硬背"与"解题套路"的困局。这种终结性评价已经严重滞后于核心素养评价,无法揭示核心素养的内涵。

"五思"学科思维教学重视对学生进行发展性评价,将评价手段、工具、方法嵌入日常课堂教学之中,以充分发挥评价的激励、反馈与改进功能,从而促进学生思维品质的提升与教师专业成长。当然,传统的检测知识性评价在现实中有其存在的必要与功能,应将两种评价方式相结合。多元性是"五思"学科思维教学在制定本学科课堂教学评价标准时应遵循的基本原则。

第一，评价主体的多元性。提倡多主体参与评价，以教师、学生、家长、学校为评价主体，进行多层次、多类型的交流、沟通。"五思"评价反馈，尤其尊重学生作为"参与主体"的评价。一是自我评价。对自己学习过程中的精神状态、心理情况、思维活动、情感态度、收获心得，进行反思评价。二是同伴评价。对学习伙伴在学习过程中的精神状态等相关情况，进行评价、反馈。三是教师评价。学生在学习过程中，对教师的教学进行整体评价，尤其是对教师教学是否注重培养思维品质、提升能力进行及时反馈评价。

第二，评价内容的多元性。评价目标决定了评价范式的转变，核心素养时代的评价内容除了对基础知识和基本技能的评价考察之外应走向多元整合。教师在教学过程中要重视对学生在学习过程中所表现出来的情感态度价值观、心理状态、性格趋向等方面的评价。作为思维教学，"五思"教学要着重突出对学生的思考能力进行考察评价，关注学生在学习过程中呈现出来的批判性思维、创新思维等思维品质的发展情况。

第三，评价方法的多元性。在"五思"教学课堂评价中，传统的书面检测是评价的方法之一，除此之外，还应有口试、访谈、现场观察、专题作业、论文检测、研究报告、任务设计、小组讨论实录、评价反馈表、学生自我报告、学习伙伴判断描述、现场情境测验等多种方式。在具体的评价过程中，这些方法并不是孤立地进行，往往是多种方式灵活运用，其结果可以是显性的分数，也可以是等级评定，并采用定性分析与定量分析相结合的方式，二者互为补充。

需要特别强调的是，"五思"教学在运用评价这一教学工具时，尤其强调学生的自我评价反思对提升学生思维品质、学习的价值感和意义感的重要作用。如果学生在学习上能自觉地做出选择和控制，那学生的学习就是充分自主的。培养学生自我评价与反思能力对激发学生的学习动机、培养其学习主体精神、提升其思维能力都有十分重要的意义。

"五思"教学强调的五条教学策略相辅相成、互相交融，共同完成对教学理念、教学实践的变革。"五思"教学的内在关系如下图所示：

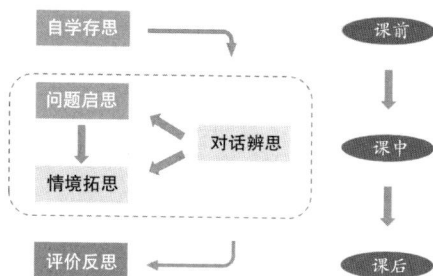

"五思"教学的内在关系

其中，课前是指教师授课前，课后是指教师授课后，"自学存思"与"评价反思"都可以在课堂中进行。"自学存思"是在教师正式授课前学生通过预习带着问题与思考，即"存思"去上课，做学习的主动者；"问题启思"就是通过问题设计来引导激发学生思维，解决"学"的问题；"情境拓思"通过设置情境来拓展思维的深度与广度、训练学生解决实际问题的能力，解决"用"的问题；"对话辨思"通过小组合作以对话的形式进行观点的碰撞、修正，从而提供思维平台、创设思维空间来启迪学生思考，培养学生的思维能力；"评价反思"则是对课堂进行总结回顾、反思评价，完成对学生思维的内化、提炼和升华。

特别要指出的是，"五思"学科思维教学不是固定机械的教学模式，这五条思维教学策略可以如同堆积木一样，灵活安排，穿插使用。比如，在"自学存思"环节，如果授课前采用情境式、任务式预习方式完成预习，那也可以用小组合作对话的形式完成，教师还应及时评价反馈。"五思"学科思维教学最关键的是，教师要在教学中时刻反问自己："今天，我的学生思考了吗？""学生是怎样思考的？"真正转变教学观念，从"知识本位"转变到"素养本位"，为思维而教，努力探究新命题下的教学实践。这样，"五思"学科思维教学才能发挥应有的作用，学生核心素养的培养才能起到实效。

三、结语

课程教学论专家石鸥教授认为，教学中有很多对学生来说至关重要却难以仅凭借知识去理解的东西，这些东西只能凭个体的情感、直觉去感受和领悟。只有与学生的体验融合在一起，才真正是有意义的教学。"五思"教学中的"自学存思""问题启思""情境拓思""对话辨思""评价反思"五条教学策略以"为思维而教"作为核心理念，将预习、设计、应用、合作、反馈应用于整个教学过程中，创设引发思维的时空、培养思维习惯、训练思维方式、提升思维品质，对于培养学生高阶思维能力、自主创新和原创性能力，构建创新型人才培养模式具有积极有益的教学价值。

三、卓实教育构建特色课程系列

卓实教育按照新课程改革要求，突出"一切为了每一位学生的发展"的核心理念，以"立德树人"为根本宗旨，构建了隐性课程和优生培育课程等系列特色课程。

（一）隐性课程

隐性课程是近些年比较热门的议题，也是学校常采用的教育方式，并作为专项课程展开。

"隐性课程"一词是舶来品，隐性课程的概念最初由美国社会学家和教育家杰克逊在1968年的《课堂中的生活》一书中提出。随后的相关研究把隐性课程看作"附带学习""附学习"。我国关于隐性课程的研究比较晚，最先是1987年吴也显教授对隐性课程有了最初的界定。国内对隐性课程比较权威的定义是在《教育大辞典》中，即"隐性课程与'显性课程'相对。主要特点是潜在性和非预见性。它不在课程规划（教学计划）中反映，不通过正式的教学进行，对学生的知识、情感、信念、意志、行为和价值观等方面起潜移默化的作用，促进或干扰教育目标的实现。通常体现在学校和班级的情境，包括物质情境（如学校建筑、设备），文化情境（如教室布置、校园文化、各种仪式活动），人际情境（如师生关系、同学关系、学风、班风、校风、校纪等）"①。

从隐性课程的定义可以看出，隐性课程不同于常规课程，不是正式的教学，正如国外学者所说，隐性课程是"学校所传递给学生的所有信念和价值观。这种传递往往不是通过明示的正规教学完成的，而是通过学校对学生的要求无意识之中完成的"，因此隐性课程常被认为是德育教育的重要手段。

隐性课程通常体现的物质情境、文化情境、人际情境正是湘潭县一中开展德育教育的三个层面。

1. 物质情境层面的隐性课程

物质情境主要是指学校建筑、设备、教室布置等。学生置身于学校环境之中，自然会有所见有所感。湘潭县一中着力打造具有自然之美的生活环境，具有思想之美的学习环境与具有艺术之美的休闲环境，帮助学生认识真正的美。

湘潭县一中坐落于湘江之畔、金霞山下，借助优越的自然条件，不断推进校园园林化建设，为学生打造具有自然之美的生活环境，现已建

---

① 顾明远.教育大辞典[M].上海：上海教育出版社，1999：1900.

成具有一定规模的雌雄银杏、紫薇花丛、荷花池、桃李林、假山、梅园、柳岸、竹墙、葵丘、栀坛等自然之景，校园建筑掩映在松、柏、枫、桂等树木之中，春之芬芳、夏之清幽、秋之爽朗、冬之雅致尽显风华。学生可在这种自然之美中缓解生活与学习的焦虑，感受造物的神奇，得到精神的熏陶与生命的启迪。

学校在基础设施建设上，把自然物质世界的本原和改造结合起来，把校园风貌的园林化和设施条件的现代化结合起来，实现自然景观和人文景观的统一、艺术美观和方便实用的统一，让师生在校园内生活舒适，充分享受自然物质世界的美好与和谐。总之，学校建设不能盲目追求建高楼大厦，要因地制宜、科学规划，做到美化、绿化、硬化、净化和现代化的"五结合"，努力体现生存环境的人本化，让师生宾至如归。

2. 文化情境层面的隐性课程

文化情境指校园文化、各种仪式活动、制度文化等方面。文化情境对学生有积极的导向作用，可以潜移默化地影响学生的行为和意识。

首先，通过创建文明校园、建设班级文化、开展德育主题征文和"大美一中"摄影比赛、征集校舍名称、建设一中十大景点、开办金霞书屋和尚书屋、打造寝室文化等举措，使之成为师生共建学校文化的抓手；例如，班级文化建设，作为构建"卓实"德育的一个重要着力点，学校持续大力开展，并强调以文化立班、以文化强班、以文化育人。每个班由师生共同确立班级目标，制定班训、班规，设计班徽、班级名片，打造属于自己的班级精神文化、制度文化、环境文化、活动文化。我觉得，班级文化建设不要只挂在墙上、说在嘴上，还要结合各班实际向纵深发展，"和而不同"，自成特色。如田娇老师班的班级量化采用积分奖励制，通过德、智、体、美、劳五方面综合评价奖励积分，用积分兑换各式各样的小奖品；袁智君老师的班级，在寒假期间举办了以"美味厨师"劳动技能秀为主题的活动，通过活动去感悟"劳动带来快乐、劳动创造美"，同时增强感恩之心。

刘经南院士指正校本德育读本

其次，通过湘潭县一中官网、公众号、校报、书画摄影展等平台分享师生对文化情境的理解与践行，使之成为"化人"的窗口。同时学校整合资源、聚合要素，营造了全天候思政育人的良好氛围，让学生的灵魂和心灵得到了涤荡。

最后，学校充分挖掘利用"伟人故里""海军航空实验学校""钱学森实验班"等教育资源优势，开发"飞行员摇篮""国防军事""伟人足迹""杰出校友"等特色德育课程，充分利用《德育工作手册》《学校是最美的》《社会主义核心价值观校本教材》等德育读本，形成特色德育校本课程体系。

在活动方面，一是主题月活动目标鲜明。主题月活动的设置体现了"五育并举"的原则，努力让"尚德、善思、强体、悦美、乐劳"的种子在学生心中生根、发芽、传播。例如，在2021年5月份的"责任担当"活动月里，学校开展了主题为"复兴漫漫路，青年当奋斗"的升旗仪式发言、"唱支红歌给党听"的校园歌手赛、"向世界说中国"的英语风采大赛。

二是常规活动激扬青春。学校定期举行主题班会、升旗仪式、校运会、艺术节、班级篮球赛、拔河赛、劳动技能比赛、主持人大赛、歌手赛、英语风采大赛等活动，推动这些常规活动精致化发展，让爱国感恩的品德、劳动光荣的观念、科技创新的意识、热爱体育的精神和艺术审美的素养在无形中根植于学生心中。

如果说主题月活动是指向"卓实"的某一方面，那常规活动则是对学生进行基础的、全面的"卓实"培育和熏陶。二者既各有侧重，又互为依托，形成活动扬德的合力。

3. 人际情境层面的隐性课程

人际情境主要指师生关系、同学关系、学风、班风、校风、校纪等，这是一中无形的环境因素，具有巨大的影响力，能对学生的心理、情感、价值观产生作用。

在人际交往方面，学校与时俱进，打造"互联网+"德育生态圈。借助社交软件、网络共享视频、云数据平台和网络虚拟技术提高班管效率，拓展学校育人空间，形成社会、家庭、学校三方紧密联系的助力青少年健康成长共同体，开辟德育工作新局面。

（二）优生培育课程

每一个独特的生命个体来到学校，如何让他们朝着最好的方向发展，需要每一个教育工作者用心观察、用心研究、用心设计、用心开展教育教学活动。学校作为人才培养的主阵地，更当肩负使命，树立"立德树人"的教育根本宗旨，在科学育人、全面育人的基础上，以"让每一个学生都有出彩的机会，让他们都朝着最精彩的未来发展"的教学理念，通过打造高效率的优生培训课程，努力培养"形态各异"的时代新人。

加德纳的多元智能理论认为"几乎在所有的人身上，都是数种智能组合在一起解决问题或生产各式各样的、专业的和业余的文化产品"[①]。因此，不存在差等生，每个人都是优生，只是优势智能不一样，有些人在语言智能方面有优势，有些人在数学逻辑智能方面有优势。学校根据学生不同的优势展开优生培训课程。

1. 书院课程

湘潭县一中打造了"一部两院"优生培育课程。"一部两院"是指海航部、英才学院和碧泉书院。英才学院主要设置了钱学森实验班（以

---

① 霍华德·加德纳.多元智能[M].沈致隆，译.北京：新华出版社，1999：10.

下简称"钱班")、丘成桐班（以下简称"丘班"），致力于学科竞赛类课程和科技创新类课程的开发与应用；碧泉书院主要致力于人文社科类课程和传统文化课程的开发与应用。

"钱班"在按照国家课程标准开设各类基础课程之外，还按照钱学森"大成智慧"教育思想，结合学校实际和办学目标，开发或引进独具特色的校本课程，构建更全面、更科学的课程体系。钱学森从21世纪人才培养需要出发，提出了大成智慧教育模式，即通才教育模式。他认为，人的聪明才智来自两个方面：一是"性智"；一是"量智"。通过科学技术知识的培养，使学生获得"量智"，即微观定量的知识；通过文化艺术的训练和实践，培养的是"性智"，即宏观整体知识。二者相辅相成，相互促进。他曾回忆自己少年时受教育的经历——培养青少年要从多方面入手，包括文艺、绘画、音乐等方面。他曾写信给一位16岁的高中生，建议他要理解祖国的光辉文化，能够欣赏唐诗、宋词、古散文等，而且汉字要写得好；对世界文化中的精华也要能欣赏，如绘画、音乐等，并建议他注意哲学、物理学、数学等学科的学习。所以，"钱班"要想在培养21世纪需要的新型人才上有所突破，还应冲破过去"唯分数论"的禁锢，探索"大成智慧"教育模式，整合优化各类资源用于开发多元化课程。

目前，学校已开发了一系列富有特色的校本课程：学科竞赛、强基培训、科技创新、科技体育模型竞赛等，这些课程资源为"钱班"学生成长提供了多元选择。同时，学校通过"请进来、走出去"的方式，为"钱班"学生引入更多的教育资源，开阔他们的眼界，激发他们的兴趣，提升他们的思维，以期实现拔尖创新人才培养的新突破。

"丘班"课程分为常规课程、竞赛课程、拓展课程、特色课程、综合实践等。学校同时还与周边大学——湘潭大学、湖南科技大学等联合开展贯通课程设计开发，在国家课程体系框架内，设计一体化贯通培养的数学及实践课程，大、中学衔接的项目式培养课程，适当融入地域文化、生涯规划、科学实践等课程，建立基础宽厚、优势突出和特色鲜明的课程体系。

2. 创新研究类课程

创新是一个民族的灵魂，是一个国家兴旺发达的不竭动力。教育部等五部门印发的《教师教育振兴行动计划（2018—2022年）》明确指出构建国家创新体系与培养创新人才的重要性。可见，创新型人才的培养是所有教育活动的基本指

与谢伦驾、王益春两位金牌教练在一起

向。鉴于此，湘潭县一中将创新能力培养作为课程教学的重要任务。学校开设了一系列创新研究类课程，如通用技术课程。

通用技术这门课程没有列入高考内容，因此这门课在很多高中不受重视，但我校却配足了老师，安排了足够的课时。如何文芝是湘潭县一中通用技术课老师、湘潭市"科技创新园丁"。

周添阳等同学对机器人很感兴趣，基础也不错，何文芝老师便经常指导他们，通过基本零件的搭建，给他们传授物理和编程等知识，训练他们的逻辑思维、空间运算和动手能力。"科技创新离不开实践的滋养"，何文芝老师还经常带领学生搞发明创造，引导他们将课本上的知识转化到实践中，这使大家更喜欢物理等知识。

在参加国际奥林匹克青少年智能机器人竞赛中国赛区选拔赛之前，在学校的重视和何文芝老师的指导下，周添阳和同学杨永健组队，接受了更加全面而严格的训练。路线、位置、角度、速度、高度……两人认真研究比赛规则，精心设计机器人，最终以出色的表现在角逐同一个项目的上百支队伍中脱颖而出，荣获中学组机器人场地定向任务项目一等奖，周添阳还与另一名同学代表中国赴美国纽约，参加国际奥林匹克青

少年智能机器人竞赛全球总决赛。

3. 艺体课程

学校结合自身艺术教育发展的实际情况，以音乐、美术为艺术教育的切入点，使艺术教育向教育教学的纵深发展，努力创造一个"大艺术"教育氛围。学校成立艺体教育工作组，制订艺体教育发展规划，安排专项经费，加强艺体教育硬件设施建设，配置专门的教室，配足配齐艺体教师，加强各学科之间的联系，不断拓宽学生的视野。学校重视艺体课程的开发，更注重做精传统项目。如学校每年5月份举行的英语风采大赛，意在鼓励学生致力于提高中华文化软实力与影响力，为学生将来向世界讲好中国故事提供锻炼机会。每年都开展的活动，怎么创新？今年举办的英语风采大赛与去年有什么不同？如何通过这次活动实现德、智、体、美、劳融合？我提出英语演讲内容改为写身边的榜样，可以是全国劳模或者身边的英模，让学生亲自去采访，通过现场学习，既锻炼了学生的沟通能力、临场发挥能力，也是一次很好的德育。

通过实践，学校艺体教育取得一定成绩。2010年，在湖南省第十一届省运会上学校团体操表演获得社会各界一致好评；2013年，在"中国梦·青春颂"湘潭市中学生合唱比赛中，学校的《青花瓷》合唱荣获特等奖；学校男子篮球队和女子篮球队数次荣获湘潭市中小学生篮球赛第一名。方梓裕、王轩等同学在湖南省中小学生"三独"比赛中荣获一、二等奖，并获得大学保送资格；刘峥等40多人被清华大学美术学院等著名院校录取。2014年，肖慧琳等同学获省"三独"比赛一等奖；2015年，学校成功申报"全国校园足球特色校"，并在湖南省青少年足球赛中进入了前五强；2017年，湖南省第二届中学生运动会开、闭幕式在湘潭县一中举行。

第四章　卓实之品：铸就学校品牌与特色

推进教育现代化的当务之急是推进现代学校的建设。学校是教育的载体，是教育活动开展的中心环节，直接影响着教育现代化的成效。如何进行学校管理变革，实现学校治理体系与治理能力的现代化？如何转变现代学校职能，实现德育为主、五育并举的育人目标？如何摆脱目前学校的困境，走出具有自身特色又与时俱进的变革之路，让受教育者实现自我？这是每一所学校应该考量的问题，也是学校应该承担的责任。

"学校办出特色"是我国基础教育发展的趋势和出路，是学校适应时代发展和保持活力的保证。学校只有基于对学校历史传统、现实状况和未来发展需要尤其是学生发展需要的分析，通过挖掘自身的独特资源或优势资源，创造出个性化的"教育服务"，促进学生的个性、潜能的发展，[①] 才能在日趋激烈的竞争中保持旺盛的生命力和活力，完成培养全面发展的时代新人的育人目标。

在《辞海》中，特色指"事物所表现出的独特之处"。学校办出特色，则是学校要有区别于其他学校的特殊之处。顾明远先生指出："何谓特色，顾名思义，是指不同于一般，不是平平常常，而是要有所创新，具有个性，而且这种个性能够形成传统，代代相传。因此要把学校办出特

---

① 范涌峰，宋乃庆.学校特色发展：内涵、价值及观测要点 [J].教育研究与实验，2017（02）.

色，就要有新思想、新思路。"①顾明远先生还指出有不少学校为了办出特色，在一些技能上下功夫，把学校办成音乐艺术特色校、体育特色校、外语特色校等，也培养了一些有特长的学生，但这不叫"学校办出特色"。"学校办出特色"，不是简单地以一个或多个艺术、体育特长为主的发展，也不是围绕综合实践活动课程展开的发展，而是建立在学校核心价值观、学校内涵、学校文化基础上的个性发展，是以改进学校质量、提升学校品格为目的，以学校特色课程体系为基础，以学生全面发展为根本宗旨的特色发展。

或许有人会将学校特色发展与特色学校混为一谈，但这其实是两个概念。

特色学校是 1993 年《中国教育改革和发展纲要》首次提出的概念，是开展素质教育的必然要求，是教育改革的产物之一。特色学校是指"在全面贯彻教育方针的过程中和长期的教育教学实践活动中，在学校教育工作的整体或全局上形成的、具有比较稳定的、区别于其他学校的独特风格或独特风貌，体现鲜明的学校文化特征，并培养出具有特色的人才的学校"②。特色学校是已经形成了相对稳定的独特个性风貌的学校，是学校采取的一种新的价值取向定位，是优质学校、优质教育建设的一种形态。

特色学校是指学校的一种形态，而学校特色发展主要是指学校发展的一种趋势，是学校改进的一种基本策略。

学校特色发展是学校根据对内部实际情况（包括学校历史文化、学校优劣势、学生发展需要等）和外部环境变化（包括政策变化、经济社会发展、家长需要等）的适应，对区域、学校资源进行挖掘或重组利用，使学校形成特定领域独特风格或优势的过程。它以学校质量改进（主要体现在学生个性发展）为根本目的，以特色课程体系为核心支撑，以学

① 顾明远. 杂草集：顾明远教育随笔 [M]. 福州：福建教育出版社，2013：61.
② 辜伟节. 特色学校与校长个性 [M]. 南京：南京师范大学出版社，2004.

卓实教育论

校文化为价值前提和沉淀形式，以校长领导、教师发展、机制运行等方面的组织管理为基本保障。[①]

由此可见，学校特色发展是一种可持续发展，需要根据实际情况适时调整，而特色学校是具有一定稳定性的个性化学校。

学校特色发展是目前中小学发展的基本趋势，是促进中小学生全面而有个性地发展的必然选择，是学校在教育资源有限的条件下，提高学校质量和促进教育均衡发展的重要策略，标志着学校从规范化建设走向特色化建设。

湘潭县一中的特色发展，改变了以往单一的个别要素的特色发展模式，以卓实课程体系为核心支撑，以卓实文化"为价值前提和沉淀形式"，对学校内部与外部优势资源进行挖掘和利用，统筹各组织协调发展，与特色治理、特色文化一起构成学校特色发展体系。

一、卓实教育构建学校特色体系之一：特色治理

《中国教育现代化 2035》提出，推进教育治理体系和治理能力现代化。学校治理能力的高低直接影响着学校的发展。而基于传统教育模式的治理体系和治理能力已经不适应教育现代化的发展了，学校要改进教学质量、提升办学活力，需要完善学校内部治理结构，走出适合自身发展和需要的特色治理之路。

（一）特色治理的核心理念

"治理"一词早在我国战国末期就出现了，在《荀子·君道》中载有"明分职，序事业，材技官能，莫不治理，则公道达而私门塞矣，公义明而

[①] 范涌峰，宋乃庆.学校特色发展：内涵、价值与观测要点 [J].教育研究与实验，2017（2）.

私事息矣"。此处"治理"意指使事物合理运行，后又衍生出管理之意。在西方，治理源于希腊文"kybenan"，意思是掌舵和控制，也有操纵和统治的含义。随后，治理比较广泛地应用于社会、政治、经济等领域，表示对某一具体领域或事物的管理、整治，使事物朝着良好的方向有序发展。

治理有三个特征：其一，治理是通过多方、多向度影响和配合，达到平衡和协调；其二，治理是一种持续性的互动；其三，治理追求的是公共性、平等性。

"教育是培养人的社会实践活动，这是学校教育区别于其他社会组织的本质特征。"[①] 因而，卓实教育认为学校治理与其他组织机构的治理不同。学校治理要遵从教育的特性，以人为本，要充分发挥教育主体的主观能动性，让教育多方主体自愿、自主参与，提高治理效率。

1. 常规治理方式

学校治理一般来说，主要是用好制度、用好钱、用好人、用好评价。

第一，用好制度。健全的制度是治理成功的不二法门。成熟、规范、有序的制度，是学校特色发展的依据和保证。但制度也不是越多越好、越细越好。制度一旦烦冗、庞杂，不仅执行难度大，而且难以监管，这就容易造成制度形同虚设，反而加大了治理难度。因此，制度的制定应该规范、明晰，遵循从需、从简的要求，坚持目的明确、执行透明的原则，充分发挥制度引导、规范的作用，达到对人的行为产生激励、教导、干预、约束的效果。经过多年的实践探索，学校形成了具有校本特色的制度和制度文化，其内容包括教代会制度、校务公开制度、师德管理制度、青年教师培养制度、工会管理制度、教学管理制度、安全管理制度、学生管理制度、后勤管理制度等一系列规范的制度文件，并汇编成册，每年进行修订，形成了一种刚性而又充满人文关怀

---

① 徐志勇 . 激"活"学校，从完善学校内部治理结构抓起 [J]. 人民教育，2019（12）.

的治理风格。

第二，用好钱。学校将切实规范专项资金管理，保障资金安全、高效运行，发挥资金使用效益，保证每一分钱都用在刀刃上；资金务必按来源渠道和项目分别设账，单独核算，专款专用，任何部门不得截留、挪用和挤占。同时，加大表彰奖励力度，扩大奖励领域，要求用于奖励的专项资金一定要用在"点子"上，年度将对处室进行考评、对教师进行考核。凡是对学校有贡献的个人、年级和处室一定要进行重点奖励。

第三，用好人。学校治理关键是用好人。

首先是干部任用。学校要求管理者要具备五种能力和五种意识。五种能力，即思想工作、长远规划、组织指挥、科学评价、和谐交往的能力；五种意识，即合作、学习、管理、竞争、创新的意识。在干部任用上，倾向于德才兼备、群众公认、取得实绩的教师，并通过公开、平等、竞争、择优的原则上岗。学校要求每位中层干部高站位、勇担当、有格局、有境界，做坚定的政策执行者，成为团队的核心力量。学校不断加强团结协作，视团结为生命，进而做到合编一盘棋、合力一股绳、合心一家人，努力向既定的目标前进。将管理工作责任到人，要求每一位管理者主动担当、主动作为，使学校教学管理步入规范化、科学化轨道。同时，学校也将设立一套科学合理、操作简单的数字化考核机制，使班子的整体效能得到最大限度的发挥。

其次是人力资源配置。在人力资源配置上，每位教师都有其长处，也有其短处，学校尊重差异，扬长避短，因事择人，为每位教师创造施展才能的舞台；对工作能力强，在学生心目中有威信的教师将进行重点培养，委以重任；把在教学工作上有突出表现的教师放在重要的位置上，使人尽其才，各得其所。

最后是岗位设置。在岗位设置上，根据行政会议研究进行创新，根据学校的实际情况设立艺体中心、教师发展中心、考试中心、政策研究室等机构，共同为教师服务、为学校服务。学校建立完善了行政管理人员轮岗长效机制，真正实现了人尽其才、才尽其用、事尽其功，为学校选择、提拔管理干部提供了依据。

根据上级教育主管部门的工作会议精神，学校坚持目标导向（绩效考核一类单位），坚持问题导向（对日常工作推进落实情况全程监控、动态掌握，对发现的问题进行问责，对问题整改跟踪问效），坚持实绩导向（强化结果运用，给实干者实惠，让吃苦者吃香，使有为者有名），促使全体行政人员和教职员工主动扛起主责、抓好主业、当好主角，共同创建年度绩效考核一类单位。

第四，用好评价。评价也是一种治理机制。2020年中共中央、国务院印发的《深化新时代教育评价改革总体方案》中提出以教育评价改革为牵引，完善学校治理体系，将评价作为学校改革和治理的手段。评价主要是对教师和学生两大教育主体评价。

教师评价：评价是进一步完善考核评价机制，对教学质量高、综合考核位次靠前、对学校发展有突出贡献的教师在职称晋升、评优、评先等方面给予倾斜；对一些考核多年靠后、对制度落实不力的个人，将核减各类评优选先指标。

学生评价：做好综合素质评价，将学生的课堂出勤、表现，以及考试成绩、竞赛成绩、选修课成绩、社会实践活动等纳入综合评价项目，每学期一总结，输入电子档案，极大地调动了学生学习的兴趣，也突出了过程性评价。

2. 治理的根本保证

用好制度、用好钱、用好人、用好评价，这是学校治理的可见之处，是显性的。然而，卓实教育认为学校治理应该更深化，从治本开始。"本"即人的思想。思想有问题，怎么治理都不见成效。只有让每一个参与者从心底认可并积极投身其中，学校的治理才能见成效。所以治理应该从最核心的部分——"人心"开始。

一方面，端正思想，要确保治理方向正确，治理立场鲜明，坚持党的全面领导，做好党的建设工作。教育部2016年颁布的《关于加强中小学校党的建设工作的意见》明确指出，中小学校党组织是党在学校中全部工作和战斗力的基础，发挥政治核心作用。完善学校内部治理结构，构建规范的党组织与校内行政机构的关系，需要健全中小学校党建工作管理体制，加强组织建设和思想建设，强化学校基层党组织的监督和政治保障职能，协调好党组织与学校其他部门的关系，为学校治理工作提供坚实的保障。[①]简单说，就是要在办学治校的整个过程中落实党对教育的领导，坚持社会主义办学方向不动摇。

坚持党的全面领导，以党建工作统领全局，全面贯彻党的教育方针政策，是学校建设和治理的前提。2018年，学校认真贯彻中组部《关于加强中小学校党的建设工作的意见》等文件精神，将推进党的作风建设和加强师德师风建设融入学校教育教学各项工作中。

着力推进党建领航，构建高质量教育体系。通过"九心"，将业务与党务融为一体。一是党建领航立心。坚持习近平新时代中国特色社会主义思想指导地位不动摇，坚持为党育人、为国育才的办学思想。二是党建领航正心。坚持清廉办校，培养廉洁之人。三是党建领航育心。坚持以德树人，育人先育心。四是党建领航启心。重视智育，培养创新人才。五是党建领航强心。加强体育和劳动教育。六是党建领航通心。大力发展艺体教育，以艺通心。七是党建领航暖心。加强党指导工会及群团工作，以情暖人心。八是党建领航聚心。加强教师队伍建设，凝聚人心。九是党建领航润心。关注师生心理健康教育，促进和谐发展。

建立常态化的政治理论学习制度，以"五化"（支部建设标准化、组织生活正常化、管理服务精细化、工作制度体系化、阵地建设规范化）

---

① 徐志勇. 激"活"学校，从完善学校内部治理结构抓起 [J]. 人民教育，2019（12）.

建设为抓手，以加强和规范党内政治生活为重点，围绕学校中心工作，激励党员教师争做教育教学及学校管理骨干。落实"一岗双责"、双联共建等系列工作，切实发挥党员战斗堡垒和模范带头作用。

另一方面，做好教育主体的思想政治工作。学校以课堂为主渠道进行全面德育，以思政课教师为主力军，形成了全员、全程、全课程育人新格局。在学科教学中全面融入社会主义核心价值观教育，融知识性、趣味性与思想性于一体，直面重大理论和社会现实问题，用心解读党和国家重大方针政策及国内外重大事件，有效提升思政教育的内涵和质量。

针对传统思政课存在的"内容形式性""方法单一性""学习应付性"等问题，学校致力于从课题研讨、教师研修、教学比武、名师培训、优质教学资源开发五个方面统筹推动思政课改革，以最大限度地发挥出这门课程的德育效能，帮助学生"扣好人生的第一粒扣子"。

（二）完善治理结构

"当前学校的内部治理结构大都是基于传统的教育模式，偏重于行政化的结构体系，其组织系统、决策系统、执行系统、监督系统、评价系统的制度及运行逻辑与现代学校治理不相适应"[①]，加上近年来，在人民群众对优质教育资源的追求意识愈来愈强烈的社会背景下，学校的班级、学生数量也在不断增加，这使学校规模日益扩大。加之各年级教情、学情的差异，学校治理的难度不断加大。如果继续沿用过去传统的线性管理模式，让处室直接管理 70 多个班的教育和教学，显然管理范围太大，难以全面覆盖。这种偏行政化的线性结构体系，层级冗杂，环节众多，效率低下，执行力度不够。所以，原来通过教务处、政教处对教育教学进行统一分线管理的模式已经无法进一步兼顾到每

① 陶会文.学校内部治理结构的优化与完善[J].江西教育，2020（8）.

一个环节，造成了管理信息传递迟缓和衰减，阻碍了信息及时高效的反馈和沟通。另外，由于学校规模庞大，管理范围广、层次多，导致事多、繁杂，学校对班级管理失去了灵活性，管理力度降低，出现了顾此失彼的现象。为了使学校在发展过程中更好地面对新情况、新问题，为了进一步落实精细化治理，为了激活学校内部机制，调动各方面的积极性，提高学校办学与治理水平，湘潭县一中自 2008 年起全方位改革校内治理结构和管理体制。

1. 完善治理结构

治理结构扁平化，管理精细化。学校把传统的年级组提升为年级部，把管理权下放，实行年级部自主管理模式。年级部设年级部主任、副主任、干事，共同管理年级事务。2013 年，学校又进一步完善了这一管理模式，让中层干部任年级部管理者的同时，兼任班主任。这样一来，各年级部便成为教育教学管理的实体，成为管理的主战场。实践证明，年级部管理模式是学校精细化管理的必然需要，其运作优势十分明显。

一是实现了治理的扁平化。年级部直接向校长负责，直接面向学生，减少了管理层次，简化了中间环节，缩短了与一线教师及学生的距离。年级部办公室设在教学区，可以直接了解到学生的各种状况，及时处理好学生管理中暴露的具体问题。年级部主任在平时教育教学中碰到的各类问题几乎都能在年级部处理，解除了学校主要职能部门特别是政教处、教务处在学生管理和教学管理方面力所难及或鞭长莫及的弊端，避免了管理层面上的"跑冒滴漏"和内耗，使管理更直接、更有针对性和实效性。学校推行年级部管理模式后，管理工作的各个环节，如计划、实施、检查、总结和反馈等，都需要年级部自己完成。年级部负责制，把各学科和年级的教学工作科学合理地"组织"起来，保证了学科和年级之间的无缝衔接和协调，更加准确地获得了年级教师的教育教学情况。各年级都制定了日常的检查制度，本年级的老师、学生都是管理的主体，这使年级老师自我管理的内在动力得到了充分的挖掘和调动。

二是体现了治理的微格化。不同年级和班级在教育管理和教学管理中出现的问题往往是各不相同的。年级部领导兼任班主任，直接参与班级管理，可以全面了解学生、教育学生，促使教育管理向精细化发展，大大地提高了教育管理服务水平。通过年级部管理模式的实施，学校对某个班级或某个备课组的全程监控成为常态。

三是实现了治理的系统化。年级部管理模式是一种相对独立的管理模式。其中，教师的配备特别是文化学科教师的配备是相对稳定的，管理层的主要负责人也是相对稳定的，同时学校规定所有的年级部主任实行从高一到高三的"大循环"。这从客观上要求学校工作既要考虑一时之便利，又要展望今后的可持续发展。所以，年级部在考虑很多问题、制定工作方针时，必须是阶段性目标和终结性目标双管齐下，这样才能使各项工作更有系统性。三年发展一盘棋，眼前长远同兼顾。如每逢本年级有哪个老师参与课堂教学竞赛或者备课组教研活动时，同年级、同备课组的老师都会全程参与，献计献策，既充分展示了共同竞技的风采，又体现了年级部团队的力量。

四是实现了治理的均衡化。一个年级一个家。不同年级之间，年级部管理各显其能，彼此形成积极向上的良性竞争局面，彼此相互学习、取长补短，有助于提升学校整体管理水平。教育管理方面的均衡也十分凸显，特别是相互学习方面。例如，2017年和2018年暑假学校派老师先后赴清华大学培训学习、赴衡水中学考察学习后，三个年级部群策群力、共同商讨，制定推行了一套先进的工作方法。又如，在学校每周行政会上，各年级部主任都会汇报一周工作，互相"坦白"以后，彼此都会"心照不宣"地回到自己的年级里去推行别人先进的做法。所以说，年级部管理模式把机会给了大家，让大家以一份责任心、事业心、上进心去争先恐后地努力工作，最终促进了各项工作均衡发展、大家共同进步。

2. 多元主体参与治校

在治理方式上，实行多元主体参与治校。"学校内部治理结构实现良性运转，要求促进多元主体参与，并在多方参与、互动的过程中围绕共同的目标来协调。"[1] 学校并非营利导向的企业组织，有其特殊属性，要采取符合学校特性的治理方式。教师作为教育主体之一，是教育活动的直接参与者，一直在教学一线，既比较了解学生又懂专业，教师的意见和反馈可以反映一部分真实情况和需求。"在学校组织中，教师的专业性和独立性较强，实际构成了一种隐性的权力源。"[2] 完善学校内部治理结构，必须重视教师的专业自主权和专业性组织的力量，有关学校发展规划、重大教育教学改革等决策事项，需要发挥专业性委员会的咨询作用，进行合理性、可行性评估。[3]

而学生是教育活动的体验者和受益者，也具有发言权。因而，学校治理应该以教师为本、以学生为中心，实行多元主体参与治校。

现代管理理论认为，以人为核心的管理行为，必定具有双边性，即管理者和管理对象在管理过程中经常互相发生联系，进行管理换位。多元主体参与治校要求在学校管理工作中充分利用工会、团委、学生会等组织，实行管理，即调动全体师生员工的积极性，充分发扬主人翁精神，共同参与学校的管理工作，从而依靠群众的智慧和力量，把学校办好、管好。如在制订《班级管理计划》《教学计划》《德育计划》的时候充分发扬民主，让学生参与讨论修订。这样制订出来的计划具有极强的针对性。另外，学校工会组织、教职工代表大会制度健全，最大限度地发挥了管理作用。积极推行校务公开制度，凡关系到学校发展、教师切身利益的重大决策，均由教代会讨论通过，其经验已作为典型在全县推广。

---

① 徐志勇. 激"活"学校，从完善学校内部治理结构抓起 [J]. 人民教育，2019（12）.
② 高洪源、刘淑兰. 庙算之道：教育管理的理论与方法 [M]. 北京：中国铁道出版社，1997：109.
③ 徐志勇. 激"活"学校，从完善学校内部治理结构抓起 [J]. 人民教育，2019（12）.

学校领导要树立群众观念，经常深入教学一线，虚心听取教师的意见和建议，对批评有则改之、无则加勉，不文过饰非，对正确的意见和好的建议要善于吸收和采纳。同时，要建立并健全管理制度，即在实行党组织领导的校长负责制时要建立党组织会议、校务会议及教职工代表大会制度，鼓励教职工积极参与学校管理。学校的重大决策，特别是那些与教职工切身利益相联系的重要问题，一定要广泛听取广大教职工的意见，充分发挥他们的聪明才智，最大限度地减少决策和指挥中的失误与偏差。而且，校长、书记还带领学校管理人员深入一线，倾听师生心声，解决师生困难，让师生充分感受到学校的关心和重视。比如，每个教职工生日时，校长都要为其送上一张亲笔签名的贺卡；积极筹建青教楼，解决新入职教师的住房困难；尽最大努力为教职工排忧解难，让学校成为师生团结互助、蓬勃向上、充满温情的工作和学习的乐园。"天时不如地利，地利不如人和，上下同欲者胜。""人心齐，泰山移。"只要大家心往一处想，劲往一处使，就没有克服不了的困难。

　　3.改进治理手段

　　在治理手段上，采取软治理，推动治理机制人性化。软治理是学校治理者凭借非权力影响，借助情感交融、环境陶冶等一系列非硬件措施实施治理，它从本质上体现了人本思想，是一种隐性的治理手段，具有三方面特点。一是动态性，其效果取决于治理者的学识和禀赋；二是潜在性，其效应需通过较长的时间慢慢体现和延续；三是长效性，它符合人的价值需求，与人的自身发展具有同向性，治理效力较硬性治理深远。硬性治理解决不了的问题，软治理下却能迎刃而解。软治理对治理者而言，就是要实现被治理者对其产生敬爱感、敬佩感、信赖感和亲切感。因此，治理者就必须在自身品格、才能、知识、情感等素质上不断加强修炼。具体来说，学校治理者一方面要提高自身素质，扩大非权力影响，加强自身的道德、品行、人格、作风等诸方面的修养，使自己具有领导风范，成为治理对象的楷模，让治理对象亲而敬之。领导艺术高超的学校治理者，总是与其渊博学识、超群才干密不可分，故应努力使自己成为学者、专家、杂家"三家"合一者。另一方面，学校治理者要注重情感的投入，应主动与教职工以心换心，帮之所需，解之所困，去之所危。平时，学校治理者应态度温和，有理有情，不动辄训人，让被治理者心悦诚服；要抓住有利时机，开展一些有益于沟通感情、融洽关系的文体活动，营造上下相通、彼此理解、彼此尊重的学校治理氛围。这样，才能推动学校治理严而有理、严而有情、情理相通、刚柔相济，促进治理机制和谐、高效运行。

（三）教育共同体

2012 年，《教育部关于建立中小学幼儿园家长委员会的指导意见》（教基—〔2012〕2 号）指出，把家长委员会作为建设依法办学、自主管理、民主监督、社会参与的现代学校制度的重要内容。2018 年，习近平总书记在全国教育大会上指出："办好教育事业，家庭、学校、政府、社会都有责任。"[①] 教育从来不只是学校的责任，而是家、校、社多方的责任。因而，没有家长、家庭、社会参与的教育是不完整的。家长、家庭、社会作为学校教育活动中重要的一环，也是学校治理中的多元主体之一，对学校教育和学校治理不仅产生监督和反馈的作用，而且是参与者，参与制订学校具体工作计划和实施办法，提供意见和建议。由此可见，家、校、社三者在教育这一社会活动上构成了教育共同体。

1. 共同体

"共同体"我们在第二章详细介绍过，这里再稍作论述。形成共同体有三个条件：其一，有共同的或共通的基础，可以是意愿或理念；其二，在指向、对象上有一定重合或相互关系；其三，关系上是平等的。"通

---

① 习近平 . 坚持中国特色社会主义教育发展道路 培养德智体美劳全面发展的社会主义建设者和接班人 [EB/OL].（2018-09-10）[2024-04-17]http://jhsjk.people.cn/article/3084598.

过这种积极的关系而形成族群，只要被理解为统一地对内对外发挥作用的人或物，它就叫作是一种结合。关系本身即结合，或者被理解为现实的和有机的生命——这就是共同体的本质，或者被理解为思想的和机械的形态——这就是社会的概念。"[①] 可见共同体可以是人的联合体，也可以是事物的联合体。在教育体系中，常形成教师共同体、学生学习共同体、家校社共同体等，主要是指一种合作关系。

随着教育综合程度越来越高，单一育人方式已经不适应当前教育，湘潭县一中充分发挥共同体的作用，走向多元融合的育人方式，推出10个"学校+"的共同体：学校+家社、学校+国家重点实验室、学校+企业、学校+书院、学校+高校、学校+医院、学校+军营、学校+两"馆"、学校+公检法、学校+农业，充分利用社会资源，拓宽育人渠道，既引导学校、家长和全社会更重视孩子的身心健康和德智体美劳全面发展，又让学生走出课堂，深入生活、社会活动中，一方面将知识运用于实践，加深感受和体验，另一方面又从实践中学习，完善知识体系。

学校+家社：实现家、校、社协同育人，重点突出家庭教育的重要性。湘潭县一中全力打造家、校、社协同育人，通过"横向互助"和"纵向引领"，实现家、校、社共育和共治。

学校+国家重点实验室：学校让学生走进国家重点实验室，实地感受我国科学技术研究氛围，让学生参与科学小实验，接触先进智能装备，体验科技成果，了解科学奥秘，可以有效增强学生的创新意识、提升其创新能力，提前在学子心中埋下科学的种子。

学校+企业：工学结合，校企协同育才。一方面，学校教育应该满足企业与社会发展需求，教育不能脱离实际，应进一步深化校企联合人才培养；另一方面，校企结合有利于促进学生将知识运用于实践，并接

---

① 斐迪南·滕尼斯.共同体与社会：纯粹社会学的基本概念 [M].林荣远，译.北京：商务印书馆，1999：52.

卓实教育论

受实践的检验，从而改进技能，提升学生实践能力和社会意识，提高学生实践素养。

学校＋书院：书院是传承和弘扬中华优秀传统文化的重要载体，积淀着深厚的人文底蕴。湘潭县一中将学校教育与书院资源相结合，使学生得到深厚的文化滋养和浸润，坚定文化自信，提高文化素养。

学校＋高校：目的在于实现双高协同育人，一是让高校老师做学生的导师，亲自为学生做专业化的指导与职业规划；二是联合开展贯通课程，开发大、中学衔接的项目式课程，实现贯通式育人；三是与全国和省内名牌高校努力构建"高中—高校"联盟，积极对接国家急需的卓越人才培养体系，共享教育教学资源。

学校＋医院：主要是针对学生的心理特征和学业压力进行心理指导，提供心理咨询，开展各种心理健康教育互动，通过举办讲座、体验等活动达到解决学生心理问题、促进学生身心健康全面发展的目的。

学校＋军营：湘潭县一中坚持组织高一新生赴军事教育实践基地进行青少年综合实践训练，要求学生必须完成列队训练、战术指导、救灾救护、拓展训练、拉练、国防教育、感恩教育等课程。从列队训练到汇报演出，从了解军史知识到参观军营生活，从学唱军营歌曲到10公里长途拉练，每一项活动都严密组织，督查实施，以培养学生吃苦耐劳、勇敢顽强的精神，增强国防素质和集体主义观念，树立正确的世界观、人生观、价值观。

学校＋两"馆"：两"馆"是指博物馆和美术馆。学校组织学生参观博物馆和美术馆，开展专题教学、自主学习、分享交流等学习体验环节，让学生身临其境接受美育。这种情境式教育让美育并非泛泛而谈，而是落在实处，更重要的是激发学生主动学习中华文化的兴趣，感受中华文化的魅力，提高艺术审美情趣。

学校＋公检法：湘潭县一中将思政教育从课堂延伸到课外，从身边的公检法说起，以具体事件为例，使思政教育有理有据。学校组织学生走进县检察院，参观法治宣传教育基地、未成年人帮教基地，请检察干警为学生普法，引导学生知法、守法、敬法。同时学校还聘请了县检察院的副检察长为学校的法治副校长，专门负责学校的法治教育工作，还聘请相关专家、行家对毒品、未成年人保护法、消防安全等知识进行宣讲，组织学生观看交通、消防、食品安全等方面的视频，召开主题班会，开展消防演练，配合相关职能部门进社区开展各类法律的宣传、演讲比赛、辩论会、知识抢答赛，通过一系列活动的开展，让学生形成健康的法律观念。

学校＋农业：学校教育与农业实践和劳动教育相融合，开阔学生的视野，增强学生与自然的亲近感，同时培养学生的劳动能力、创新精神和实践能力。2017 年 7 月 12 日，湘潭县一中与长郡中学开展"走进新农村"暑假社会实践活动。活动以"锻炼提升自己，在实践中成长"为原则，让学生亲自下乡村实际考察，了解湘潭县新农村的方方面面。考察分为 10 个小组，提出了农产品销售网络化、湘莲特色生产、湖湘文化的保护与传承等 10 个课题。在开展活动的 5 天时间里，学生在指导老师的带领下，进农村、下基地、访工厂，调查、采访、统计、总结，认真思考，积极讨论，分工合作，顺利完成了小组的课题研究。

湘潭县一中通过这 10 个"学校＋"，打造全方位育人共同体，开创多元融合的育人方式，大力促进学生自由而全面发展。

2. 家、校、社共育

家、校、社是基于教育而互相合作的共同体，坚持以人为本的教育理念，为了实现培养全面发展的人的教育目的而互相合作。家、校、社共育，是顺应时代之需、发展之需、现实之需，学校借助社交软件、网络共享视频、云数据平台和网络虚拟技术提高班管效率，拓展学校育人空间，形成社会、家庭、学校三方紧密联系的助力青少年健康成长共同体，让家、校、社合作建设不断走向规范化、系统化、多元化。

一是学校通过"横向互助"和"纵向引领",实现家校共育。一方面,通过微信群、公众号、校讯通、家长会、家访等,加强双方的沟通联系,同频共振助力学生德智体美劳全面发展;另一方面,通过开设"线上家长学校"开展假期亲子实践活动等,促使家长通过学习,更新家教理念,改进家教方法,与学校一起合力共育卓实之才。比如,以家庭为单位搭建家务劳动平台、体验家长工作平台,家长不仅要配合班主任在假期组织孩子进行劳动实践,更要在家庭中树立崇尚劳动的良好家风,起到言传身教的作用。湘潭县一中通过家长会、微信群、校讯通等方式与家长沟通,转变家长"怕孩子累着""万般皆下品,唯有读书高"的错误观念。还鼓励家长带领孩子体验家长的一日工作,将孩子参加家务劳动和掌握生活技能的情况,如实记入综合素质档案。

二是学校通过"请进来"和"带出去",实现校社共育。如学校请援鄂护士讲抗疫事迹、检察院法官讲民法典、纪念馆宣讲员讲冰雕连、大学教授讲湖湘文化、消防员讲紧急疏散等,给学生送来了丰富的精神大餐;同时,带领学生走出校门,到湘大的物理实验室、岳麓书院、彭德怀故居、特殊学校、中车集团研究所等场地,让学生受到教育。

在学校治理上,更应该坚持家、校、社互相合作。"学校内部治理结构的建设,需要通过激发教师、学生、家长、社区及社会人士等主体发挥主观能动作用,积极参与学校管理,以协调和均衡多主体的权责、利益关系,提升学校组织的效能、质量和办学活力,实现学校的可持续发展。"[①]

3.家、校、社共治

家、校、社共治是学校治理从传统的对上负责、自上而下的管理模式向现代治理重互动、协调的合作伙伴关系的转变。因此,学校应该创建条件、提供机会、搭建平台,让家长和社会参与学校治理,保证其知

① 方芳.中小学内部治理结构变迁中的问题与变革 [J].教学与管理,2017(22):20-22.

情权、参与权，发挥其主体作用。

　　首先，转变学校治理理念，提升家长参与学校治理意识，创建家长与社会人士参与学校治理的制度和平台，让家长明确自己的责任与义务，积极、主动走进学校，参与到学校教育和学校治理中。如通过微信群、公众号、校讯通、家长会、家访等，方便家长及时了解学校教育和学校治理的具体情况，适时提出意见和建议。家长作为学校的"客户"，是学校教育质量的评价者，通过参与学校治理行使自己的知情权和话语权。家长可以通过学生受教育的情况和体验，考察和评估学校教育质量和治理情况，提出适合学生全面发展的意见和建议。学校邀请不同经济层次的家长代表到食堂观摩、就餐，对不同档次蔬菜的品种、分量、价位进行点评，其根本目的是让每个学生都吃饱、吃好。学校学生食堂出售的饭菜价格最低的只有3.5元/份，基本能够满足不同消费层的学生。

　　其次，建立家委会，家长作为一个群体或集体的形式，发挥群策群力优势，参与学校治理，为学校发展献计献策。在《国家中长期教育改革和发展规划纲要（2010—2020年）》中"完善中小学学校管理制度"部分提到"建立中小学家长委员会"。家长委员会是由学校组织邀请家长参与学校教育活动的一种组织或机构。家长委员会的优势是家长来自各行各业，涉及行业多而广、资源丰富，可以为学校教育活动提供多方位、多层次的方向及社会实践机会。家长委员会以集体的方式作为家长代表参与学校治理，进行建言献策，监督和反馈。湘潭县一中除了建立家委会，同时还成立了新时代文明实践志愿者总队，包括家长大队和教师大队、学生大队7个大队，让家长积极参与学校治理。

　　最后，学校有机整合和充分发挥社区、家长及社会的教育资源，采取有效措施促进学校、家庭、社会多元互动，共同参与学校管理和评价，成立了教育基金和特使站，寻求周边社区或科研机构的有效合作，利用各种有效资源，完善学校治理结构，让家长、社会人士直接参与学校治理和建设。

二、卓实教育构建学校特色体系之二：特色教育

特色教育是学校特色发展的着力点，也是最核心的内容。学校的特色发展最终要体现在教育上，使教育呈现多元化，形式多样化，尽可能挖掘学生的潜质，满足学生的不同发展需求。学校根据学生的特点，帮助学生在最有潜质的发展区域寻求突破，引导学生求真、向善、粹美，这是教育的本真也是学校特色发展体现育人性的根本所在。

特色教育不是特长教育。特长是指人在某一领域有出色的专长和优势，一般是指单一的个体。而特色教育，是指学校通过深入了解学生的兴趣、潜能、个性后，有针对性地对这些有共同特色的学生采取的个性化教育，对象一般是群体或集体。因而，特色教育主要是建立在学校的特色、个性或独有的文化基础上的教育，是学校的教育优势，体现出学校实力和教育质量。湘潭县一中根据自身优势和特点，展开的特色教育主要有三种：国防教育、科学教育和国学教育。

（一）海航部：国防教育

2022 年 9 月，中共中央、国务院、中央军委印发的《关于加强和改进新时代全民国防教育工作的意见》中指出，要培养担当民族复兴大任的时代新人，必须采取扎实有力的措施不断提高青少年国防素养。

国防教育是加强国防建设的重要途径，是实现中国梦、强军梦的重要举措。而青少年作为国防建设的生力军，是未来国防建设的中坚力量。因此，加强对青少年展开国防教育，事关国家和民族的兴衰安危，是国之大事。学校应该承担起进行国防教育、传播国防知识的责任，为国防后备人才建设提供基础保障。

国防教育是为捍卫国家主权和领土完整、防御外来侵略和颠覆行为，

而对公众传授与国防有关的思想和技能以及展开相关活动的教育行为。学校开展国防教育有利于培养学生的爱国情怀和民族自豪感，培养学生的集体主义精神和安全意识，同时还可以磨炼学生的意志。

1. 国防教育常规做法

目前学校开展国防教育的方式主要有三种。一是在常规教学活动中宣传国防相关的知识。思想政治、历史、语文学科教学是宣传国防教育的主渠道。二是开展国防教育宣传、科普活动和讲座，包括国防征文、知识竞赛、夏令营等活动。三是设置国防教育选修课程，开发国防教育校本课程，构建国防教育特色课程文化体系，包括设置专职的国防教育教师，编写国防校本教材等。

推进国防教育共育。一是与社区、社会组织机构合作，开展国防教育活动，营造国防教育氛围，实现校—社资源共享。二是增加家、校合作渠道，发挥家庭、家长在国防教育中的作用，如邀请家长以义工形式参与学校活动，增强家长国防意识，发挥家庭教育功能。

2. 湘潭县一中的国防教育实践

湘潭县一中高度重视国防教育，重视学生家国情怀的培养，鼓励条件过硬的学生立志报国，走向保家卫国的最前线。多年来，学校每年都有一大批学子走进国防类大学深造，学成后，成为国家安全、人民生命财产安全的保卫者。而且在教育部国防教育特色学校的评选活动中，湘潭县一中被评为"国防教育特色学校"，是湘潭市获得此项荣誉的唯一一所示范性高中。

另外，学校通过军地携手，创新办学模式。学校创办了湖南省首届海航班，培养专业的国防人才。2016年，学校积极申请创办海军青少年航空学校。经过严格审查，2017年学校终于凭借严谨的教学管理、优秀的教学质量、良好的社会声誉，成为湖南第一所，且是目前唯一一所试点开办此班的学校，被命名为"湖南省海军青少年航空学校"。学校致力于将海军青少年航校建设成为祖国舰载机飞行员的摇篮，让越来越多的湖湘子弟能"劈波斩浪"挺进深蓝，为实现中华民族的伟大复兴贡献力量。

2017年学校面向全省7个地州市招生成立湖南省首届海航班，展开国防教育实践，培养国防军事人才。国防军事人才是指捍卫国家主权、安全和领土完整，防御外来的颠覆和侵略，维护世界和平的拥有现代作战技术和作战能力的人才，是强国强军梦的重要保障。

海航班遵循青少年成长和飞行人才培养规律，旨在通过军地合作、超前培育、精准高效的培养模式，探索出"强心、强体、强脑"的"三强"特色培养方法，抓住青少年思想意识形成和身体心理发育的关键阶段，及早发现和培养更多热爱海空、适合飞行、素质全面的飞行学员苗子，为海军航空兵战斗力建设提供有力的人才支撑。实验班学生从应届初中毕业生中选拔，经政治考核、体格检查、心理检测、文化把关四个环节的考核合格后录取，并签订培养协议。入学后，学校选派业务精湛、责任心强的优秀教师担任班主任和学科教师，对学生集中编班，以夯实学生的文化知识，使其适应将来信息化作战要求；同时，高度重视政治"保鲜"工作，培养学生忠于祖国、忠于中国共产党、勇于担当的理想信念。

学生在完成国家规定高中阶段课程学习的同时，穿插开展国防教育和航空特色训练，提高学生的国防意识和飞行兴趣。高三下学期参加海军招飞检测，符合条件的录取为海军飞行学员，特别优异的，可录取为海军航空航天大学和清华大学、北京大学、北京航空航天大学联合培养的"双学籍"飞行学员。

6年以来，学校已成功为海军航空航天大学输送四

与海航班北大双学籍学生李智杰、谭丽波交流

届海军飞行员苗子，第一届海航班出飞率全国第一；培养了 78 名航母舰载战斗机飞行员苗子，出飞率居全国之首，还有 8 名学生获得清北与海军航空航天大学双学籍。

下面谈谈海军航空实验班的教育实践。

海航事业任重道远，砥砺前行不问西东
——海军航空实验班管理模式探究

湖南省唯一的一个海军航空实验班，于 2017 年落户湘潭县一中。学校作为首届湖南省海航实验班的始发地，在探索海航班的班级管理道路上需要面对各种问题，如，如何才能让来自全省各地的学生快速融入湘潭县一中的生活？如何定位这群肩负历史使命的学生们？如何提高他们的政治素养？如何才能让他们在提高学习成绩的同时保持良好的身体素质？等等。针对这些问题，如何结合实际加快推进海军航空实验班的创新性发展，是我们面临的课题。

海军在招飞生源地设立航空实验班是国家的强军之举。当前，我国海军发展已进入关键期，特别是随着海军走向远洋、挺进深蓝的步伐加快，航母事业和舰载航空兵部队发展对高素质飞行人才的需求更加紧迫。从 2015 年起，海军依托普通优质高中建设海军航空实验班，目前已在全国设立包括山东昌乐一中、河南郑州九中、河北衡水中学、湖北黄冈中学、重庆 11 中、浙江效实中学、南昌二中、大连 23 中、湘潭县一中等 9 所青少年航空学校。

湖南省海军航空实验班 1 班共 50 名男生；其中，19 人来自长沙、16 人来自湘潭、5 人来自衡阳、3 人来自郴州、3 人来自株洲、2 人来自娄底、2 人来自永州。多数学生是第一次寄宿，对此存在不适应的现象，而且还是第一次远离家门，思乡心切，情绪上波动较大。由于飞行员对身体素质要求十分严苛，一共有 200 多项

体检指标，有一项不合格就无法录取，所以正式录取的学生有25人没有达到录取分数线。把这些学生教好，不仅是对全省各地的50个孩子和他们的家庭负责，也是对学校特色教育事业的大力支持，更是对祖国海航战略的积极响应。下面，笔者将从以下几个方面来谈谈海军航空实验班的管理模式。

一、对海军航空实验班学员的定位

海军航空实验班学员享受海军给予的一些待遇保障，主要包括以下几个方面。

一是学员在校期间由海军统一配发海军被装，宿舍配备空调、洗手间等生活设施，实验班教室根据飞行学员的学习环境标准，对照明系统、教室文化、课桌椅等进行专门设计和布置。每人发放春秋季海军体能服一套、夏季海航衫两套、冬季大衣一件。二是学员每两周进行一次视力检测，海军总医院每学年为实验班学员做一次全面体检。三是海军招飞办会为实验班学员配备体能、飞行模拟等训练器材和身体保健器械。四是根据海军航空飞行学员培养要求，学校专设海军航空实验班营养餐厅，学员在校期间统一就餐。海军按月发放生活营养补助费（700元/月），以增强学员体质之用，另发零花钱200元/月。

尽管如此，但他们并不是真正的军人，他们的言行举止并不代表军方立场，其责任和义务是学好知识。海军首长要求我们不要把他们定位成军人，而是积极向海军飞行员靠拢的高中生。

二、班级的指导思想

密切关注学生的身心健康，严格要求学生的学习纪律，将海军航空实验班打造为航空人才培养基地。在这一思想的指导下，力争让海军航空实验班的学生个个政治立场坚定、身心健康、学习成绩优异。

三、提高学员的政治理论素养

政治理论素养是这些未来的海空骄子必须具备的基本素质，加强自身政治修养，提高政治理论素养，是他们的必修课。只有不断提高自己的觉悟，勤学善思，严于律己，才能永葆前进的动力，为党的事业做出更大的贡献。学校主要从以下几个方面来提高这些学生的政治理论素养。

一是加强心理健康教育，塑造学生健全人格。邀请学校心理老师给学生们上心理课，给他们做关于心理方面的沙盘游戏和相关的心理测试。

二是学习社会主义荣辱观，提高学生的道德水平。一方面，开展每月一次思想道德建设标兵评选、每次月假回家帮爸妈打扫卫生等活动，让他们学会自立自强、学会感恩、学会回报。另一方面，把"八荣八耻"细化到学生的日常行为中。如推出班级版的"八荣八耻"，即：以关爱集体为荣，以抹黑集体为耻；以服务奉献为荣，以自私自利为耻；以锐意进取为荣，以平庸落后为耻；以勤奋刻苦为荣，以散漫懒惰为耻；以团结互助为荣，以破坏和谐为耻；以诚实守信为荣，以抄袭舞弊为耻；以尊师守纪为荣，以无礼违纪为耻；以环保低碳为荣，以浪费污染为耻，并将其作为规范学生言行的标尺。

三是重视国情教育，坚定爱国爱党的信念。首先，给学生订阅了《湖南日报》《湘潭日报》《知识博览报》《舰船知识》《中国海军军人手册》等报纸杂志，让学生了解我国人口、环境、资源、经济、军事等方面的现状及问题；音乐课上学唱军歌；班会课上讲爱国主义英雄事迹，并让学生写好观后感；组织学生观看电影《战狼》《红海行动》和海上阅兵仪式。其次，利用讲座等活动来增强学生们对国家的热爱之情及对海军舰载机飞行员的憧憬。学校先后邀请一级飞行员上校李首长为学生们讲述飞行员的飞行生活，并说明作为飞行员应该具备的素质，作为高中生应该注意哪些方面的能力培养；海军航空大学吴首长给学生们做了以"中华海洋文明与海军发展"为题的讲座；海军招飞局主任吴海涛首长来校看望学生们，耐心地为他们解答疑惑，并跟他们提出相关要求；等等。最后，积极开展课外活动。成立国旗护卫队，遴选优秀学员参加每周一举行的全校升旗仪式；组织学生参观毛泽东故居等红色景点，增强他们的爱国主义情怀。

四、保障学员的身体素质

海军招飞局对学生们的要求是：高中阶段的身体素质与入学时相比不下降，不需要进行太多高难度的训练，重点是不受伤害。这主要是从以下几个方面入手。

一是从课程设置上下功夫。星期一的第八节课、星期三的第七、第八节课是体育课，星期二和星期四的第八节课是文体活动课，星期日的第七、第八节课是体能课。一周总共开设三节体育课，两节文体活动课和两节体能课；星期二的文体活动课参与全校性的大扫除，整理寝室内务；星期五的文体活动，由学生自己安排户外体育活动，体育课和体能课由专业老师上。这充分保障了学生们的锻炼时间。而且体育课、文体课，以及体训课都安排在每天的最后一节或最后两节课，保证不影响学生的学习。同时，利用星期日的体训课，展开一些既能增强体质，又富有特色的活动，如展开 10 公里徒步等活动。

二是充分利用闲散时间。海航班学员积极参与学校组织的晨跑和大课间，晨跑后还会站 10 分钟的军姿。

三是充分的营养保障。海航班在学生食堂设有专门的就餐区域，为学生们制定营养菜谱，以保证海飞学员的身体需要。

四是邀请湘潭市眼科医院院长，给学生们做护眼方面的专业讲座；每两周对学员进行一次视力筛查，给他们建立身体健康档案，全面掌握学员身体状况。

五、不断提高学员的文化成绩

扎实的知识功底是海航学员们必备的基本素质，也是升入中国人民解放军海军航空大学的基本要求。为了更好地提高学员的文化课成绩，学校着重从以下几个方面入手。

一是确立"德育先行"的管理制度。良好的纪律及学习习惯是取得好成绩的保障。入学之初航海班就制定了很多规范学生行为的制度。例如，海航1班日常行为管理制度、海航1班操行分加扣分管理制度、海航1班寝室管理制度、海航1班评优制度、海航1班早晚自习管理制度，等等。对每个制度都制订了详细的评比方案，并以表格的形式呈现，直观明朗，每天都记录，每周一小结，每月进行一次相关的评优活动。

二是实验班专门配备了素质高、业务强的优秀教师团队，并给教师配备了专门的办公室，每月召开学情会，研究每位学员的学习发展情况。

三是在课程计划上，制定了个性化的课表和放假制度。由于学员的学习方向特别明确，要求考理科，所以在课表中减少了文科科目课时的同时，增加了理科科目课时。在月假上，考虑到很多学员是来自别的地州市，路程比较远，所以学校特意为海航班制定了特殊的月假制度，取消了周假和小月假，把所有的假期集中起来放。

四是制定了学习小组制度。小组内学习成绩好的学员帮助学习成绩差的学员，小组与小组间开展良性竞争，评选优秀小组。同时，制定了师生帮扶制度，即每科教师指定帮扶该科学习成绩较差的学生，通过作业面批、谈心交流等方式，给予学生帮助。

五是每天晚自习时间段，安排一名任课老师在办公室值班，给学生答疑解惑。

通过以上措施，学生取得了阶段性成绩。在活动方面，获得2017年新生军训会操比赛一等奖；2017年高一年级跑操比赛一等奖；2017年首届"圆梦中华，经典诵读"比赛一等奖；2017年度学校艺术节一等奖……在纪律卫生方面，获得2017年9月、10月、11月、12月，以及2018年1月的纪律卫生先进班级、两操先进班级和3月的两操先进班级。学习成绩也得到了稳步提高，如有学习成绩较差的学生理科平均分由入学时的最后一名到期中考试的第九名，再到期末考试的第四名。

（二）英才学院：科学教育

"为什么我们的学校总是培养不出杰出的人才？"这就是教育界著名的"钱学森之问"。这一问时刻提醒着我们教育工作者应该以培养杰出人才为己任，为加快实现我国从教育大国向教育强国、从人力资源大国向人力资源强国迈进，为中华民族伟大复兴和人类文明进步贡献一己之力。

钱学森先生是世界著名科学家、空气动力学家，我国载人航天事业奠基人，是"两弹一星"元勋、"中国航天之父"和"中国导弹之父"，为我国科技和航天事业的进步做出了巨大的贡献。他一直关心着科技事业，希望教育能源源不断地培养出杰出人才，促进科技和航天事业的发展。我国正处于改革发展的关键阶段，如何在日趋激烈的国际竞争中脱颖而出，关键在于发展科学教育，培养一大批杰出人才。

党的二十大报告指出："教育、科技、人才是全面建设社会主义现代化国家的基础性、战略性支撑。必须坚持科技是第一生产力、人才是第一资源、创新是第一动力，深入实施科教兴国战略、人才强国战略、创新驱动发展战略，开辟发展新领域新赛道，不断塑造发展新动能新优势。"

2023 年 5 月，教育部等十八部门联合印发《关于加强新时代中小学科学教育工作的意见》，提出"重在实践，激发兴趣。以学生为本，因材施教，推进基于探究实践的科学教育，激发中小学生好奇心、想象力和探求欲，培养学生科学兴趣，引导学生广泛参与探究实践，做到学思结合、寓教于乐，自觉获取科学知识、培养科学精神、提升科学素质、增强科技自信自立、厚植家国情怀，努力在孩子心中种下科学的种子，引导孩子编织当科学家的梦想"。

科学教育是相对于人文学教育和社会学教育而言，主要是指与自然科学相关的学科教育。学界对科学教育的相关定义很多，主要是从传授科学知识和进行科学研究两个方面来说，最终都是为人的全面发展奠定基础。如《科学教育论》中认为科学教育是"通过传授科技知识，发展学生科技能力，引导学生认识科学技术的本质和社会作用，从而培养学生科技素质的活动。其目的是培养学生的科学素质，为他们将来从事科技活动奠定素质基础"①。这也是学校进行科学教育的目的，通过传授科学知识、理解科学本质、提高学生的思维力、进行具有科学性质的探究活动，提升科学素养，培养创新型人才。

或许有人简单地认为科学教育是多门具体自然科学（如生物、物理、化学）的统称。这是不正确的。科学教育是立足于整个自然科学的综合教育，生物、物理、化学只是科学教育的一方面。而且科学教育探究的是更深层次的教育，涉及科学思维、科学素养、科学本质等。

国外科学教育的萌芽最早可以追溯到古希腊罗马时期，但直到1870 年才被纳入学校课程，成为学校教育的内容。相较于西方，我国的科学教育起步比较晚，萌芽于 19 世纪末 20 世纪初，主要是以自然科学、理科课程的形式出现在学校教育中，主要是"（一）启发追求理解

① 李太平、潘建红，等．科学教育论 [M]．北京：人民教育出版社，2010：1．

自然的基础知识，并养成对于科学的研究态度和试验精神。（二）增进利用自然以解决物质和精神生活问题的智能。（三）培养欣赏自然，爱护自然的兴趣和理想"[①]。新中国成立后，科学在课程体系中的地位和价值产生了变化，以"教给儿童一些初步的自然科学知识，促进儿童的全面发展"为目标，并在教学大纲和课程标准中对科学教育进行知识组织和整合。科学教育成为学校教育必不可少的组成部分。

科学教育要从小开始，这是毫无疑问的。因此，基础教育要注重科学思维、科学素养的形成，通过开设科学教育课程，在科学课堂教学中，注重传授科学知识，训练学生的科学技能，培养学生的科学素养。

1.科学教育的主要内容与形式

学校进行科学教育一般是以开设科学教育校本课程为主，设置课程教学目标，开展科学研究、科学实践以及科学阅读活动，传授科学知识与科学技能，培养学生的思维能力、实践能力、创新能力，以及科学精神、科学态度和价值观。

目前，学校开设的科学教育课程包括科学和技术两个方面，主要以实验教学和探究教学为主要形式。实验教学和探究教学与传统的教学方式不同，是一种实操性教学，能锻炼学生的动手能力、思维能力和创新能力，更注重引导学生发挥主动性，主动学习、主动探究。

2.科学教育特征

科学教育作为一门实践性课程，与常规性课程不同，不是以知识传授为主，而是以实践为主，因而具有探究性、生活化、客观性的特征。

探究性：科学教育是探究性的教育活动，是一个发现问题、提出问题然后解决问题的过程。具体流程是，学生在教师的指导下，根据教学目标，提出问题、收集资料、猜想假设、设计方案、进行验证、得出结论。这种学生主动探究事物的因果关系、规律性的过程，可以有效激发

---

① 课程教材研究所.20世纪中国中小学课程标准·教学大纲汇编（自然·社会·常识·卫生卷）[M].北京：人民教育出版社，1999：9.

学生的好奇心，促使学生积极摸索和实践，主动建构知识。

生活化：科学教育往往是从日常生活出发，从学生身边熟悉的事物和现象出发，在学生已有的生活经验和个人认知的基础上，进行猜想假设，然后亲自验证这些假设，真正参与到科学教育的过程中，感受科学探究的魅力，体验学习的乐趣。这不仅可以充分调动学生的积极性，还可以让学生把学到的知识再运用到实际生活中。

客观性：科学教育具有客观性，这是由于科学教育探究的内容和结果是客观的，是不以人的意志为转移的。不管教师持什么教学观点和课程观念，也不管学生怎么想、情感状态怎样，科学教育的基本内容如科学知识、科学思维是客观的。因此，科学教育更强调知识的推测性和猜想性。

3. 湘潭县一中科学教育实践

湘潭县一中积极响应国家加强基础教育培养拔尖人才的号召，顺应教育发展形势，先后成立"钱学森实验班"和"丘成桐班"，创建英才学院，大力开展科学教育实践。

学校充分尊重学生的兴趣和意愿，从重点培养学生的意志力、认知能力、创新思维和运用多学科知识解决问题的能力出发，从师资力量、校本课程开发、育人模式等方面着手，打造初高中一体化、贯通式培养通道，形成特色科学教育。以下是具体实践内容。

实例 1

卓实领航潮起处，五育并举培菁英
——湘潭县一中"钱学森实验班"人才培养发展纪实

2020 年 11 月 13 日，湘潭县一中正式成立了"钱学森实验班"（以下简称"钱班"）。学校申请创办"钱班"的主要目的，是弘扬钱学森"爱国、奉献、求真、创新"的科学精神，培养具有"保持好奇、勇于实践、敢于创新"科学家潜质的新时代好少年，探索并构建高中阶段培养德才兼备、具有远大理想抱负、强烈

钱永刚教授授牌"钱学森实验班"

家国情怀和立志献身祖国科学事业的拔尖创新人才新模式。在实施阶段，学校按计划选优组班。通过精心施教，并创造条件使学生进入"双一流"高校深造，同时以此为契机，全面提升学校办学品位，突破高位运转瓶颈，结合实情、总结经验，现已初步探索出以下培养策略。

一、"立志而圣则圣矣"，注重文化浸润

王阳明曾说："立志而圣则圣矣，立志而贤则贤矣。"意思是说，立志成为圣人，就可以成为圣人；立志成为贤人，就可以成为贤人。"志不立，天下无可成之事。"青年学生唯有志存高远，方能激发奋进潜力，青春岁月才不会像无舵之舟漂泊不定。青年的理想远大、信念坚定，更是一个国家、一个民族无坚不摧的前进动力。"钱班"的人才培养，更当以"立大志"为先。"大志"从何来？从榜样上来，从文化浸润中来。

建设"钱学森精神"宣传阵地。学校建设用于宣传钱学森事迹与精神的专门阵地——科学广场，目前已经伫立起了钱学森铜像，陈列了火箭发动机残骸，建设好了钱学森宣传橱窗，橱窗内陈列着钱学森人生各个阶段的典型代表性图片和资料，以宣传钱

学森事迹与精神。此外，学校还对教室进行相关布置，展出具有钱学森典型代表性的图片和资料，旨在为"钱班"营造浓厚的育人氛围，潜移默化地熏陶学生。

举办"对话钱老"系列活动。为促进学生对钱学森精神的了解，在学生入校之初，即要求人人阅读《钱学森传》，并要求做详细的读书笔记；入校后组织开展读书分享会，让学生谈自己对钱学森精神的认识。同时，组织学生观看电影《钱学森》，并要求他们写好观后感，最后进行评比颁奖。另外，利用主题班会、国旗下讲话、学术报告等多种方式，引领"钱班"学生走近钱老、对话钱老、感悟钱老，激发"钱班"学生的爱国情怀，培养学生开拓创造、攻坚克难、钻之弥坚、精益求精的学术精神。

"红色文化"与"两弹一星"精神交相辉映。湘潭是伟大领袖毛泽东主席、开国元帅彭德怀、开国大将陈赓、谭政，以及我党早期领导人罗亦农的故乡。这里红色资源丰富，学校采用多种方式，让这些资源在陶冶学生爱国主义情操方面发挥重要作用。如组织到毛泽东故居、彭德怀故居进行研学旅行，通过聆听伟人的故事，激发"钱班"学生为民族复兴而发奋读书的内驱力。

二、"集大成，得智慧"，创新培养模式

优中选优，选拔师生。根据北京师范大学附中和北京海淀区实验中学"钱班"的运作经验，在取得教育行政部门和地方政府的许可下，适度扩大招生范围，根据拟定开班人数择优录取。学校被湘潭市教育局评定为"创新人才培养基地学校"，允许在湘潭市范围内招收一定数量的优生充实到"钱班"来。在教师的配备上，学校优先考虑选派本校优秀班主任和任课教师执教该班，以确保教学质量。同时，学校还聘请大学专业教授及国内知名竞赛专家授课并指导竞赛工作。

突破传统，安排学制。学校计划在每个年级开设两个班级，全校共设六个班级，借鉴诸多省、市名校经验，将在学制安排上突破初中三年、高中三年的传统界限，灵活弹性安排。除此之外，学校还从初一起在一定范围内选拔学生，并将之纳入"钱班"，突出数学思维的培养，以进入清华大学"丘成桐班"为目标；同时，着眼奥赛培训和强基计划，打破常规，整合初高中课程资源，实施六年贯通式培养。

"大成智慧"，开发课程。"钱班"在按照国家课程标准开设各类基础课程之外，还按照钱学森"大成智慧"教育思想，结合学校实际和办学目标，开发或引进独具特色的校本课程，构建更全面、更科学的课程体系。钱学森从21世纪人才培养需要出发，提出了"大成智慧"教育模式，即通才教育模式。他认为，人的聪明才智来自两个方面：一是"性智"；一是"量智"。通过科学技术知识的培养，使学生获得"量智"，即微观定量的知识；通过文化艺术的训练和实践，培养的是"性智"，即宏观整体知识。二者相辅相成，相互促进。他曾回忆自己少年时受教育的经历——培养青少年要从多方面入手，包括文艺、绘画、音乐等方面。他曾写信给一位16岁的高中生，建议他要理解祖国的光辉文化，能够欣赏唐诗、宋词、古散文等，而且汉字要写得好；对世界文化中的精华也要能欣赏，如绘画、音乐等，并建议他注意哲学、物理学、数学等学科的学习。所以，"钱班"要想在培养21世纪需要的新型人才上有所突破，还应冲破过去"唯分数论"的禁锢，探索"大成智慧"教育模式，整合优化各类资源用于开发多元化课程。

目前，学校已开发了一系列富有特色的校本课程：学科竞赛、强基培训、科技创新、科技体育模型竞赛等，这些课程资源为"钱班"学生成长提供了多元选择。同时，学校通过"请进来、走出去"的方式，为"钱班"学生引入更多的教育资源，开阔他们的眼界，激发他们的兴趣，提升他们的思维，以期实现拔尖创新人才培养的新突破。

但从目前的实际情况来看，学校还是着重引导学生学习人文学科，认识人文学科对人生发展的重要性也成为"钱班"教育的方向。同时，音乐、绘画、书法等艺术课程无论从量还是质上都有待提升。

如果条件允许的话，学校还将引入各种课程资源，突出钱学森精神的引领和"STEAM"课程群的作用。STEAM 课程群是融科学（Science）、技术（Technology）、工程（Engineering）、艺术（Art）和数学（Mathematics）为一体的综合教育，能够完全满足学生的学习需求。

三、坚持五育并举，实施特色培养

五育并举，育完整的人。除了德育和智育，"钱班"学生在体育竞技、音美特长、综合实践、国防教育、生涯规划和社团活动等方面全面参与，做到身心健康、全面发展。

导师机制，激发创新。"钱班"管理采用导师制，根据学生的兴趣和特长，进行特色化培养，旨在保护兴趣、激发创新。此外，学校还与目前湘潭所拥有的三所一本高校：湘潭大学、湖南科技大学、湖南工程学院——加强沟通交流，利用好高校丰富的教育科技资源，为"钱班"学生提供更前沿的教育资讯。这也与钱学森所倡导的"集大成，得智慧"科学与艺术有机结合的教育思想很好地契合。

教育应面向未来，因为面向未来的教育一定是守正创新的教育。"正"是教育的初心与使命；"新"是教育的理念与方式。守正容易，创新难，它需要我们有洞察未来的智慧，更需要我们有自我修正甚至是自我革命的勇气。上述策略，有的在逐步实践，有的目前还只是基于理论的设想，真正取得突破性成绩还尚待时日。但学校立足人文底蕴深厚的湖湘大地，加上自身多年办学积淀做坚实的支撑，同时又有各界人士和热心校友的大力支持，更有钱永

许再华将军向"钱学森实验班"赠送书法作品

刚教授和钱学森决策委员会各位领导及专家的倾情指导，我们坚信，"钱班"之路一定会越走越宽广！

实例2

特色丘班卓实不凡

——湘潭县第一中学"英才学院之丘班"创建发展概况

2020年9月11日，习近平总书记在科学家座谈会上的讲话中强调："要加强基础学科拔尖学生培养。""对科学兴趣的引导和培养要从娃娃抓起，使他们更多了解科学知识，掌握科学方法，形成一大批具备科学家潜质的青少年群体。"党的二十大报告将教育、科技和人才放在战略任务中进行统筹部署和系统谋划，强调了三者之间的有机联系，尤其提出要着力造就拔尖创新人才。"拔尖创新人才"在"大国崛起"背景下，在知识经济与社会转型的变革中，伴随新科技革命的发展而出现，并一再成为政策和学术热词。于是，各种拔尖创新人才早期培养的实践也随之展开。"丘成桐少年班"是丘成桐先生倡导的一项数理拔尖人才培养项目，该项目

联合各省优质中学举办，采取初高中贯通、大中学联动方式培养，旨在进一步探索数学等基础学科人才的早期培养，为国家输送数学学科拔尖创新后备人才。主要面向拔尖中学生，要求崇尚科学、身心健康、成绩优异，具有突出数学及物理潜质和特长并有志于终身从事科学研究。

"丘成桐班"基本情况介绍

我校积极响应国家号召，顺应教育发展形势，继成功申请创办"钱班"之后，又正式创办数学拔尖创新人才早期培养基地——"丘成桐班"（以下简称"丘班"）。着手构建初高中贯通式培养通道，并逐步建立"合格＋特长"的培养模式。学校于2021年暑假，面向湘潭县初中学校（主要是湘潭江声实验学校）招收优秀的准九年级和准八年级学生，组建丘一、丘二两个班级，其中丘一45名学生，丘二43名学生。建班之初，学校成立以工会主席谭立新老师牵头、唐先和与胡新两位主任具体负责的"丘班"管理机构，并划拨北教学楼一楼西头三间教室为"丘班"教育教学基地，同时要求各职能部门全力协助，迅速导引"丘班"步入运行轨道。学校聘请省级优秀数学奥赛教练谢伦驾老师担任培训教练。

与著名数学家、菲尔兹奖获得者、清华大学求真书院院长丘成桐合影

建构"丘成桐班"培养模式

湘潭县一中"丘班"自创建开始，便按照"重基础、高起点、高标准"的原则，

充分挖掘并发展学生的数学特长，兼顾通识教育，实现学生的个性发展和全面发展。学校将从初中选拔而来的优秀学生组建成"丘班"，开启初中两年、高中三年的初高中一体化拔尖创新人才培养模式。"丘班"充分尊重学生的兴趣和意愿，重点培养学生的意志力、认知能力、创新思维和运用多学科知识解决问题的能力。

"丘班"课程分为常规课程、竞赛课程、拓展课程、特色课程、综合实践等。学校同时还与周边大学——湘潭大学、湖南科技大学等联合开展贯通课程设计开发，在国家课程体系框架内，设计一体化贯通培养的数学及实践课程，大、中学衔接的项目式培养课程，适当融入地域文化、生涯规划、科学实践等课程，建立基础宽厚、优势突出和特色鲜明的课程体系。

校长齐学军——数学特级教师担任总顾问，负责全面指导、规划总体培养计划。在教育教学及拔尖人才培养过程中，定期与"丘班"管理部、相关职能部门交流，了解掌握学生的培养进展。同时，充分利用本地教育教学资源，联合规划"丘班"课程建设，同时优化中小学衔接工作，做到提前发现、多方施力、因材施教、重点培养。

突破传统，安排学制。学校在各年级开设一个"丘班"，借鉴诸多省、市名校经验，在学制安排上打破传统界限，开启初高中五年贯通式培养模式。除此，学校还从七年级起在一定范围内选拔学生，将其纳入"丘班"，突出数学思维培养，以进入清华大学丘成桐班为目标；同时，着眼奥赛培训和强基计划，打破常规，整合初高中课程资源，实施贯通式培养。

特色培养，有序推进。培养拔尖创新人才是一项系统且复杂的教育战略工程。学校从基础做起，致力于构建初高中教育有效融通的"一体化"培养模式。根据学生实际情况精心设置课程体系，从根本上突破拔尖创新人才培养的瓶颈，解决基础学科领域创新人才的"断层"问题。

整个培养分成四个阶段。第一阶段：初始阶段（六、七年级培养发现阶段）。总体思路是能力培养至上，追求长远，着眼未来。学科教练定期到生源基地校开展学科教学指导，课程开设立足基础，进度调控适宜。尽量做到：（1）拔尖创新学生培养教师原则上五年一贯；（2）基地校的教学管理和后勤服务专人负责；（3）培训教学内容系统化，培训人员固定；（4）做大做强基地校的人才培养，争取让更多的孩子喜欢上数学、物理等基础学科。

第二阶段：强基阶段（8月至次年6月）。八年级为主的学生通过夏令营等形式分班分层，成立50人左右的创新班。在全面完成初中八年级常规课程的前提下，挖掘学生潜力，推动学生学科个性化发展，培养相关学科拔尖创新人才。开学即开始着手数学全员培训。充分利用课后服务时间，在数学学科教学中针对学生具有的潜能，实现一年的时间完成初中八年级至高中一年级数学教学内容。其他学科则按初中正常教学要求进行。

第三阶段：创新阶段（优秀学生长足发展阶段，时间为8月至次年9月）。在全面完成中考要求的教学内容下，充分利用课后服务时间，数学学科在完成初高中统编教材所有内容的前提下，着重开展高中数学联赛的知识学习和强基笔试内容的培训与学习。在当年9月，部分学生冲击数学联赛，大部分学生则遵循个人意愿和兴趣特长，自主选择其他学科培训，如物理和数学，并且在下学期和寒假时间安排两个月时间学习这两门学科的部分高一内容。其他学科严格按中考要求安排教学内容和教学时间。中考以后的时段，除安排各个科目基本的课时用于教学高一新课外，重点是数学竞赛培训，全力备战9月份数学联赛。

第四阶段：拔尖创新阶段。一是常规课程按高一课程开设，课时量按部颁标准开设。二是利用课后服务时间开设个性化课程。原则上每一位学生选择一个发展方向，学校采用学科导师方式，每一位学生确定一名学科导师，教师指导多名学生在相关学科领域开展专题研究。在市教育局等部门的协调下联合湘潭大学、湖南科技大学、湖南工程学院等高校开展创新人才培养基地建设。

形成"丘成桐班"教育特色

配置优质教师，提升师资实力。在拔尖创新人才培养师资配置方面，学校采用专任教师、外聘专家和拔尖学科教练三者结合的方式。选拔县内优秀骨干教师、学科带头人、优秀班主任构成常规教学和班级管理团队；聘请大学专业教授及国内知名竞赛专家指导竞赛工作；设定数学竞赛专职培训教师团队，担当学生成长引路人。这种多元结合的教师团队，相互补充，相互促进，最大限度地发挥了教育和培训功能。

班管工作突出，积极育人育才。"丘班"一直把"激扬生命·奠基人生·成就梦想"作为治班育人理念。班主任携同科任老师将关注学生、理解学生、尊重学生、发展学生的精神贯穿整个教育教学过程，全方位落实以人为本的管理理念，积极培育学生的自我管理能力、自我控制能力、自我激励能力、问题意识和核心素养等，不断激发潜能，充分展示生命的美好与神奇。从丘二班开始，创设微信公众号，积极推送学生习作，不断提升学生观察生活和表达生活的能力，不断营造读书、写作的良好氛围，同时让更多的家长和学生关注"丘班"、了解"丘班"、发展"丘班"。

创新学校管理，提高育人质量。学校成立拔尖创新人才培养工作室，并创设"山东英才学院"（2024年3月挂牌），由一把手主管，把控创新人才班的发展方向、培养模式、路径、教师团队管理等。部门主任负责完善评价体系，注重对班主任的培养，不断提高班主任的管理素质和工作水平。同时通过精心设计的系列活动，培养学生具备创新型人才应该具有的优秀品质。老师在转变教学观念、改进德育方法、创新德育模式、提高德育水平等方面进行积极实践。通过积极开展心理健康教育活动，促进学生健康成长。通过举办科普知识讲座、讲题比赛、拔河比赛、田径运动会和诸多社会实践活动，培养学生的社交、情绪管理、自我认知、团队合作等能力。

教育成果卓实不凡

近年，湘潭县一中在奥赛和创新人才培养方面取得了令人瞩目的成绩，五大学科竞赛成绩在全市遥居榜首，共有115人荣获省一等奖，获奖人数位居全市第一、全省前列。

而自2021年创办的"丘班"，在不到一年的时间里，学生便在竞赛场上大展身手。在2022年全国高中数学竞赛（湖南赛区）中，经过激烈角逐，取得骄人成绩：23位学生获得奖励，其中省二等奖14人，省三等奖9人，获奖人数荣列全省前茅。值得一提的是，此次23名获奖学生中，有9人来自丘一班。2023年，在第39届全国高中数学竞赛（湖南赛区）中，"丘班"参赛学生在教练谢伦驾老师的带领下，再次勇夺佳绩。丘一班黄钦俞同学获省一等奖，成功入选省队，获得国家级银奖，取得湘潭县一中数学奥赛历史性突破。另有"丘班"学生肖瑞鑫、李昊阳、韩睿萱等19位同学获得省二等奖，钱铮、汤舜杰、谭哲涵、杨津宁4位同学获得省三等奖。

更令人欣喜的是，已就读高二、高一年级的丘一、丘二班学生，成绩都普遍高于当年成绩相当的同学，因为他们在"丘班"就已经学好了高中数学。像丘二班马云祥、王彦嫒等同学，就经常名列年级前茅。更重要的是，"丘班"学生的两年初中，大部分学科就是高中老师教，所以初高中衔接教育自然做得更到位，学生进入高中，进入学习状态自然更快、更稳。

教育应当面向现代化，面向世界，面向未来，所以，我们教育者更应具备洞察未来的智慧，更需具备自我修正甚至是自我革新的勇气。作为湘潭教育的领跑者，我们更需要承前启后、开拓创新。更何况，我们的"英才学院"还有广大家长、各界人士和热心校友的大力支持，更有丘成桐教授和各位领导及专家的倾情指导，我们更有理由坚信："丘班"之路一定会越走越宽广！

（三）碧泉书院：国学教育

中华传统文化是当代中国文化的根基和命脉，影响和塑造着中华民族的精神气质，是中华民族发展壮大的不竭动力。因此，要提升国民的核心素养，要建立文化自信，要增强国家强大的内生动力，就要加强传统文化教育，弘扬传统文化美德。

《中华人民共和国教育法》指出，教育应当继承和弘扬中华优秀传统文化。

国学教育是继承和发扬中华传统文化和民族精神最有效的方式，也是提升青少年文化涵养和综合素质，建立高度文化自觉和文化自信的重要手段。

湘潭县一中创办碧泉书院，以弘扬湖湘文化、红色文化为依托，致力于人文社科类课程和传统文化课程的开发与应用，寄望一中学子弘扬中华优秀传统文化，做有文化内涵的新时代青年。

碧泉书院是湘潭六所古老学府之最，也是湖南古老学府之一。南宋末年，为避战乱，江浙闽学者纷纷内迁湖南等地。胡安国、胡宏父子从荆州迁居湘潭碧泉，建碧泉书院，开坛讲学，招收门徒，创建了以"经世致用""经邦济世"为核心思想的"湖湘学派"。湖湘学派从湘潭碧泉书院发源，到长沙岳麓书院趋于成熟。湖湘学派涌现出众多人才，如以陶澍、魏源为主的政治改良派，以曾国藩、左宗棠为主的"中兴将相"，以谭嗣同、唐才常为代表的维新变法人才，以蔡锷、陈天华为代表的民主革命人才，以毛泽东、蔡和森为主的无产阶级革命群体。湖湘学派重修身之道，传经世之学，育济世之才，是儒家学派中不可或缺的存在，对中国文化发展具有极大影响。

1. 国学教育概念

广义上的"国学"概念，即"以先秦经典和诸子百家学说为根基，包括两汉、魏晋、隋唐、宋元明清等时期的经学、玄学、道学、理学、实学及辞赋、汉赋、六朝骈文、唐宋诗词、元曲与明清小说等完整的文化系统，其中还包括中国古代的历史、哲学、地理、术学、政治学、礼俗学、宗教学、考据学、中医学、农学、书画、音乐、建筑等诸多方面"[①]。

国学教育，即以中华传统文化为主要内容，以传承民族文化精神、提升核心素养、增强文化自信为目的的教育。国内曾多次掀起"国学热"，随后国学教育也成为学校教育中的一种教育模式。2014 年，教育部发布的《完善中华优秀传统文化教育指导纲要》提出，"以推进大中小学中华优秀传统文化教育一体化为重点"并"增加中华优秀传统文化内容在中考、高考升学考试中的比重"，国学教育越来越被重视。但国学教育不是简单地开展一些国学讲座、诵读国学经典的活动，或者办一些国学兴趣班，这些浮于表面，学生也不求甚解。这反而会削弱国学在学生心中的影响力和价值，甚至产生误解，国学教育就是背国学经典，能应付考试即可。这不仅难以真正激发学生对国学的兴趣爱好，而且模糊了国学教育的目的。教育的目的始终是育人，国学教育也不例外。

中小学开展国学教育，一是传播中华优秀传统文化，弘扬民族精神；

---

① 张丽 . 高中语文教学中国学教育研究 [D]. 东北师范大学，2010.

二是树立正确的核心价值观，提升综合素质，促进人的全面发展。国学教育的最终目的是"通过使受众与国学对话、交流，将国学智慧展现出来，注重人的培养，实现'人之所以为人'的教育，塑造国人灵魂，陶冶国人情操，探求健全人格及人文精神回归"①。

"当下中小学的国学教育，在没有统一的国学教材和国学课程标准的情况下，各学校大都各自为政，在不影响正规课程、不增加学生课业负担的前提下，开设国学特色的校本课程，又或采用学科渗透的方式，寻找与本课程相关联国学内容，又或建设国学特色的校园文化和德育课，以此进行国学教育。"② 这是我们常见的国学教育模式。

2. 湘潭县一中的国学教育实践

相较于其他学校以诵读国学经典，再兼以拓展游戏和活动的国学教学方式，湘潭县一中的国学教育更具规模也更系统化：创办碧泉书院，以弘扬湖湘文化、红色文化为依托，通过开设人文社科类课程和传统文化课程，开展诵经典、学国学的实践活动，展开国学教育。

首先，开设人文社科类课程和传统文化课程。碧泉书院配备了专业的人文社科类教师，开设具有特色的传统文化课程，系统性地进行国学教育。而且，学校购买了大学慕课课程，开设选修课，让对文史哲等人文类学科有兴趣的学生进行学习。

其次，开展与国学有关的实践活动。学校利用湘潭特有的地域条件，开展以"莲文化魅力"为主题的综合实践活动，培养学生健康的人格；利用班会、讲座对湖湘文化发源地之一的隐山、碧泉潭进行介绍，让学生树立"讲名节、轻利禄"的意识，使隐山、碧泉潭文化内化于心。

最后，学校以传承和发扬湖湘文化为己任。碧泉书院对湖湘文化寻根溯源。自胡安国、胡宏父子传道于此，湖湘一派便发展鼎盛，王

---

① 姚才刚，张露琳."国学热"与国学教育的健康发展[J].通识教育研究（第六辑），2019（07）.
② 陈涵平，郑国岱.中小学国学教育理论研究与实践[M].北京：世界图书出版公司，2022：27.

夫之、曾国藩、左宗棠、魏源、谭嗣同皆受湖湘文化滋养。而至近代史，"天下不可一日无湖南""若道中华国果亡，除非湖南人尽死""无湘不成军""一省系十七省之安危"，湖湘人如莲一般，傲立于世，风华永存。

三、卓实教育构建学校特色体系之三：特色实践

在素质教育和全面发展的教育政策指导下，学校教育由"传授知识"转型为"人的培养"，从重智育转型为德育为主、五育并举，将促进人的全面发展作为教育重心，在开展常规教育教学的同时，开展丰富多彩的艺体教育和实践活动，充分发展学生的个性特长，增强学生的实践能力，促进学生自由而全面发展。湘潭县一中围绕"立德树人"根本任务，坚持"五育并举"原则，推进德育、智育、劳育、美育、体育的落实，通过做精传统项目，开展主题教育、社会实践等丰富多彩的活动，让每个学生都有发光的舞台，形成了学习文化与个性发展、社会实践、时代发展相结合的态势，全面提高了学生文明素养和综合素质，促进了学生的快速成长。学校主要从艺体教育和开发实践活动两方面建构学校特色实践体系。

（一）艺体教育的实践

艺体教育指"在日常的教育教学活动中，将艺术教育活动及功能与体育教育活动及功能融合起来，将课内的艺术教育和体育活动与课外的艺术教育和体育活动结合起来，适当加大两者在学校课程安排与教学活动中的比重，使其广泛渗透于学校发展过程中的各项活动中，并以此为突破口，带动学生和教师素质的全面提高，使其生命得到全面和谐的成

长与发展的教育。"[①] 可见，艺体教育主要是以艺术教育和体育教育为主要内容，以教学活动和课外活动为主要形式，以充分发展学生个性，促进学生全面发展为目的的教育。

1. 艺体教育全员化

学校的艺体教育不是面向少数人的专业性和精英化教育，而是面向大众的基础性教育。作为一种基础性教育，学校要求全员参与，全程参与，有效参与。学校常态开展体育大课间、校园篮球足球、艺术展演、科技创新等校园文化活动，大力推进体育、艺术教育多样化教学，探索简便有效、富有特色、符合实际的教学方法。学校还倡导阳光体育运动，坚持"让锻炼成为习惯，让运动带来快乐，让健康相伴一生"的运动理念，组织开展阳光体育活动、体育与健康考核工作，促进学生身心健康发展。

为进一步推动艺体教育发展，学校从师资力量、设施设备等方面提供便利条件。

第一，学校举办艺术节、运动会、社团节，还创办了国际模联、记者站、音乐社、舞蹈社等近20个学生社团。艺术节社团活动为学校师生提供展示才华的舞台，也是激发学生培养各项才能的催化剂。

第二，在师资力量上，学校为各个社团配备专业辅导老师，助力学生在每周的社团活动课上相互切磋、共同提升；也为篮球、足球、田径等体育运动配备专业教师，为学生提供专业化、系统化的指导。

第三，在物质条件上，学校引资建设了全市最先进的融演播厅、琴房、舞蹈室、美术室、展览馆、篮球馆、

参与校运会教师接力赛

排球馆、羽毛球馆、健身房于一体的艺体馆，为学生各项创造性活动提供了优质的物质条件。大课间活动和课外体育活动均做到了场地保障、器材保障和内容保障。

第四，学校积极对接市艺术家协会，承接美术展览，为学生提供近距离感受艺术作品魅力的机会。通过认识艺术之美，帮助学生丰富生活、充实精神。

2. 艺体教育特色化

学校不是将艺体教育作为常规教学的辅助手段，而是将其作为学校特色教育，并使其常规化。一方面，学校按照国家标准，开足开齐体育、艺术类课程，完成教育部规定的教学内容，形成全员参与、全程参与的艺体教育格局，培养学生广泛的兴趣爱好，促进学生个性化发展；另一方面，学校充分挖掘并发挥学校艺体教育优势，积极开设艺体教育校本课程，选修课程，加强系统性培训，培养艺体拔尖人才。

首先，突出办学特色，大力发展艺体教育。湘潭县一中特别注重对学生进行艺术熏陶和思想启迪，致力于全面提高学生的艺术修养。学校结合自身艺术教育发展的实际情况，以音乐、美术为艺术教育的切入点，使艺术教育向教育教学的纵深处发展，努力营造一个"大艺术"教育氛围。学校成立艺体教育工作组，制定艺体教育发展规划，安排专项经费，加强艺术教育硬件设施建设，配置专门的教室，配足配齐艺体教师，加强各学科之间的联系，不断拓宽学生的视野。

其次，举办各种活动，为学生提供展示平台。一是主题月活动目标鲜明。3月份主持人大赛、4月份

与著名画家易图境在一起

英语风采大赛、5月份歌手大赛、6月份全明星篮球赛、10月份社团节、11月份运动会、12月份艺术节……学生在校时间都能参加一月一次全校性的美育活动。学校贯彻老师指导、学生组织的原则，将舞台中心交给学生，为学生活动提供服务。此外，在重要年份，学校也会举行纪念庆祝活动，如在建党百年的时候举行合唱比赛、传承经典朗诵比赛等。在重要节假日，学校也会通过实践作业等活动，指导学生在家与父母通过手工、劳动、访谈等方式，感受传统节日所承载的文化之美。主题活动月的设置体现了"五育并举"的原则，努力让"尚德、善思、强体、悦美、乐劳"的种子在学生心中生根、发芽、传播。例如，"唱支红歌给党听"校园歌手赛、"向世界说中国"英语风采大赛。

二是常规活动激扬青春。学校定期举行校运会、班级篮球赛、拔河赛、劳动技能比赛、主持人大赛、歌手赛、英语风采大赛等活动，推动这些常规活动精致化发展，让爱国感恩的品德、劳动光荣的观念、科技创新的意识、热爱体育的精神和艺术审美的素养在无形中根植于学生心中。

如果说主题活动月是指向"卓实"的某一方面，那常规活动则是对学生进行基础的、全面的"卓实"培育和熏陶。二者既各有侧重，又互为依托，形成活动扬德的合力。

真正的优质教育，应该是关乎学生全面发展的教育，而社团建设无疑是最好的切入口。为了让学生得到全面发展，尊重学生的个性发展，学校充分发挥寄宿制学校的特点，出台了《湘潭县一中学生社团活动指南》，将每周二、周五确定为社团活动日（双休日社团自主安排时间），利用下午第八节课进行社团活动展示、表演。举办一年一届的校园社团节，面向广大师生展示一年来的社团活动成果，并让学生走出校园参与社区服务，开展爱心义卖活动，扩大学校的外部影响力。自1999年学校创办第一个学生社团——楚天文学社至今，先后创办了9个社团组织（楚天文学社、E时代记者站、动漫社、音乐社、街舞社、风影视角摄影社、模拟联合国、中国风社、星云网络社），每学年参与活动的人数达到 5000 人次以上。目前,学校社团组织出版了《拾年》《我们一起走过》等多种刊物。出版的校报《楚天》《星云电脑报》得到广大师生的好评。今后,湘潭县一中还将开发一些具有潜力、影响力的社团(如数学启智社、理化生探究社团和英语会话社团等),让学校成为学生幸福成长的乐园。

最后,举办校园艺术节,承办赛事活动,积极参与各类体育赛事活动。学校成功举办了"省中运会"汇报表演及第二十三届校园艺术节,承接了湖南省勇胜队与俄罗斯斯巴达克队男子篮球对抗赛;协办第二届"省中运会"的开、闭幕仪式。

通过实践,学校艺体教育取得良好的成绩。2010 年,在湖南省第十一届省运会上学校团体操表演获得社会各界一致好评;2013 年,在"中国梦·青春颂"湘潭市中学生合唱比赛中,学校的《青花瓷》合唱荣获特等奖。在湘潭市第六届中小学艺术展演活动中,学校参演团队获中学组戏剧类和中学组朗诵类一等奖;罗松林老师的作品《岁月如歌》入选湖南省第六届艺术节等;方梓裕、王轩等同学在湖南省中小学生"三独"比赛中荣获一、二等奖,并获得大学保送资格;刘峥等 40 多人被清华大学美术学院等著名院校录取。2014 年,肖慧琳等同学获省"三独"比赛一等奖。

学校在各类体育赛事活动中也取得不错的成绩。如获得湖南省高中校园足球联赛第四名,湖南省青少年锦标赛第五名,湘潭市校园足球联赛冠军,湘潭县首届校园足球联赛冠军,省中运会上 4×400m 铜牌,铁饼第四名,铅球第六名,200m、4×400m 第六名,标枪第六名,湘潭市篮球联赛(高中男子组)冠军,湘潭市篮球联赛(高中女子组)冠军,湘潭县第九届中学生篮球联赛(高中女子组)冠军,男子足球打入省高中三强。这些成绩里凝聚了张硕、欧阳大海、侯辉霞、贺淼等老师的智慧和汗水。2018 年,学校体育特长生高水平运动员招生和体育单招录取成果辉煌,有王鸿威、龚奕舟等 15 名同学被华中师范大学等一、二本院校提前录取。

（二）实践活动的开发

学校开展的实践活动是学校进行教育活动的方式之一，是学校根据培养目标利用节假日等课余时间有计划有目的地安排学生参与社会政治、经济、文化、生活的教育活动。实践活动不同于课堂教学，具有独特教育的功能，有助于引导学生进行独立思考，提高学生的动手能力、创新能力，有利于发挥学生的积极性和主动性，同时也是促进学生全面发展的重要途径。

学校开展的实践活动不同于学校的综合实践活动课程。综合实践活动课程是学校课程体系中的一门必修课程，早在 2001 年颁布的《基础教育课程改革纲要（试行）》中就明确要求增设综合实践活动课程。"综合实践活动课程不是学科课程，它包含了学科教学、德育活动、劳动教育、团队活动，是教育教学的统一体。"[①] 而实践活动主要指课外实践活动，是学校课程之外开展的有组织、有计划、有目的的活动。学校的实践活动按组织者不同可以分为三类，第一类是由学校统一组织的全校性的实践活动；第二类是由教师组织的部分学生参与的局部活动；第三类是由学生自发组织的群体性的活动或个人活动。我们这里谈论的主要是由学校和老师组织的实践活动。学校开展的实践活动主要有学习活动、文体活动、阅读活动、参观活动、爱心活动、竞赛活动、社会活动等。

顾明远先生曾说："学生成长在活动中。"学校非常重视德育活动的开展，且每项活动都是围绕学生"卓实"品质的形成而开展，努力实现活动序列化，使之成为学校弘扬美德、践行"卓实德育"的重要载体。学校搭建了学生社团活动、学生创新孵化、学生志愿服务等三大平台，引导学生广泛参与实践活动，提升实践能力。

---

① 赵松涛.中小学综合实践活动课程存在问题的剖析 [J].教育家，2023（6）.

1.三大平台助力实践活动

学校将实践活动纳入学校常规教育教学活动中，推动实践活动常态化发展，搭建三大平台助力实践活动的开展，满足学生个性化和全面化发展需求。

第一，学校利用文学社、E时代记者站、中国风社、街舞社等社团平台，开展辩论赛、歌手大赛、主持人大赛、经典诵读大赛等形式多样的校园文化活动，为学生提供了展示自我个性与杰出才华的舞台。

第二，学校应势而为，借助校友资源搭建多样化实践平台，把学生带出去，参与各种社会实践。

第三，学校成立了新时代文明实践志愿者总队，下设教师大队、学生大队、家长大队等7个大队，并向全体教师倡议每周抽出一小时为学生开展义务辅导。自活动开展以来，全校教师同心同向同行，将学习辅导、心理辅导、生活服务等各项工作全面铺开，全方位服务学生。志愿服务平台是在积极弘扬"劳动光荣，创造伟大"的主旋律要求的同时，鼓励学生走出教室，动起来、干起来。

除此之外，每年的寒暑假，学校都会给学生布置社会实践作业，引导学生在社会实践中关注当前的热点问题和与自己生活相关的问题。2012年，学校高一年级罗迪、项一晴、吴尚泽和曾岚林四位同学通过调查，写了一篇《从整治"六乱"看湘潭市文明建设》的高质量调查报告。该报告从现场调查、现场执勤、现象分析、数据对比、指出问题，到分别对政府部门、市容环境监督员和市民提出的建议，字字句句饱含了学生参与社会实践、心系城市管理的热忱。时任市委书记、市长联名给四位同学回信，并给予充分肯定。高二年级郭娇伶、蔡雨吟的《全市出租车运营存在的问题》专题调查报告得到时任市人民政府副市长和市人民政府副秘书长批示。这样的调研报告，每年都超过50万字，学校将其进行分类评选，并对优秀的调研报告给予奖励。社会实践活动的开展，极大地提高了学生的参与意识，使学生的综合素养得到较大提升，在湖南省督导评估中，得到了上级领导的高度赞誉。

2. 实践活动的教育意义

"课外实践活动是学校教育的有效延伸，也是帮助青少年将知识内化为思想意识，进而外化为语言行为的有效途径。这不仅有利于丰富青少年的课余生活、提升青少年的审美情趣，而且有利于青少年构建理性思维、提高实践应用能力，其强大的教育价值对青少年身心健康和全面发展都具有重要促进意义。"[1]

学校搭建三大平台助力实践活动的展开，其教育意义主要表现在以下几个方面。

首先，开展实践活动有利于素质教育的实施。学校开展各种社团活动，将学生的注意力从课堂转移到课外，改变了以传授知识为唯一目标的教育理念，鼓励学生参加其他社团活动，不仅可以提高学生各方面的素质，增强社交能力，而且还能陶冶学生的情趣，促进其全面发展。

其次，有助于提高学生的实践能力，增强社会责任感。学生作为社会志愿者参与社会实践活动，体验社会生活，观察社会和自然，根据实际情况动手动脑解决实际问题，充分发挥主观能动性和团队协作能力，在帮助他人的同时也得到他人的认可，体现了自身价值，并有助于自我意识的形成。

最后，有助于提高学生的创新能力。学生参加社会实践活动，在社会实践中关注当前的热点问题和与自己生活相关的问题，运用所学知识进行探索，然后形成调研报告，较好地发挥了自身的创新意识和创新能力。

总而言之，实践活动是培养学生实践能力和创新能力，健全学生人格和促进学生全面发展的重要方法。

---

① 祝晓薇.定位与认知：青少年课外实践活动的应然选择 [J].河南科技学院学报，2020（4）.

第五章　卓实之境：学校文化的建构

文化对国家而言，是国家的灵魂、民族的血脉；对学校而言，是立校之本、强校之基。

"现代学校文化建设引领学校各项建设，如果一所学校不能形成属于自己的积极向上的学校文化，那么它很难有长久的生命力和核心竞争力。"[1] 可以说学校文化建设是学校综合办学水平的重要体现，是学校个性魅力与办学特色的体现，是提升教育内涵，培养适应时代要求的高素质人才的内在要求，也是促进教育持续发展不可或缺的要素。湘潭县第一中学在学校文化建设过程中，确立了"卓实"文化内涵，努力建设高品位、有特色的文化名校！

一、学校文化内涵及其形成

我曾在 2022 年开学典礼上说"一校有一校之品格，一校有一校之文化，一校有一校之气象。气象是一所学校由内而外，彰显出来的气度，散发出来的气质，表现出来的气魄"。这里提到的"品格""气象"都是学校文化理念体系中的元素，是一种由内而外的精神气质、文化涵养，

---

[1]　周满生.校长务必重视学校文化建设提高育人成效[N].中国教育报，2021-01-04（2）.

是学校师生所共同遵循的思想、价值、观念。

（一）学校文化建设要实现文化自觉

1. 学校文化定义

一所优秀学校之所以有着鲜明的特色及强大的竞争力，就在于形成了优秀的学校文化。学校文化是学校核心竞争力之一，是学校特色的充分体现。

学校文化这一概念最先由美国学者华勒提出，他认为学校文化是"学校全体成员共有的信念，重点体现在价值取向、思想观念、行为举止、传统习俗等方面。教师群体文化和学生群体文化是学校文化的重要组成部分"①。

美国学者希格尔认为，学校应该有其自身的文化，这种文化包括参与者的行为规范和维持这些规范并以其为基础的价值观。

北大张冬娇教授认为，学校文化是学校主体在学校生活中所形成的具有独特凝聚力的学校面貌、制度规范和学校精神风貌等，是学校成员所认同的符号系统，是学校核心价值和学校个性特色相融合的一种组织文化。学校文化是驱动学校持续能动发展的动力，是学校获得凝聚力、竞争力和打造学习共同体的必经之路。

而顾明远先生则说："学校文化是学校全体师生在长期历史积淀过程中形成的包括物质层面、精神层面、制度层面和行为层面的教育成果总和。"②

正如"一校有一校之文化"，学校文化是一所学校的特色和内涵的体现，所以每一所学校的学校文化是不一样的，关于学校文化的定义也就没有标准可言。

我觉得学校文化主要是由学校师生在教育、教学、科研、组织和生

① 张兰婷.学校文化建设及其途径[J].教学与管理，2017（3）：43-45.
② 顾明远.论学校文化建设[J].西南大学学报（人文社会科学版），2006（5）：67-70.

活的长期活动与发展演变过程中共同创造的，对外具有个性的精神和物质的共同体。如教育和管理理念，历史传统、行为规范、人际关系，教育环境和制度以及由此而体现出来的学校校风和学校精神。学校文化以潜移默化的方式影响着师生在学校的教育活动、思维方式、价值观、行为方式、人际关系及其学校生活样式。

如果说和谐学校是一棵参天大树，那么优美和谐的环境和完善的硬件设施，就是这棵大树的繁枝密叶，即环境文化；优良的行为文化是树的枝干；全面和规范的制度是树的基脉，即制度文化；丰富的精神文化，是大树的深根，也是大树的灵魂所在。

物化于境——明显体现学校精神文化理念的自然环境，如假山、碑刻、文化石、园林、道路等文化景观；人文环境，如会议室、教室、办公室、寝室等文化布置，以及宣传阵地、文化长廊、楼栋名称等。

外化于行——师生员工行为规范，以及定期组织的大型传统特色文化活动等。

固化于制——单位章程、组织架构以及各项规章制度、管理办法等。

内化于心——针对精神文化理念体系与表达体系开展的学习宣传与培训的典型活动。

实化于果——师生个人具有代表性的荣誉证明。

2. 学校文化决定学校发展的厚度和特色

良好的学校文化是学校发展的软实力，它比硬件建设更为关键，它可以使学校的师生员工凝聚在一起，使学校生活充满意义，使校园生活变得和谐而有活力，也是学校持续发展的动力。一所学校发展的厚度和特色在很大程度上受学校文化建设状况的制约。而学校文化建设是一项持续性的工程，需要很多代人的不懈努力，必须精心构建，长期培养，绵延传承，生生不息。

蔡元培任北大校长时主张"思想自由、兼容并包"。在蔡元培先生的主持下，民主、科学蔚然成风，以后，陈独秀与具有革新思想的北大知识分子，发起了新文化运动，"北大精神"逐渐形成。

清华首任校长罗家伦提出四化——学术化、民主化、革命化、纪律化，体现了科学与民主的新思想。担任清华校长时间最长的梅贻琦校长说："所谓大学之大，非有大楼之谓也，乃有大师之谓也。"我体会，这样的大师既是学问之师，又是品行之师。校长的职务是率领职员为教授服务。从此清华大学也面目日新。

北大校园人文气氛浓，荟萃了社会学科的精华，从而形成了一种"兼容并包"、广泛涉猎的思想风气。而清华的校园则科学氛围浓厚，集中了工业各学科，从而形成了一种"术业有专攻"的思想风气。北大、清华各自的文化传统，滋养了各具特色的北大学子和清华学子。

3. 学校文化建设的三重境界

学校文化不是自发形成的，也不是一蹴而就的，而是通过自觉的行为在漫长的学校建设、发展过程中生成的。一般而言，学校文化建设会经历三重境界。

第一重境界：文化盲从。文化盲从主要是指学校文化建设的探索初期，一切都还在摸索，首先对学校文化没有精准定位，什么都试一试，通俗一点说，文化就像是个"筐"，什么都往里面装。其次，没有成熟、合适的理念支撑。文化就像是件"百衲衣"，东拼西凑就成型。其理念、物理活动、精神并不统一，是"文化拼盘"（东家的口号、西家的活动，书本时尚理念）。再次，把文化当成一种模式，认为可以复制，是编出来的，是抄出来的，缺少自我，缺少根脉，像塑料花，没有生命力。最后，把文化当作政绩工程，只求功名，不求实效，不求长效。

第二重境界：文化觉醒。这一层次的学校，在操作层面已经关注如下要素：目标愿景、形象定位、长远计划、系统规范。

文化建设是一个传承与发展的过程。所谓"建设"就是文化的传承、创新、发展的过程，通过挖掘历史和传统，提炼、生成、培植出新的文化增长点。

文化建设的核心是理念的确定与发展的定位。如湘潭县一中的"卓实教育"理念。学校文化是独具个性特质的，体现在精神追求、心理状态、行为举止、人际关系、教育方式。

第三重境界：文化自觉。这也是文化建设的理想境界。

讲文化自觉之前，我想先讲个故事。三个国家的少女都穿裙子、戴帽子在海边。一阵风吹过来，美国少女捂住帽子，日本少女捂住裙子，中国少女捂住帽子又捂住裙子。

其实，没有法律规定她们该干什么，为什么她们的举动不同，这就是文化影响，内化为行为，属文化价值的差别！

著名社会学家费孝通晚年提出"文化自觉"理念，用四句话高度概括了"文化自觉"理念。"各美其美，美人之美，美美与共，天下大同。"他解释说："人类发展到现在已开始要知道我们各民族的文化是从哪里来的？是怎样形成的？它的实质是什么？它将把人类带到哪里去？"①

"文化自觉"可以概括成以下两层意思：

一是自知之明。对自己的文化要有自知之明，即要知道它（自身文化）的来历、发展过程、内容特点以及将来的发展方向。

二是自主创新。自主创新是指在继承自己优良文化传统和学习别人优秀文化成果的基础上实现文化现代转型，并在转型过程中坚持文化自主地位与把握文化自主选择能力。

费孝通认为，文化自觉是指生活在一定文化历史圈子里的人对其文化有自知之明，并对其发展历程和未来有充分的认识。换言之，是文化的自我觉醒、自我反省、自我创建。②学校文化场的建立和"场效应"的长期影响，蕴含导向的各种文化元素的熏陶，使师生由行为的修整与规范，发展到意识浸润、习惯养成，最后内化为一种无意识的自觉与自然。

---

① 费孝通.关于"文化自觉"的一些自白 [J].学术研究，2003（7）.
② 转引自庄严.大学生实践教育模式构建研究 [M].哈尔滨：黑龙江大学出版社，2012：107.

"文化自觉"的理想状态表现为：

一是从文化认同到文化融入，内化为成员的文化素养；二是从文化融入到文化创新，凝聚成学校的文化力量。

衡量一所学校有没有进入"文化自觉"的状态，主要看两方面。一是看这所学校中的每一个人能不能对学校的优秀传统有明晰的了解；能不能每天都用学校共同的价值观去做事；能不能每一个言行中都表现出这种价值标准。二是看这所学校有没有共同的愿景；有没有基本的管理教学；有没有特有的文化精神，并自觉地贯彻于各项行为准则中。

（二）特色成就学校，文化铸就品牌

学校文化是学校教育理念、办学特色、教育质量和发展水平等综合实力的表现，学校通过学校文化的建设，形成品牌效应。学校品牌是一所学校在长期教育实践过程中，逐步形成并为公众认可，有特定文化底蕴和识别符号的一种无形资产，是学校的声誉、历史及社会对其熟悉与认知的总和。学校品牌是学校内在的品质，表现为学校人文精神、行为方式和价值取向等积淀而形成的一种独特的文化。

实践证明，学校文化建设不仅可以使学校不断提升办学品质，而且能够形成品牌效益，给学校带来良好的社会声誉，因此，要从学校发展的战略出发，加强学校文化建设，树立品牌意识，形成办学特色。学校要传承好学校深厚的历史传统，让学校文化"立"起来；挖掘好学校优势项目，让学校文化"活"起来；利用好学校内外资源，让学校文化"实"起来；发展好学校特色，让学校文化"新"起来。

纵观诸多学校文化形态，其形成大致给人以下几点启示。

1. 学校文化是时代文化的召唤

党的十八大提出 24 字社会主义核心价值观，有指向国家层面的富强、民主、文明、和谐，有指向社会层面的自由、平等、公正、法治，有指向公民个人层面的爱国、敬业、诚信、友善。社会主义核心价值

观为加强教育实践指明了努力的方向，也为学校文化建设提供了重要遵循原则。

如：北京运河中学（校长张佳春）提出的和谐发展教育，主要体现在四个方面。第一，学生的和谐发展，即学生进步与品德发展的和谐，学习知识与发展能力的和谐，当前的学习与以后的就业的和谐。第二，学校内部关系的和谐，即指校长与职工之间，教师与学生之间关系的和谐。第三，教师内心的和谐。这是学生和谐发展的重要源头。第四，和谐的外部关系。一是指学校要了解社会的人才需求，了解家长的需求，主动满足这种需求。二是争取社会力量的支持，学校、社会、家庭共同配合，实现教育目标。三是学校立足自身优势，积极回报社会，学校与社会是互相依存的，谁也离不开谁。构建和谐的外部关系是学校稳定和谐发展的重要条件。

2. 学校文化受地域文化的影响

不同的地区有不同的文化。在扩大教育资源的过程中，引入地域文化，并将其内化为校本文化。将地域文化与培养学生的品质与能力结合起来，这是一种创造，也是一种教育智慧，学校应该把当地文化资源纳入学校教育范畴，立足于独特的地理位置、特色环境及各种文化差异所形成的特色地域文化，谋求发展特色教育及创新教育品牌。

3. 校长风格的体现

陶行知曾说："校长是学校的灵魂。"这说明校长对于学校发展的重要作用。所谓"一位好校长就是一所好学校"。校长的教育观念、价值取向往往决定了学校的办学理念、办学风格。

比如，北京昌平一中（校长杨启红）的幸福教育：为学生的幸福人生奠基。

又如，北京密云区河南寨中学（校长冯振开）的幸福教育。还有益阳玉潭中学也主张幸福教育。一般意义上的幸福教育是引导学生逐渐形成自己清晰的人生信仰，同时构建起与自我价值观一致的行为方式，要围绕"怎样才能成为一个幸福的人"这个主题来实施教育。

4. 自然之物的启示

托物言志是我国古代文学常见的修辞手法之一，指借自然之物的特征表达或象征某种精神、品格、思想、感情等。如古诗词中频繁出现的梅、兰、竹、菊、莲等。

比如，学校文化可以挖掘"菊文化"的内涵：①高洁纯净。菊花的花瓣洁白如玉，给人高洁纯净之感。故菊花常用来象征纯洁高尚的品质。②坚韧不拔。菊花在秋季绽放，即使在寒冷天气中依然保持鲜艳的色彩。这种坚韧不拔的品质使菊花成为坚持和毅力的象征。③忍耐力。菊花在秋季绽放，正值其他花卉凋谢的时候，因此被赋予了忍耐力的象征意义。④孤傲脱俗。菊花只在花枝上枯萎，而不凋谢花瓣，象征品性高洁的人有自己的坚持和追求。⑤高风亮节。高雅、斯文、高尚、坚强。⑥健康富贵。菊花清新名贵。⑦淡泊名利。⑧吉祥、健康、长寿。

又如，湘钢二校东南侧有菊花塘公园，学校采用了"菊文化"（生命教育）作为学校的文化主题；师生携手成长，共筑菊品人生。融合种菊、养菊、赏菊、颂菊、话菊、唱菊、品菊、吟菊等形式的菊花文化主题、文化活动，践行菊文化。

5. 文化传承的深化

优秀传统文化可以滋养学生的心灵，使其形成温柔敦厚、至大至刚的人格，忠恕存心、择善而行的品德……

如通州区于家务中学坚持文化兴校方略，用传统文化滋润师生心灵，长文化之根，铸文化之魂，塑文化之形。

二、以卓实之源，铸就文化理念

学校文化建设是伴随着学校发展而发展的，特别是在国家精神文明建设的大背景下，学校文化建设也引起了各级领导的高度重视，成为影响学校综合竞争力和发展前景的重要内动力。如何立足校情，挖掘文化建设潜能？如何提升理念，提高文化建设思想？如何营造氛围，强化文化建设内涵？如何全面构建，激活文化建设体系？这一系列问题是值得我们深思的。我想，无论怎么做，都应"以传承为基调，形成校本环境氛围""以发展为宗旨，优化校本课程形态""以转型为契机，提炼校本文化精神"。

2020年9月《教育部等八部门关于进一步激发中小学办学活力的若干意见》（教基〔2020〕7号）中强调，要"强化学校文化引领作用。坚持以社会主义核心价值观为引领，大力构建积极向上、奋发有为、团结和谐、富有特色的学校文化，注重创建学校党建工作品牌，在师生中深入开展'一训三风'（校训,校风教风学风）征集提炼、培育弘扬活动，创作设计富有文化内涵、时代特征和学校特色的校歌、校徽、校旗，以科学正确的办学理念，凝聚广大师生的价值追求和共同愿景。加强校园绿化、美化和人文环境建设，深入开展校园文化活动，增强学校文化的感染力凝聚力"。

教育部的这一意见为建设学校文化提供了方向。湘潭县一中以这一意见为指导，以"锻造卓实之师、打造卓实之课、营造卓实之境、发展卓实之品、培养卓实之才"为教育主张，确定了"卓实"文化内涵，将追求卓越作为全体一中人共同的目标，以卓实之源，铸就完整的文化理念体系。

（一）学校文化内涵

学校文化是学校的精神内核，是学校发展的内在动力，而健康和谐的学校文化能给师生创造一个有形而庄重的心理"磁场"，能在无形中统摄全体师生的灵魂。湘潭县一中从办学理念、核心价值观、育人目标、办学目标、一训三风等方面丰富了学校文化内涵。

（1）办学理念。

湘潭县一中将学校文化建设纳入学校整体工作，明确任务，制定措施，确立了"激扬生命·奠基人生·成就梦想"的办学核心理念。

"激扬生命"的核心是自觉,即育生命自觉,激发学生鲜活的生命力,激发学生的时代使命感。

"奠基人生",即奠定生存与发展的能力、适应与创新的能力。

"成就梦想",即成就个人之梦和家国之梦。

我们把学生看成学校生存之本。学校是因学生而设，办高中就是为了培养合格的高中生。合格的学生越多，学校就越能得到社会的广泛认同，学校的生存空间就愈显广阔。

我们把学生看成学校发展之本。"学生发展"是一个内涵极为丰富的概念，从对象上讲，既包括少数精英的成功，也包括全体学生的成才；从内容上讲，既包括个性发展，也包括全面发展；从时间上讲，既包括学生在校期间的发展，也包括未来的可持续发展。因此，学校教育要关注和促进学生的发展，无论是哪个层面的学生，我们都一视同仁，使他们的个性得到合理的发展。在班次设置、教育方法和管理模式等方面，顾及每个学生，使他们的特长得以展示。

总之，我们办的教育，就是致力于培养品德高尚、身心健康、习惯优良、基础扎实、发展全面、学有特长、富有创新精神、兼具国际视野的社会有用之才。

（2）校训。

2016 年之前，一中校训是"祖国在我心中"。

爱国，是人世间最深层、最持久的情感，是一个人立德之源、立功之本。它扎根在亿万同胞的血肉里，深藏在中华民族伟大复兴的理想里。"爱国"不是一句口号，而是一种情怀和担当。我们的教育，就是要适应时代发展的要求，增强爱国的情感和振兴祖国的责任感，树立民族自尊心与自信心，弘扬伟大的中华民族精神，高举爱国主义旗帜，锐意进取，自强不息，艰苦奋斗，顽强拼搏，把爱国之志变成报国之行。

2016年后，学校确立了"修德·敬业·强能·健体"的校训。

"修德"，出自《左传·庄公八年》："《夏书》曰：皋陶迈种德，德，乃降。姑务修德，以待时乎！"让学生修养德行，提升自身的修养、素养，致力于把学生培养成为一个品德高尚的人。

"敬业"就是专心致力于学校的工作。它是一个道德的范畴，是教育工作者严格遵守职业道德操守的工作态度。

"强能"，出自《后汉书·河间王开传》。其意为教师努力提升业务水平，在教育教学上的能力高人一筹。

"健体"是人之根本，一个人拥有健康的身体做后盾，才能拥有充沛的精力，然后愉快地学习、工作。同时也强调了学校高度重视体育、对学生的生命健康负责的忧患意识。

（3）校风。

学校确立了"团结·求实·勤奋·进取"的校风。

"团结"即人与人之间互相信任、互相支持、共同进步。

"求实"要求师生认真读书、老实做人，在教育和学习上不可弄虚作假，在学问面前做老实人，求真才实学。

"勤奋"就是以持之以恒的毅力与耐心，日复一日地不懈努力，使勤学、勤练、勤实践成为学生人生的习惯。

"进取"就是通过自身不断努力，一步一个脚印地向前走，最终获得成功。

（4）教风。

学校确立了"严谨·沉实·互助·创新"的教风。

"严谨"是指教师对科研和学术问题具有实事求是的态度和精神，在求知和传授知识和学问的过程中从细处着眼，做到严密谨慎、严格细致。

"沉实"是指老师相信科学，遵循规律，在工作上笃实、沉着、一丝不苟，为学生打下良好的基础。

"互助"是指教师团结友爱，互相关心、互相学习、互相帮助，共同进步，共创辉煌。

"创新"是指不甘于现状，博采众长，勇于探索，与时俱进，利用已有的自然资源，创造新东西、创新教法，为未来培养新一代创新人才。

（5）学风。

学校确立了"自觉·刻苦·活泼·善思"的学风。

"自觉"追求的是学习最终要达到自主学习，并在学习上要不断实践，形成自觉，将其内化成生活的方式。

"刻苦"就是让学生没有畏难情绪，充分利用一切时间学习新的知识，并把旧知与新知很好地结合起来，发扬拼搏向上的精神，勇争第一，永不言败。

"活泼"就是让学生始终保持快乐的天性，富有生气和活力，积极践行绿色生命的教育理念，让校园成为学生健康成长的乐园。

"善思"，出自《荀子·成相》："臣谨修，君制变，公察善思论不乱。"是指善于思考，慎重考虑。正所谓"学贵于思"，善于思考，才能思想深刻，才能形成创新性思维。

（6）办学目标。

学校确立了全市领先、全省一流、全国知名、国际接轨的办学目标。

学校实施以文化治校的方略，打造卓越教育团队，推行素质教育，促进学校快速发展；同时引领地域内教育的快速发展，做教育的带头人、领头羊、排头兵，让更多的人享受优质教育资源。

（7）育人目标。

培养身心健康、品学兼优、人格健全、有社会责任担当、有家国情怀、有国际视野的现代公民。

（8）办学特色。

文武并重、文理兼修。

（9）教育主张。

卓实教育（锻造卓实之师、打造卓实之课、营造卓实之境、发展卓实之品、培养卓实之生）。

（10）一中精神。

爱国敬业，务实创新，与时俱进，追求卓越。

（11）运动理念。

让锻炼成为习惯，让运动带来快乐，让健康相伴一生。

（12）后勤服务理念。

优质服务，马上办好。

（13）校徽。

徽标呈现为红、白两种色调，将几何图形与学校和湘潭特色元素等巧妙融合，艺术构图，内涵丰富，理念突出。

两个"同心圆"，第一层寓意为"心"，一颗"爱国爱校"的红心；第二层寓意是团结一心，"小我"离不开"大家"。"水"，一是表示荷花生长的环境；二是表示"湘江"；三是表示生态环境美，人杰地灵。

"盛开的荷花"，一是表示湘潭县为中国湘莲之乡；二是表示品格高洁。

"展翅高飞的雄鹰"，一是表示"一中"拼音首字母"YZ"的艺术化；二是寄望广大学子志存高远。

"1946"为学校创办年。

毛体书法的"湘潭县一中"校名，一是体现毛体独特的文化内涵；二是突出湘潭为毛泽东同志故乡。

"XIANGTANXIANYIZHONG"为校名的拼音。

（14）校歌。

校歌是一所学校规定的代表该校的歌曲，是学校办学理念、校园精神和学校特色的集中体现。

我校校歌，由第十二任校长易克立整理歌词，由音乐教师寻小平老师谱曲。校歌是我校校园文化的重要组成部分，也是我校对外形象的展示和宣言，激励着青年学子茁壮成长、志在四方，号召团结求实的教职员工勤奋进取。

（15）一中赋。

湘江岸上，凤翥龙翔。金霞山畔，气盛文昌。毓秀钟灵，建我学堂。揽岳衔峰,黉宇皇皇。凝洛口古蕴,聚八斗文光,承湖湘之道脉,拓碧泉之儒庠。木铎金声,树蕙滋兰如梦令;弦歌玉振,培桃育李满庭芳。

观乎校园胜概:楼群林立,广场宏阔。大道交织,长廊拱卫。笔

校友回母校参加活动

沼生烟,荷塘唱晓。濂溪亭边,红莲吐秀;海航楼前,雄鹰振翼。艺体馆恢宏大气,田径场绿茵如诗。东来紫气翠竹凌霄,西接瑞霭银杏呈祥。尤有百年紫薇频绽芳华,八斗塑雕尽显荣光。春花夏木,秋桂冬梅,熏风细雨,四季流香。如斯佳境,实乃求学之宝地,成才之鸿庠。

回首曩昔,王君文吉。肇启江声,兴学报国。时节如流,数度更名易址;创业如歌,几多才俊腾骧。兀兀经年,矜式皆有范;激扬生命,奠基未来。奋楫学海,砥砺寒窗。红绿蓝以色明礼,仁智勇因德树人。德才并重,文理兼修。竞赛扬菁,高考连科。艺苑飞花,体坛焕彩。海航乘风上,钱丘应运生。九华楼上指点江山,尚书屋里激扬文字。碧泉书院道古稽今,英才学府求是创新。确乎领军有序,培英无限。三三路卓实不凡,九九功梦想成真。

人道是,金霞雅苑,棫朴飞飏。清荣俊茂,光耀湖湘。琼林广树,国栋邦梁。齐携手,继往开来兴伟业,驰怀骋目续辉煌。

（16）学校愿景。

学生学习自主,教师德艺双馨,校园动静和谐,学校美誉长存。

2.传承历史,明确文化内涵

金霞南来,派启衡岳一脉;湘江北去,波涌云梦之泽。湘潭县一中就坐落在这片被湖湘文化浸染的湘中福地。毛泽东、彭德怀、齐白石等

伟人先贤赋予了我校独特的气质神韵。学校秉承"刚劲、务实、敢为人先"的湖湘精神，锐意进取，积淀了深厚的办学底蕴。办学76年来，我们仰沾时雨，辛勤耕耘，薪火相传，弦歌不辍，历经两个校址，八易校名，五次跨越。

"八斗之光"雕塑，既是美好的期许（才高八斗），也是历史的传承（情系"八斗丘"）。可以说，学校的发展基因源于"八斗丘"，最终定于"八斗丘"。位于易俗河烟塘村与京竹村交界处，北临湘江、西濒涓水的八斗丘，是学校旧址（今江声实验学校所在地）。这里曾是易俗河地区最大的居民居住区，有八亩大丘水田，故名八斗丘；这里曾是抗战时期湘潭重要的据点。这片浸透着血与火的土地，孕育了永怀希望、生生不息的人民。如湘潭县一中的创始人王文吉先生，他怀揣着教育救国的理想，辗转各处办学，最终选定八斗丘，创办了湖南私立石浦中学分校，后取"涓江之畔，书声琅琅"之意，改校名为湖南私立江声中学。解放战争时期，他带领全校师生，积极投身解放事业，受到人民政府表彰。至解放前夕，学校已有5个班，200多名学生，10多位教师，成为初具规模的初级中学。

学校自建立之后，历经从私立中学到公立中学的第一次跨越，从初级中学到完全中学的第二次跨越，直到1999年学校正式挂牌为湖南省重点中学（后更名为省示范性普通高中），实现了由一般中学到重点中学的第三次跨越。2005年，学校实现了由八斗丘老校区向金霞山新校区发展的第四次跨越。从1998年至今，学校教育持续领跑湘潭，培养了包括省文科状元黄芳在内的一大批优秀学子，成为湖南省首批同时荣膺"清华""北大"直荐资格的六校之一，曾连续三次获得北京大学"中学校长实名推荐制"资格，并入选清华大学"领军计划"。2011年、2013年、2015年和2017年学校曾被评为第四、第五、第六、第七届"中国百强中学"，还获评湖南省首届"魅力校园"。至此，学校实现了由一般省重点中学向三湘名校的跨越。

历史的车轮滚滚向前，学校的发展永不停息。五次跨越，实现了湘潭县一中的蜕变。如今的学校，成功创办了海军青少年航空学校，并取得出飞率全国第一的好成绩；成立钱学森实验班，助力拔尖创新人才培养取得新突破；成功创建全国文明校园……学校正在努力实现第六次跨越，我们相信在一代代一中人的共同努力下，八斗之光必将更加辉煌灿烂。

3. 寻根溯源，进行校史整理和建设

学校积极进行校史整理和建设，在校本教材《学校是最美的》一书中，对校史文化进行了详细的梳理。正如书中所写："历史是彷徨者的向导。寻找学校之根，不仅仅是了解校史，更重要的是编制好行动的纲领。学校是要生长的，而这种生长的基因，是学校的历史与文化。然而，文化本身并不能代替生长。我们追求的目标，是学校带着自己的基因茁壮生长。"

学校办学 70 余年，八易其名，五次跨越，经 19 任校长，成就了今天的一中。在学校艺体馆一楼成立校史馆，陈列学校有价值的文字、图片、实物等，展示学校发展历史、学校办学过程和不同时代的学校面貌，记载一中人奋斗的足迹。校史馆承载着一中人"敢为人先"的精神，是学生德育和人文教育的重要基地。

（二）创建文明校园

学校文化是指一所学校的精神气质、价值取向、思想观念、行为举止等方面的外化表现。而学校文化发展的高级形态是创建文明校园。

湘潭县一中是一所承载着 70 余年深厚历史的三湘名校，学校秉承"激扬生命·奠基人生·成就梦想"的教育理念，使文明的力量在一代代师生中传承发展，大家共同守护着一片教育蓝天。

1. "七支大队"同守护，教育蓝天更纯洁

湘潭县一中成立了"新时代文明实践志愿者总队"，下设教师志愿者大队、学生志愿者大队、家长志愿者大队、后勤服务志愿者大队等

7支大队，大力开展志愿服务活动和劳动技能比赛。如学校倡议全体教师每周抽出一小时为学生开展义务辅导，举办义务大讲堂，不仅为学生答疑解惑、查漏补缺，还为学生提供精准

湘潭县一中创建全国文明校园启动仪式

的培优服务，以良好的师德师风守护教育蓝天。学校为美化校园环境，消除安全隐患，开展了以"劳动愉悦身心　劳动美化校园"为主题的第二届劳动技能大赛。高一年级共设26支小分队，各自认领义务劳动区域，发挥不怕苦、不怕累的精神，全面清理枯枝落叶及校园死角，为全校师生营造了良好的校园生活环境。

2."三项措施"齐推进，文明底蕴更深厚

"文化引领"营造文明氛围。文明校园应是文化型的校园，学校努力创设"以文化人、以心动人、以行立人"的校园文明氛围，通过文明宣传标语、宣传栏、国旗下讲话、手抄报展示、主题黑板报展示等多种形式，向学生普及文明城市和文明校园知识，形成人人参与文明校园建设的风气。

"实践活动"落实立德树人根本任务。学校为践行社会主义核心价值观、弘扬友爱向善的美德风尚，组织学生开展学雷锋志愿服务活动，以及爱心义卖、义务植树、"认领微心愿　争当圆梦人"等活动。学校组织高一、高二学生开展了爱心义卖活动，所筹善款将用于爱心基金、校外志愿服务。爱心义卖活动丰富了学生的校园文化生活，有助于树立学生关爱他人的意识，养成乐于助人、乐于奉献的良好品质。

"提升内涵"展现时代风采。2023年10月，学校举行了"学习伟人家规、弘扬清廉之风"宣讲活动，推进校园清廉文化建设。家风联系

着党风、政风，影响着校风、社风。全校师生通过阅读伟人的家书、分享伟人勤劳持家的故事，学习伟人严格的家风家教，从立家规、正家风、严家教到言传身教、谆谆教诲，秉持廉洁治家、公私分明的家风家教，坚守初心、锤炼党性。习近平总书记说："不论时代发生多大变化，不论生活格局发生多大变化，我们都要重视家庭建设，注重家庭、注重家教、注重家风。"从家风到校风，让廉洁的清风吹遍学校的每一个角落，吹进每一位师生心中。

3. 文明创建结硕果，文明之花吐芬芳

一代代一中人一直都是文明的践行者，其间涌现出了一大批具有引领示范作用的典型人物与典型事迹。如入围"湖南好人"候选人的齐朝晖老师，全国"最美中学生"伍贝子、廖晋瑜，"新时代湖南好少年"李广庆和朱典……这些先进典型展示了学校师生勇于担当社会责任、积极参与公共事务的文明风采。这些"典型示范"在校园里发挥着文明引领作用，促进了校园文明的持续与纵深发展，而且已形成了良性循环。

文明夯根基，学校展风采！学校"省级文明标兵校园"的成功创建，是全体一中人不忘初心、砥砺奋进的恢宏篇章！在今后岁月里，全体一中人将再接再厉，勇攀新高，共筑幸福和谐校园，共同守护教育蓝天！

学校全力以赴地搞好"三创一治"工作，圆满完成学校作为示范点的各项创建任务。学校也因此被湘潭市评为先进单位，并在年末以全市第一的成绩被湘潭市教育局推送到湖南省文明办参与省级文明标兵校园的评选。与此同时，学校由于创建工作突出，还获评"2018年创建全国文明校园先进学校"。

三、构建多元学校文化体系

《中国教育现代化2035》中明确指出，将"大力推进校园文化建设"

实现"发展中国特色世界先进水平优质教育"的战略任务。

有学者说一流学校做文化，二流学校建制度，三流学校追成绩。学校文化不仅是学校进行素质教育的突破口，而且还是学校深化教育改革的关键。因此，要发展优质教育，建设优质学校，首先要构建优质的学校文化，用文化引领发展，深化教育改革，促进学校发展和师生成长。

学校文化建设是一项博大精深、内涵极其丰富的工程，是一个由低到高不断完善的过程。我们将继续坚持全面学习，理性思考，不断探索，积极创新，构建多元化学校文化体系。

一般来说，学校可以从硬件和软件两个方面来加强学校文化建设。硬件方面，在现有的基础上引进专业团队来设计建设具有湘湘地方特色和符合学校实情的校园环境；软件方面，通过挖掘现有文化元素，结合现代教育理念，从学校历史、形象标志、学校建筑、机构设置、管理制度、管理行为、校风教风、活动仪式、师生关系、办学思想、管理观念、工作态度等多方面来进行设计，以此来提高校园文化品位，强化文化育人功能。

湘潭县一中学校文化建设主要以物质文化、精神文化和制度文化建设为抓手，将学校打造成生态公园、书香乐园、文化圣园、智慧学园、和谐校园、精神家园，让校园的每一片空间都呈现浓厚的育人氛围，使学校的文化建设百花争艳，结出累累硕果。

（一）物质文化的建设

中小学校园文化建设应以中小学生为主体，以优化、美化校园文化环境为重点，使学生在良好的校园人文、自然环境中陶冶情操，促进他们的全面发展和健康成长。

学校物质文化是基础，是有形的、可见的教育工程，蕴含着学校的教育理念、审美旨趣，通过实体文化形态形成"文化场"，陶冶人的心智，促进人的身心健康发展。

物质文化建设主要是科学利用学校现有的物理空间，加强学校空间管理，精心构建优美的校园文化环境，使校内所有的空间都得到有效利用。根据教育特点、时代特点，吸纳中外文化精华，科学规划，合理布局，建设具有浓厚人文色彩的人工景点，对校门、主建筑群、风雨连廊、走廊过道、图书馆、教室等进行重点布置，在建设规范化、标准化的基础上，形成自己独特的文化风格，提高物质文化效能。

物质文化是一种外显的直观文化，能直观地反映出学校的教育理念、学校特色，它既是教学活动的场所，又是陶冶师生情操的无言之师。通过建筑、绿色植物和人文景点的精心设计，让一山一水会讲话，一草一木有思想，一墙一景即文章。

学校物质文化的直观性和可视性的特征，是学校精神和理念的外化，在建设物质文化时需要进行整体统筹规划，确保立意高远，并传达出一定的思想性、情感性和艺术性。总的来说，学校物质文化建设具有人文化和特色化两个特征。

湘潭县一中在学校物质文化建设上的人文化和特色化主要是通过校园八景来呈现。金霞南来，派启衡岳；湘江北去，波涌洞庭。湘潭县一中坐落于金霞山下、湘江之畔，经过70多年的发展，已经成为一所全市领先、全省一流、全国知名的省级示范性高中。了解一所学校，需观赏它的自然之景，聆听它的育人故事，解读它的历史文化。走进湘潭县一中，观赏"一中校园八景"是必不可少的，透过它们折射出学校深厚的历史文化。这些景观对学生潜移默化的影响是极其深远的，对其健康成长也有独特的意义。

1. 八斗之光（一中历史）

进入校园，沿着校园大道前行，映入眼帘的就是一座宏伟的雕塑——"八斗之光"，它是数十位校友为庆祝学校喜迁新址而共同捐建的，主体部分由"五斗""三星""一带"构成。其"斗"形似车斗，取"学富五车"之意；"三星"意为学生德、智、体全面发展；五斗三星合而为"八"，意为"才高八斗"；
向上扬起的"红丝带"，寄
寓学校发展红红火火、师生
团结向上。"八斗之光"雕
塑左右两边延伸出的"学森
路"和"海航路"环抱主教
学楼，以期学生能"书通二
酉"；整座雕塑寄望学子成

校友马才镇先生为母校题词："八斗之光"

为"书通二酉、学富五车、才高八斗"的栋梁之材。

"八斗之光"雕塑，既是美好的期许（才高八斗），也是历史的传承（情系"八斗丘"）。可以说，学校的发展基因源于"八斗丘"，最终定于"八斗丘"。

八斗之光——寄望一中学子成为"书通二酉、学富五车、才高八斗"的栋梁之材；金霞飞虹，寄望一中能为国育才，成为"腾飞的巨龙"；逐梦海天——寄望海航学子像展翅翱翔的雄鹰，击长空、固海疆；科学之光——寄望一中学子能接过"钱学森精神"的火种，弘扬"爱国、奉献、求真、创新"的科学精神；碧泉书院——寄望一中学子弘扬优秀传统文化，做有文化内涵的新时代青年……笔沼春云、百年紫薇、雌雄银杏、风荷晚香、竹林冬翠，都在静静地诉说着一中、一中人的故事。

2. 金霞飞虹（学校新址）

"金霞飞虹"是校园八景之一。金霞指金霞山，位于湘潭县易俗河镇东侧之湘江南岸，海拔151米。每当旭日东升，或雨后初霁，蒸霞灿烂，岚气金光，故得名"金霞"。清嘉庆年间，金霞山被列入湘潭四大名山（隐山、昭山、仙女山、金霞山）之一，现在是湘潭生态风景区，交通便捷，环境优美。2002年12月至2003年11月，湘潭县人民政府常务会议及县委常委会议先后作出决定，组建湘潭县一中教育集团，将校本部高中部校区整体搬迁至金霞山下。至2005年9月底，学校全面搬迁至新校区，完成了整体搬迁。自此，湘潭县一中便成了金霞山下的地标建筑，"金霞"也成了学校的特殊称号。从 2003 年至今，在 20 年的时光中，一栋又一栋建筑拔地而起，形成了如今宜学、宜居的校园建筑群。

2016 年 9 月，学校耗资 2000 万元的风雨长廊竣工，它北起办公楼，蜿蜒南折至学生公寓楼，中间与教学楼和食堂相接，全长 798 米，与艺体馆呼应，构成"腾飞的巨龙"造型，也如飞虹一般，将校园建筑连成一个整体。长廊连接着银白色的现代化艺体馆、红色的办公楼与教学楼、灰色的九华楼与实验楼、浅蓝色的公寓，而长廊两侧，遍植花草树木，春夏秋冬各色不同，长廊掩映其中，如多彩飞虹，光彩夺目。

风雨长廊过，历史寻迹时。风雨连廊廊柱上既有中华民族脊梁、湖湘文化名人、历届优秀校友、"改革先锋"等先进代表介绍，也有古籍经典、外国名著等推荐书目，还有红色党史等校园主题活动分享。漫步廊中，不仅能晴日避烈阳，雨季避风雨，而且长廊文化的熏陶与精神的滋养，也能帮助师生走出精神困境，战胜人生的风雨。

3. 筑梦海天（红色文化＋蓝色文化）

湘潭县一中位于伟人故里湘潭，从这片红色土地上走出了党的早期领导人罗亦农、元帅彭德怀、航天员汤洪波等新中国英雄模范。因此，学校致力于擦亮"爱国红"的底色，将"祖国在我心中"作为校训，旨在鼓励学生继先人之志，创盛世中华。

2016 年，学校积极申请创办海军青少年航空学校。经过严格审查，2017 年学校终于凭借严谨的教学管理、优秀的教学质量、良好的社会声誉，成为湖南第一所，且是目前唯一一所试点开办此班的学校，被命名为"湖南省海军青少年航空学校"。6 年来，学校已成功为海军航空航天大学输送四届海军飞行员苗子，第一届海航班出飞率全国第一，第二届海航班出飞率全国第三。还有三名学生获得清北与海军航空航天大学双学籍，学校争取将招生范围由 7 市州扩大为整个湖南省 14 市州，助力湖湘学子扬帆起航，逐梦海天。

"筑梦海天"是校园第三景,战斗机寄托着湘潭县一中海航学子笑傲九天、卫我海疆的梦想。这抹亮丽的"海洋蓝",是学校"爱国红"的延展。一中学子牢记"祖国在我心中"的校训,且始终相信:中国梦因我的追寻而实现,祖国因我的奋斗而伟大。

4. 科学之光(科学文化)

校园第四景当属"科学之光"。在学校西侧,建设了理化生实验楼与多功能图书馆,给师生营造了良好的科学氛围。学校经航天机构同意,将"长征三号运载火箭残骸"运回,放在实验楼与图书馆中间,建成展示台,以鼓励学生勇敢追逐科学梦;学校建造的"钱学森"文化宣传栏,校友捐资塑造的钱学森铜像,给了学生榜样的力量。"钱学森实验班"的创建,是湘潭县一中对"钱学森之问"的创新实践,体现了学校培养拔尖创新人才的目标、永攀科学高峰的决心和永逐科学之光的信念。

5. 荷亭晚唱(湖湘文化)

校园第五景,荷亭晚唱。湘潭县既是湘莲之乡,也是湖湘文化的滥觞。莲与人相映,在历史长河中留下了一段又一段传奇。学校追随先人的脚步,造景移情,一池二亭满目荷,用一曲"荷亭晚唱"抒情明志。

莲者,花之君子者也。周敦颐在《爱莲说》中写道:"予独爱莲之出淤泥而不染,濯清涟而不妖,中通外直,不蔓不枝,香远益清,亭亭净植,可远观而不可亵玩焉。"全体一中人,亦如莲花般,既积极入世,又不为世俗污秽所染;本身虽然美丽,却不浮华,不向人献媚;行为正直,不入歧途,不攀附他人,更不趋炎附势;独立自尊,不可亵渎。

莲者,"廉"也。学校一直致力于"廉洁校园"的打造,坚持公益,拒绝功利。例如,学校组织教师成立志愿者大队,推动"义务课后服务";组织骨干教师,开展公益性"金霞讲坛"。教师们如莲一般,涵养温柔敦厚的教育情怀,坚守学为人师的专业态度,树立行为世范的处世准则,共同擦亮校园"廉洁育人"品牌。

6. 文笔峰池（笔沼生烟）

学校迁至金霞山麓后，在办公楼与青年广场之间辟一小池，池上架一小桥，巧妙地将小池分为东西两半，池内砌一假山，其状如毛笔，最高峰形似金霞山的文笔峰。每逢盛大节日，小池云雾缭绕，峰出云烟，鱼跃水间，宛如仙境。小池名曰"文笔峰池"，为学校第六景，既预祝学生以如椽之笔，绘精彩人生，亦寄寓学校引领湘潭教育跨越式发展。学校也不负厚望，连续 25 年领跑湘潭基础教育，使湘潭县一举成为教育大县、教育强县。

文笔峰池,寄托并承载着学校的育人理念。学校秉持"激扬生命·奠基人生·成就梦想"的核心办学理念，助力学生发展。"激扬生命"的核心就是育学生生命自觉，激发学生鲜活的生命力和时代使命感；"奠基人生"就是为学生奠定生存与发展的能力、适应与创新的能力；"成就梦想"就是成就个人之梦和家国之梦。

在秉持"激扬生命·奠基人生·成就梦想"的核心办学理念的基础上，学校坚持卓实教育。在卓实教育思想引领下，学校五育并举，利用艺术节、歌手大赛、学生社团、英语风采大赛、运动会等 10 多种主题活动，形成了"文理兼修，文武并举"的办学特色，促进了学生的全面发展。

7. 百年紫薇（紫气东来）

学校的第七景，是校园里的一棵"百年紫薇"。它栽种在办公楼的左前方绿植带中，与"文笔峰池"相依，由高 83 班校友曾亚杰和高 117 班彭清明两位校友在学校 60 周年校庆时共同捐赠。"百年紫薇"的树形高大优美，花开百日，尤其在每年的高考季和升学季，花色鲜艳夺目，叶片青翠欲滴，如紫气东来，尽添喜庆与吉祥。

而校园的紫气，就来自一届又一届的校友，昔日那群求学的少年，已成为母校今日之荣光。校友不仅是学校历史的见证者，更是学校文化的传承者。建校以来，有 5 万余名优秀毕业生从这里走出，践行着"祖国在我心中"的校训，活跃在祖国的各行各业。

在海内外享有盛誉的杰出校友始终彰显着母校"激扬生命·奠基人生·成就梦想"的核心办学理念，成为推动当今经济建设和社会发展的中坚力量。他们诚怀感恩之心，服务于祖国，服务于社会，服务于大众，以出

校友郭磊峰为母校捐资助学

色的业绩为母校赢得了崇高的社会声誉，为新一代一中学子树立了人生楷模。更让人敬佩的是，那些默默无闻坚守在国内外各行各业基层的校友，以辛勤的劳动为国家和社会做着贡献，成为构建祖国大厦的基石和支撑民族精神的栋梁。他们的业绩和成果让一中人备感欣喜，他们恪尽职守、奉献社会、报效国家的精神更是让一中人深受感动和鼓舞。

母校一呼，校友百应。校友们始终将母校放在心中，关心老师们的生活，关切学弟学妹们的学习，关注母校的发展，先后出资数千万元，成立教育基金会，用于奖教奖学。先后设立"同有科技基金奖""玉兰基金奖""广东校友会教育基金奖""致公助学奖""宇业圆梦基金奖""高113班公益基金奖""知行助学基金奖"等校友基金奖项目以奖励学生，设置"金讲台奖""竞赛奖""教学能手奖""新秀奖"用于奖励老师。遍观校园，校友们还捐赠奇花异草，雕塑石刻，一花一木总关情，一言一行皆暖意。

8.雌雄银杏（百年树人）

在学校的树木之中，最挺拔的当数那两棵"雌雄银杏"，被誉为"校园第八景"。2021年，正值"钱学森实验班"成立之际，校友周泽湘等捐赠雌雄银杏两棵，栽种于办公楼前方，取百年树人之意，寄寓深情。

每逢秋天，高大的银杏树挺拔于长空之下，屹立于校园之中，落叶满地，如铺上一层金辉。2000多年前，孔子讲学于杏坛之下，今日的湘潭县一中，老师们也于银杏装点的校园之中传道授业解惑。时光流转，世事变迁，教师的神圣责任从未改变，教师的职业精神历久弥新。湘潭县一中的老师乐于探究，思考深入，善于捕捉生活中的教育细节与美，突破一个个教育瓶颈，助力学生身心全面发展。

走进校园，驻足于"八斗之光"的雕塑前，感受一中厚重的历史，辉煌的成绩；漫步"金霞飞虹"风雨长廊，感受一中的跃迁；走进"筑梦海天"建筑群，感受一中的"爱国红"与"强军蓝"；沐浴"科学之光"，用科学探索世界，以丹心报效祖国。"荷亭晚唱"，师生共同传唱一曲湖湘文化的赞歌；"文笔峰池"，师生共追一个育人成才的梦想；"百年紫薇"，彰显了一代又一代一中人的真性情；"雌雄银杏"，彰显了一位又一位一中老师的真情怀。

固然，湘潭县一中的风景远不止这八处，作为全国文明校园，学校可谓步步是景、处处有景。湘潭县一中之所以选择这八处景观作为学校景观代表，是因为这八处景观铭刻了学校的历史，承载了学校的文化。其实，学校最美的风景只有一处，那便是一中人。30年前，金霞山下还是一片荒土，一中人来到这里后，平地起高楼，绕池造亭阁，建起了一座美丽的校园，创造出了一个又一个教育神话。总之，湘潭县一中的荣光，属于学校的学生、老师和校友，乃至那些默默关心学校的湘潭父老乡亲们，所有这些人、事、物都是一中最美的风景。

（二）精神文化的建设

学校精神文化是学校文化的核心，是学校的灵魂，我们要把它作为提高学校管理层次，体现学校办学特色，推动学校不断向更高层次迈进的有效载体。

精神文化指的是学校在长期实践中，受意识形态影响而形成并为全校成员所共同遵循的精神成果及文化观念。^①从内涵上来说，学校精神文化主要是一种文化观念、思想意识、行为方式。但作为学校文化的深层要素，学校精神文化渗透于学校各层次各方面，牵引着包括学校管理、课程、活动等在内的各环节设计实施。^②学校精神文化通过引领、指导、塑造等作用，潜移默化地影响着师生价值观、人格的形成与发展。

学校精神文化建设主要包括学生文化、教师文化、班级文化、寝室文化、校园组织文化等。湘潭县一中通过创建文明校园、建设班级文化、开展德育主题征文和"大美一中"摄影比赛、征集校舍名称、开办金霞书屋和尚书屋、打造寝室文化等举措，使之成为师生共建学校精神文化的抓手。

具体来说，湘潭县一中主要从学生文化、教师文化、班级文化、公共关系文化四个方面加强学校精神文化建设。

1. 推进向上向善的学生文化建设

学生文化指"学生的价值观及行为标准。构成学校文化的因素之一。由于学生是学校中的被领导者，是教育的主要对象，所以，这种学生的价值观念及行为，也被称为学生次级文化"^③。

学生文化简单来说就是学生群体在学习、生活、活动中所表现出来的价值观念和行为标准。学生群体本身所具有的特质，使学生文化呈现出多样化、非正式性、过渡性等特征。

多样化：学生文化的类型是多种多样的，内容也是丰富多彩的。学生文化之所以呈现出多样化的特征，主要有两方面因素。其一，由学生个人身心特征的千差万别造成的。由于民族、生活习惯、家庭教育及社会经历的不同，学生表现出的文化需求、价值观念、行为方式也不一样，因此形成的学生文化具有多样化的特征。其二，学生正处于成长中，其

① 鲍传友.学校改进中的文化战略 [M].北京：北京师范大学出版社，2015：8.
② 刘志芳.学校文化的三维困境及突围 [J].当代教育科学，2021（8）：3-11.
③ 顾明远.教育大辞典（第六卷）[M].上海：上海教育出版社，1992：427.

心理状态、思想意识也处于发展中，容易受环境、社会、其他人影响而出现变化，因而表现出的兴趣、需求也不一样，同样使学生文化呈现出多样化的特性。

非正式性：学生文化的非正式性主要表现在两个方面。其一，其形成是非正式性的。学生群体作为一个非正式性的组织，是自发形成的，没有专业的指导和专业性的规则，是由于共同的兴趣、爱好、情感使学生聚集成群，进而表现出共有的文化特征。其二，其作用也是非正式性的。由于学生文化的形成是非正式性的，既没有标准，也没有规范，其构成的是一个无形的"文化场"，然后潜移默化地影响着"文化场"内的每一个人，但其影响的程度以及范围都是不定的。

过渡性：学生文化的过渡性是由于学生这一群体始终处于发展中，其思想观念、意识形态、人格等都处于发展中，由此呈现出过渡性。过渡性亦是指学生处于人生过渡阶段，学生一方面具有孩子的不成熟性，另一方面也会具有成人的自主性和独立性，因而学生文化会同时具有儿童文化与成人文化的特点。

总而言之，学生文化受学生群体影响而呈现出不同的特征，因此，需要学校引导学生文化发展，促使学生树立正确的价值观、形成正面的行为方式。

首先，湘潭县一中推进向上向善的学生文化建设，围绕"立德树人"根本任务，坚持"五育并举"原则，推进德育、智育、体育、美育、劳育的落实，通过做精传统项目，开展主题教育、社会实践等丰富多彩的活动，让每个学生都有发光的舞台，形成了学生文化与个性发展、社会实践、时代发展相结合的态势，全面提高了学生的文明素养和综合素质，促进了学生的快速成长。

其次，爱心助学与感恩教育同步进行。学校重视家庭经济困难学生的帮扶工作，指导团委筹措部分资金，解决他们在生活和学习中的困难。2018年，学校共有建档立卡学生、农村低保户学生、残疾学生及其他困难学生 619 人，为其补助共计 844400 元，全年累计发放各类助学金 160 多万元。在给困难学生送去补助时，还不忘给他们以精神鼓励和感恩教育，鼓励他们不怕困难、自强自信，做自己命运的主人，希望他们饮水思源，传承爱心。

2. 推进敬业精勤的教师文化建设

教师文化是教师群体生存状态及生活方式，表现为教师的价值观念、思想意识、行为规范等。教师文化影响学校文化的建设、学生的学习行为、课堂教学等方面。因此，学校要重视教师文化建设。

教师文化作为一种职业文化，必然具有职业性的特征，表现出稳定性、合作性、生成性。

稳定性：教师文化的稳定性主要是指教师文化一旦形成，在一定的范围内便具有普适性，会同化和影响一定范围内的教师群体，而且这种价值观和行为模式会一直传承下去。

合作性：教师有共同的职业和教育目标，通过教学研讨、教学实践提高教学能力，提升学校教学水平。因此，教师应该注重合作，共同探讨，发挥团结合作精神，表现出良好的职业精神和行为规范。

生成性：教师文化的生成性是由教师的职业发展和个人成长两方面因素影响产生的。首先，教师的职业发展是随着时代进步、社会发展而发展的，时代的特性、社会需求要求教师具备的职业能力和核心素养等促进教师文化的不断生成。其次，教师作为具有鲜明个性特征的人，在融入工作、融入教师群体时，是动态成长的。教师通过主动学习、主动探究、自我完善逐渐成长，经历从新教师到专家型教师的跨越，教师文化也在此过程中具有了长久的生命力。

教师文化建设，包括教师职业道德建设、教师教学行为习惯养成、教师情感体验和文化气质形成等多方面。湘潭县一中注重推进敬业精勤的教师文化建设。

一是加强教师的思想道德建设。通过宣传教育、发掘典型、警示教育、开展义务辅导等方式，引导全体教师自觉培育高尚师德，树立良好师风，着力建设一支有理想信念、有道德情操、有扎实学识、有仁爱之心的高素质专业化教师队伍。将"思想工作、长远规划、组织指挥、科学评价、和谐交往"与"合作、学习、管理、竞争、创新"相融合，通过目标导向，唤醒教育激情。

二是关注教师身心健康。学校积极营造轻松、和谐的工作氛围，让广大教师快乐地投入教育教学中。为丰富教师的业余文化生活，学校每年定期组织教师进行春游、秋游，号召全体教师在认真工作的同时学会享受生活。

三是强化学校人文关怀。深入开展工会帮扶活动。由工会牵头，主动深入基层了解情况，了解教职员工的利益诉求，帮助广大教职员工解决具体困难；为教职工送去生日礼物，开展节日的慰问，组织教职工体检。

3. 班级文化建设

班级文化是一个班级的灵魂，体现出班级的管理水平和教育水准，具有无形的约束力，可以调节班级成员之间的差异与矛盾，促进班级和谐发展。

湘潭县一中将班级文化作为构建"卓实"德育的一个重要着力点，学校持续大力开展班级文化建设，并强调以文化立班，以文化强班，以文化育人。每个班由师生共同确立班级目标，制定班训、班规，设计班徽、班级名片，打造属于自己的班级精神文化、制度文化、环境文化、活动文化。

4. 推进和谐的公共关系文化建设

学校不是一座孤岛，而是处于社会关系之中，与社区、家庭、社会互相影响，因而，学校如何处理与周围的关系，也是学校文化外化的表现，主要有三个方面。

第一，示范引领出成效。学校良好的办学质量和社会声誉，赢得了社会各界人士的好评，连续20多年领跑湘潭高中教育；学校文化对社区、教育集团及其他学校，起到了带动和辐射作用。

第二，有效整合同参与。学校有机整合和充分发挥社区、家长及社会的教育资源，采取有效措施促进学校、家庭、社会多元互动，共同参与学校管理和评价。

第三，安全建设保平安。学校高度重视校园安全，不断健全安全制度，完善安全预案，落实安全责任，积极防范和有效应对校园突发事件，确保师生安全。利用周一升旗活动、主题班会等，大力开展与安全相关的专题教育。组织全校学生参加全国青少年禁毒知识网络答题竞赛、湖南省中小学生安全知识网络答题活动，强化学生的安全意识。加强门卫保安人员管理，进一步强化住校生的安全教育及安全管理和宿管人员的管理，确保学校教育教学秩序平稳。2015年，学校被湖南省道路交通安全委员会评为"湖南省百所文明交通示范校"；2017年，被湘潭市综治委评为"湘潭市十大平安校园"。

（三）制度文化的建设

学校的各项管理制度，既是广大师生共同遵守的行为准则，又是学校文化的重要内容和表现形式。"学校制度文化是学校文化的重要组成部分，是学校各项规章制度、岗位职责、工作流程等在制定和执行中反映出来的价值取向，是蕴含师生的价值观、行为理念在内的精神成果，是学校管理理想、管理制度及管理模式的凝结形式。"[①]学校制度文化的内容包括学校各种章程、校规校纪，有形的和无形的，成文的和不成文的。

"好的学校制度文化是学校重要的教育资源，它可以增强人的权利意识、自主意识、提高人的主动和自我发展的责任心，塑造健康和谐的人格。"[②]

① 曾天山.学校文化品格[M].北京：教育科学出版社，2022：119.
② 官根苗，王红梅，王琪.论学校制度文化的涵义、结构与功能[J].现代中小学教育，2006（2）.

由此可见，好的学校制度文化一般具有人文关怀和正确价值导向两个特征。

人文关怀。学校设立制度是为了管理，而管理的对象主要是人，管理的目的是使学校正常运行。因此，如何最大化地发挥人的积极性和创造力，以及如何充分高效地发挥人的价值，是设立制度时应考量的因素。

正确价值导向。学校制度文化反映的是学校整体思想观念和价值观，对学生的政治方向、思想观念、行为习惯等都具有价值导向作用。由于学校制度规范和约束着师生的言行，因此，有什么样的制度就会形成什么样的人生观和价值观。

经过多年的实践探索，湘潭县一中形成了具有校本特色的制度文化，其内容包括教代会制度、校务公开制度、师德管理制度、青年教师培养制度、工会管理制度、教学管理制度、安全管理制度、学生管理制度、后勤管理制度等一系列规范的制度文件，并汇编成册，每年进行修订，形成了一种刚性而又充满人文关怀的管理风格。

四、学校文化践行卓实教育的初衷

学校建设体现学校个性魅力与办学特色的学校文化，不是为了制造一种噱头，为特色而特色，而是为了更好地实践学校育人的目标和责任。"学校文化最大、最根本的价值就在于它使学校、教育名副其实，使一个学校真正站立起来，真正作为一个有生命的活的存在，使教育散发出人性的光辉。"[1] 因此，学校文化要践行学校育人理念，坚守育人的精神旨归，塑造人的文化品格，使学校和教育名副其实。

---

[1] 唐汉卫. 关于学校文化建设的几点思考——兼论当前学校文化建设存在的问题 [J]. 教育发展研究，2012，32（Z2）：84-89.

如果说学校文化要体现学校办学特色和个性魅力，那么湘潭县一中的学校文化体现的是卓实教育的内涵和实质，践行的是卓实教育的初衷——培养卓实之才。"学校文化建设正是以隐性课程的形式发挥文化育人的功能，具有引导行为、涵化品格、凝聚共识、激发向上等作用。"[①]学校文化作为非常规性的教学活动，在育人方面有其独特的功能和实践性。

（一）学校文化的功能

学校文化体现了学校综合办学水平，同时也体现了学校的育人能力。学校文化为学生创造了一个有形而庄重的"文化场"，通过"润物细无声"的方式潜移默化地陶冶师生情操、净化其心灵、健全其人格，促进其全面发展。学校文化的功能主要有陶冶功能、凝聚功能、激励功能等。

1. 陶冶功能

陶行知先生曾说过，熏染和督促两种力量比较起来，尤其是熏染最重要。这不但是经验之谈，更是一条重要的心理原则。[②]学校文化具有陶冶心智的功能，这是显而易见的。学校建设美观且具有深厚文化意蕴的建筑、设施，给学校广大师生营造良好的学习、生活环境，既能隔离外界的纷繁嘈杂，让人心安气定，沉浸于学习氛围之中，又能净化人的心灵，使人排除杂念，执着于梦想与追求。学校文化传递着学校的精神和理念，通过物质文化、精神文化、制度文化形成一个无形的"文化场"，从价值观层面引导人、塑造人，让人学会处理自我与他人、与自然、与社会的关系，提高人文素养，塑造人格，促进师生的成长与发展。

2. 凝聚功能

学校文化的凝聚功能主要表现在学校成员对学校的认同感和归属感上。学校文化是一种群体文化，是全校师生共同创造、共同遵守的价值

---

① 刘志芳.学校文化的三维困境及突围[J].当代教育科学，2021（8）.
② 俞国良.学校文化新论[M].湖南教育出版社，1999：8.

观念、行为准则，是学校师生共同的理想、追求的表征，是由全校成员的价值导向、文化品格凝聚而成，并在心理和情感上达成了共识，因而具有无形的感染力和向心力，能使师生对学校产生深厚的情感。学校文化被认为是植入学校成员心中的文化基因，能够让成员之间产生心理"共振"效应，产生心往一处想、力往一处使的效果。

3. 激励功能

学校文化来源于全校成员的学习生活，但也高于个体的生活，具有正面的精神导向作用，能促使人不断向上向善。

（二）学校文化的实践

学校文化的本质是促进学校发展和师生发展。因此，学校文化的功能最终要体现在育人与学校管理上，"以文化人"和"以文治校"就是学校文化实践学校教育理念的两种方式。

1. 以文化人

习近平总书记强调，"用中华民族创造的一切精神财富来以文化人、以文育人"[①]。"以文化人"的理念最先出现在《周易》中，即"观乎天文，以察时变；观乎人文，以化成天下"。这里是指用教育感化的手段提高人的涵养达到治理天下的目的。而现在，"以文化人"是指以先进文化为内容、以文化的方式来教化人、感化人。

"以文化人"是具有中国文化特色的育人理念。中国传统文化中，向来注重文治教化的作用，讲"儒道""诗教""文治"。我们这里说的"以文化人"的"文"主要是指学校文化。学校文化作为一种特色文化，其本质就是育人。"以文化人作为人们精神生活领域的实践活动，以人们精神世界为实践对象，以培养精神品质、提升思想品味、锻造做人品格为旨归。"[②]

"以文化人"主要有三个维度，"基础、中介、目的三个维度，侧重

① 习近平. 习近平谈治国理政 [M]. 北京：外文出版社，2014：164.
② 林洁. 以文化人的人文之维 [J]. 思想政治教育研究，2017（12）.

卓实教育论

人文知识、人文情怀、人文精神"①。或者说，"以文化人"有三个层次，第一个层次是以人文知识丰富人；第二个层次是以人文情怀感化人；第三个层次是以人文精神塑造人。

以文化人的第一层次以人文知识丰富人，这是学校教育的基础，也是学校文化隐藏的育人功能的体现。人文知识是与自然知识、社会知识相对应的一种知识类型，主要包括语言、文学、艺术、历史、哲学等人文社会科学方面的知识，是人文知识结构的一部分，也是人文素质的基础，以认识人、认识世界、认识社会规律和本质为主，是使人成为人的基础。

以文化人的第二层次以人文情怀感化人。人文情怀"主要指具有以人为本的意识，尊重、维护人的尊严和价值，能关切人的生存、发展和幸福的一种情怀"②。学校文化体现的人文情怀是学校立场和价值观。学校以人文情怀感化人，是指学校从"一切为了学生"出发，在学校的教育教学活动中，坚持学生的主体地位，关注学生的个人价值与生存意义，从而营造出一种特殊的教育环境和氛围，使学生有一种被关怀、被理解的感觉，产生情感共鸣，激发学习的内生力。

以文化人的第三层次以人文精神塑造人。关于人文精神，著名作家周国平从三个方面进行阐释：一是人性，对人的幸福和尊严的追求，是广义的人道主义精神；二是理性，对真理的追求，是广义的科学精神；三是超越性，对生活意义的追求。③学校文化从这三个方面塑造人、培养人，形成具有完整人格、高尚情操的人。

湘潭县一中坚持以人为本，强调人的主体性，关注人的生存和发展，充分发挥学校文化育人的功用，通过寄语"做自信的'一中人'""'一中气象'在你我"，从人文情怀和人文精神两个层面激励和鼓舞学生，践行学校的价值观和理念。

① 林洁.以文化人的人文之维 [J].思想政治教育研究，2017（12）.
② 谭方亮.畅享课改中学历史教师专业成长路径 [M].南昌：江西高校出版社，2021.
③ 周国平.人文精神的哲学思考 [M].武汉：长江文艺出版社，2014：46.

实例1

奋斗·精准·智慧

——2019届高三百日誓师大会寄语

初春二月,春寒料峭;憧憬六月,热血沸腾。离高考决战仅剩100天的时间了,短暂百日,弹指一挥间,磨砺剑锋,亮剑考场,高考已经到了一决高下的关键时刻。

但是,我们有足够的底气迎接挑战。因为我们一中人用成绩续写了20年领跑湘潭的辉煌。20载风雨的考验,学校团队已更加成熟,我相信,21连冠的辉煌将由大家续写。

岁月记载了我们生活中的美好足迹,春光又催促着我们不可懈怠。回首往事,是为了让智者更聪明;展望未来,是为了让勇者更勇敢。在高考"百日冲刺"号角吹响的时候,我提出三个"关键词"——奋斗、精准、智慧。

一、奋斗

"奋斗"这个关键词是送给各位同学的。习近平总书记在新年贺词中讲道,"幸福都是奋斗出来的""九层之台,起于垒土"。要把这个蓝图变为现实,必须不驰于空想,不骛于虚声,一步一个脚印踏踏实实地做好每一件事。对于高三学生也是如此,好成绩是奋斗出来的,是拼搏出来的。

庄子在《逍遥游》中说:"适莽苍者,三餐而返,腹犹果然;适百里者,宿舂粮;适千里者,三月聚粮。"我们的理想有多远,就要为之付出多大的努力;反过来说,我们积蓄了多大的能量,它就会将我们送到多远的远方。100天的坚持,100天的奋斗,完全能让我们突破现在的水平,达到一个更高的高度。所以,同学们要铆足干劲往前冲，来一场痛快淋漓的决战。

在这100天的时间里，希望同学们能扫清各科知识的盲点，形成完善的知识体系，善借师友之力，抛开一切杂念，全力以赴！顽强的毅力可以征服世界上任何一座高峰，不懈的奋斗终将结出最香甜的果实！

二、精准

"精准"这个关键词是送给各位高三老师的，这其实也是对奋斗的诠释。在高考冲刺阶段，老师的奋斗、备考一定要在"精准"上做文章——精准发力；学生们更需要教师一如既往的守候和精准高效的指导。在这100天的时间里，我希望每一位高三老师能把好学生的脉，把好高考的脉，精选每一堂课、每一次作业、每一次考试的内容。只有老师们跳进题海，才能让学生跳出题海，将宝贵的100天时间用在刀刃上。同时，我还希望老师们能精准地感知到学生们的身心状态，做一个温暖的聆听者，一个心灵的抚慰者，一个对症下药的良医，一个满怀激情、能量满满的加油站；给学生多一份陪伴与参与、多一份抚慰与激励，用自己生命的深度、厚度、广度，用自己生活的热情、治学的勤奋、人格的力量为学生引路，让学生们的头脑更清晰、内心更自信、脚步更坚定。

三、智慧

"智慧"这个关键词是送给各位家长的。这次百日冲刺大会邀请家长一同参加，目的是和家长朋友们交流一下，如何做一位智慧的家长，陪伴孩子度过高中这段关键的冲刺时光，和孩子一起保持昂扬的斗志，愉悦地走向高考，充满必胜心理，从容地打胜这一仗，为美好的高中生活画上圆满的句号。在这三个多月的备考时间里，希望家长们做好以下三个方面的工作，助力孩子们走向卓越！

一是心态平——做平和宁静的人。好的心态是成功的保证，切忌比孩子还着急、还紧张、还焦虑。家长们要调整好自己的心态，拥有一颗平常心、平静心、理解心、爱抚心、激励心、信任心，秉持"高考快乐，快乐高考"的考试理念，尊重孩子的人格、复习方式和应对策略。

二是方法佳——做个正能量的人。学会根据孩子所需为其源源不断地传递正能量，让其充满勇往直前的斗志，纾解孩子心中的压力，让其克服冲刺路上遇到的种种困难。

三是服务周——做好后勤保障工作。高考备考是一场持久战，好的身体素质是前提。作为家长，一定要做好后勤服务，保证孩子早上吃好营养早餐；中午要吃饱，还要休息好；晚上尽量不要熬夜，确保有充分的精力投入第二天的学习之中。在节假日，可带孩子出去走走，做些适度的调节，实现劳逸结合。

让我们合力前行，为孩子们的百日冲刺鼓劲、加油！

实例2

做自信的"一中人"

——写在2022年上学期开学典礼暨高三百日誓师大会之际

春水初生，春林初盛，春风十里，在这个春意盎然的日子里，我们相聚在一起，举行2022年上学期开学典礼暨高三年级百日誓师大会，共同开启新学期，拥抱新理想，奔赴新征程，走向新未来。在这个具有特殊意义的时间节点上，我向大家送上春天的祝福，和大家一起相约：做自信的"一中人"。

自信的"一中人"，需要有充足的底气。刚刚过去的这个寒假，我相信大家都观看了冬奥盛会，惊艳的开幕式，展现了中国人骨子里的浪漫，二十四节气倒计时、迎客松烟花、破冰五环、火炬微光……有人说，如果2008年奥运会是举全国之力向世界传播中国精神，那今年的冬奥会，则是自信地向世界宣告：这就是中国。

透过冬奥会，我们看到了一个蓬勃向上的中国，正以自信之姿，矗立于时代的潮头。这份自信，来源于国家发展带来的强大底气。这份底气，来自国人生生不息的勤劳与智慧。自信的中国需要自信的我们，而唯有夯实基础，提高自我，方能博得这充足的底气，拥有自信的人生。同学们的学科成绩是底气，艺术成就是底气，健康身体是底气，从容交际是底气……在湘潭县一中这片自由的沃土上，我希望大家都拥有自信人生与底气。

自信的"一中人"，需要有高远的志气。所谓志气，既指高远的志向，"少年心事当拏云"，将自己的志向与民族国家的发展联系起来，真正实现人生的价值；也指坚定的意志，"不破楼兰终不还"，一步一个脚印，破荆棘、踏山河，所向披靡，勇往直前。犹如今年绿茵场上，中国女足，让二追三，登顶亚洲，铿锵玫瑰，绚丽绽放，真可谓有志者事竟成。从她们的身上，我看到了登顶的志向与夺冠的决心，看到了顽强的奋斗与坚定的意志。而这正是成功者所具备的，是自信者的标配。

自信的"一中人"，需要有高洁的骨气。这种骨气，是摆脱"冷气"，关心社会，关爱他人；这种骨气，是告别稚气，独立思考，审慎判断；这种骨气，是心怀正气，与人为善，乐于助人。生活中，我们有时会看到某些负面的消息，但我希望同学们不要被其左右，要以高洁的骨气，立足于世。我记得在工作群里，周团老师曾发布过三张照片，分别是 2008 班王迈婕、1904 班沈甄豪、2020 班赵梦倩三位同学，在校门口的马路边扶一位行动不便的老爷爷过马路的场景；也有环卫工人捎来感谢，说一中学生经常给他们买水，我相信肯定还有许许多多同样在付出爱心的同学……谢谢大家为一中代言，一中的校服因你们而更加光彩，一中的教育因你们而更加光辉，你们身上高洁的骨气，彰显了自信一中的大气。

2021 年 7 月 1 日，习近平总书记在庆祝中国共产党成立 100

周年大会上的讲话中指出："新时代的中国青年要以实现中华民族伟大复兴为己任，增强做中国人的志气、骨气、底气，不负时代，不负韶华，不负党和人民的殷切期望。"让我们牢记习近平总书记的嘱托，以逐梦增强志气、以奉献增强骨气、以成就增强底气，做一个自信的"一中人"。

实例3

"一中气象"在你我

——写在 2022 年下学期开学典礼之际

初秋时节，颇具丰收气象。2022 年的一中，桃李芬芳，金桂流香，三年前那群加入一中的学子，已奔赴大学，他们用奋斗的足迹、骄人的成绩，为母校留下不朽的荣光。当然，这离不开学子们的奋力前行，也离不开老师们的用心培养。今天，湘潭县一中又迎来了 10 位新教师和 1300 多位新学生，他们是一中今年最美的"遇见"！

岁月不居，时光荏苒，站在这个新的时间节点上，我们又要向前迈出重要的一步，开启新的航程。在过去一年多的时间里，我们探索了自觉的生命意义与自信的精神魅力，现在我想和大家说一说气象——"一中气象"。

一校有一校之品格，一校有一校之文化，一校有一校之气象。气象是一所学校由内而外，彰显出来的气度，散发出来的气质，表现出来的气魄。那么，何为"一中气象"？"一中气象"不在他人，在于你我。就如北京电影学院崔卫平教授所说："你所站立的那个地方，正是你的中国。你怎么样，中国便怎么样。你是什么，中国便是什么。你有光明，中国便不黑暗。"借用崔教授所言来形容"一中气象"，显得十分贴切：你所站立的地方，正是你的一中，

卓实教育论

你怎么样，一中便怎么样；你是什么，一中便是什么，你有光明，一中便不黑暗。因此，"一中气象"便是你、是我、是我们全体"一中人"体现出来的气度、气质与气魄。

校友彭先觉院士80岁诞辰留影

当我们翻开一中的历史，回忆一中的往事时，我们会发现，一代代"一中人"已经为"一中气象"做出了精彩的注解。

"一中气象"是"祖国在我心中"的气度。胸怀寰宇，志在中国，根系故乡。如校友贺先觉将军一样，扎根高原，只为升腾祖国的蘑菇云；如彭先觉院士一样，投身科研，为祖国发展尖端武器贡献力量；如一届又一届的海航学子，他们逐梦蓝天，卫祖国海疆……当然，还有无数的一中学子，奋斗在祖国的广袤大地，在各行各业开出灿烂之花，但他们欣然将花蜜回馈家乡。如郭磊峰校友，虽身在外，但心在湘，全力支持家乡与母校的发展，为家乡招商引资，为母校捐献1000万元奖教助学。还有很多像郭磊峰校友这样的"一中人"，他们大爱无疆，气度非凡。而我们也当涵养大情怀、大格局、大胸襟，用"祖国在我心中"的非凡气度，为祖国与家乡的发展贡献一中力量。

"一中气象"是"腹有诗书气自华"的气质。有人说，一个人的气质里，藏着他读过的书、走过的路。在湘潭县一中，我希望同学们在学习学科知识的同时，能遍观群书，养成良好的阅读习惯。正如已毕业的1901班与1902班的学子，他们在高中阶段，挤出时间共读《风流去》等书籍；还有丘成桐班的学子，利用课余时

·213·

间畅读《世说新语》。读书不仅能提高语文素养，还能使人得到精神的升华与灵魂的滋养。尚欲凌云酬壮志，何妨入座读经书？希望同学们多去尚书屋坐坐，多去图书馆看看。

"一中气象"是"数风流人物，还看今朝"的气魄。100 年前的风云变幻，湘潭人英勇逐浪，毛泽东、罗亦农、彭德怀等风流人物，成为家乡的骄傲，湘潭自此成为伟人故里、元帅之乡。但走进新时代，作为领跑湘潭的高中，作为湘潭同龄人中的佼佼者，一中学子能否继承先贤风流？大家遨游于学海，投身于社团，活跃于舞台，奔跑在操场；大家拿起笔，给学校写下一封封关于学校发展的建言信；大家将目光投射于社会弱势群体，成立或加入志愿者组织，做义工、献爱心……我感动于大家的独立思考与人文关怀，我相信只要大家永葆这样的赤子之心，拿出"数风流人物，还看今朝"的气魄，去努力学习、实践，一定能成为家乡的骄傲。

实例 4

自觉，生命最美的模样

"寒来暑往，秋收冬藏"，古人常用这八个字来形容一年的农事，播撒种子，努力耕耘，密密青苗终成滔滔麦浪。秋天是收获的季节，其实不止稻田、果园，还有一条条录取的喜讯汇入学校，一封封入学通知书飞入千家万户。

2021 年，湘潭县一中成功地将 1400 多名学子送入本科校园，但匆匆地，又迎来了 1400 多名新"一中人"。轻轻地，他们走了，正如你们，轻轻地来，一如秋天果实的成熟，也将在新的学年、新的阶段收获生命的成长。

在我看来，生命的成长不仅仅是个头在蹿高、容颜在改变，更应该是一种深层次的生命自觉——生命的自我觉醒。

今年，你看《觉醒年代》了吗？是否还记得其中的片段？陈独秀先生渡海归来卖字筹钱创办《青年杂志》，只为唤醒民智，找到救国新路；李大钊先生视死如归，呼唤革命，只为捍卫心中信仰、救国真理；还有"恰同学少年"的延年、乔年，以及年轻的毛泽东、周恩来……千千万万前仆后继的革命先烈，在那个风雨如晦、万马齐喑的年代，以单薄之躯，追求着生命的独立、自由与平等，思考着生命的价值与意义。他们以星星之火，汇聚成革命的燎原之势，努力撕开那笼罩民族几千年的封建夜幕，破开那钳制国人几千年的奴隶枷锁。于是，在那个凛冬年代，我们听到了生命复苏的声音，感受到了生命觉醒的力量。

同学们，今天我想问问大家，你们的生命觉醒了吗？

过去的短短半年时间里，发生了一些令我印象深刻的事情：例如，你们对袁隆平院士真挚的悼念、追思。那么，大家是否树立了像袁院士那样将论文写在祖国大地、用科学济世匡民的远大抱负呢？例如，你们为奥运健儿们的拼搏而呐喊喝彩。那么，你们是否具备用体育为国争光、用健康身体为国劳作的恒心与毅力呢？例如，大家爱憎分明，将德不配位的当红"爱豆"轰下神坛。那么，你们是否也矢志追求纯洁、友善、美德呢？

同学们，知道光，并不能使生命彻底觉醒，只有成为光，才有生命完全的觉醒。

生命自觉当先自省。苏格拉底曾言："未经省察的人生没有价值。"我首先想提醒大家，要对自我有一个清晰的认知。只有清醒认识自己，才能找到自己发展的着力点。在一中，这里虽有升学压力，但更有英语风采大赛、有艺术节、有运动会、有社团节等多个梦想舞台。我犹记得冯卓巍、吕新畅等同学在英语风采大赛上向世界介绍中国的潇洒从容；记得朱典同学传承非物质文化——青山唢呐的坚定执着；记得运动会上唐杰文、唐嘉骏同学那全力一扔，双双打破校运会纪录……这些对自我有清晰认识的"一中人"，无不全面发展，坚定前行。

我还希望同学们进一步自省：我是一个什么样的人？我想要什么样的人生？我学习的意义是什么？其实，认识到自己的命运以及生命的意义是艰难的，这也是雅典神庙中，德尔斐神谕"认识你自己"成为千百年来哲人追寻的终极目标的原因。但我相信，可以听到你们"觉醒年代"在今日中国的回响；可以看到，你们"心中有丘壑，眉目作山河"的青春风采。

生命自觉还当自强。《周易》云："天行健，君子以自强不息。"湖湘文化中也强调"血诚""明强"。在我看来，自强之道，还重在知行合一。纵前路漫漫，荆棘丛生，我自心之所往，志之所向，长风破浪，傲然前进。毛泽东告别韶山外出求学时，留下"孩儿立志出乡关，学不成名誓不还"的铮铮誓言。当是这种鸿鹄之志、自强之心，滋养了主席挥斥方遒、浪遏飞舟的豪情壮志，铸就了主席历尽沧桑、终成正道的丰功伟业。又如大家的学长刘昊雨，一直立志到世界需要的地方去，后来如愿前往中东等地进行调研。同学们，强者之路，总与坎坷相伴。大家可能也会经历一次考试的失误，一段人际关系的破裂，但自强的人生不应该困囿于此。罗曼·罗兰说："世界上只有一种英雄主义，就是认清生活的本质后依然热爱生活。"做一个自强的英雄吧，去热爱、去追寻、去行动，吃大苦、抗大压、耐大劳，没有什么能够难倒你们。

生命自觉更当自律。蒙田曾说："真正的自由是在所有时候都能控制自己。"所幸，我常常能够在大家身上感受到这种伟大品质：是早读时洪亮的读书声，是大课间时运动的身影，是就餐时有序的队列，是晚寝时寂静的楼道……一中毕业生卢鹏宇同学曾说："没有监管的自由时光，是最轻松惬意，也是最容易让人懈怠堕落的时期，我庆幸自己没有虚度。"在自由时光之中，他始终保持自律，自觉投身学习之中，最终圆梦清华。同学们，古人说"君子慎独"，而慎独的第一要义便是自律，如能自律，则大道不远。

同学们，我曾无数次思考，当你们带着对未来的向往，带着家人的期待，带着时代的使命步入一中时，一中又将赋予你们什么，是学科知识？是健康体魄？抑或是优秀品质？其实这些都是一中想送给你们的礼物，但一中最迫切的期望还是唤醒你们的生命，让你们拥有"自觉"的生命模样。

2022 年 5 月 10 日习近平总书记在庆祝中国共产主义青年团成立 100 周年大会上的讲话中强调："实现中国梦是一场历史接力赛，当代青年要在实现民族复兴的赛道上奋勇争先。时代总是把历史责任赋予青年。新时代的中国青年，生逢其时、重任在肩。"而这重任，我们青年如何扛之于肩，付诸行动，并且将之实现呢？同学们，我相信，大家如果能拥有自觉的生命，定能拥有全面的发展，定能拥抱卓实的未来。"自信人生二百年，会当水击三千里。"唯青年自觉，方有未来可期；唯青年自觉，方可民族觉醒；唯青年自觉，方是青春中国。

2. 以文治校

"以文治校"主要是以文化的内容、文化的方式治理学校，突出文化在学校治理中的引领和促进作用。

首先，文化引领师生成长。学校文化对师生价值观、人格的形成与发展具有重要的引领作用。

其次，以文化引领学校发展。"没有先进文化的积极引领，没有人民精神世界的极大丰富，没有民族精神力量的不断增强，一个国家、一个民族不可能屹立于世界民族之林。"[1]对学校来说也是如此。湘潭县一

---

[1] 习近平. 习近平在文艺工作座谈会上的讲话 [N]. 人民日报，2015-10-15（2）.

中用"卓实文化"引领未来发展。卓实文化体现了学校的办学底色、办学特色、办学成色。

红色，是办学底色。为谁培养人？我们的校训就是最好的答案——祖国在我心中！坚持为党育人，为国育才，让底色更亮。湖南是红色热土、伟人故里，是中国共产党和中国革命的重要策源地。我们每年都会组织学生瞻仰毛泽东故居、彭德怀故居，追寻伟人的足迹。校内，全力打造"校园之声"，精心设计文化长廊，对湖湘文化名人、中华脊梁、改革先锋、共和国勋章获得者等伟大人物进行图文宣传，让一砖一墙都传递出信仰的力量。除此之外，学校还开设"红色讲堂"，推出系列讲座，激发学生的军旅情怀、坚定学生的报国信念。

蓝色，是办学特色。培养什么样的人？培养祖国最需要的人。我校作为湘潭地区高中教育的领跑者，主动将"厚植成长沃土、造就拔尖人才，为国家提高综合实力贡献湘潭力量"作为自身的教育使命。学校在坚持办学多样化的前提下，面向国家战略需求、人类未来发展、思想文化创新和基础学科前沿，打造蓝色海航班"海航"教育品牌，培养各类国防军事人才。

绿色，是办学成色。如何培养人？学校结合自身实际，以"卓实教育"为引领，着力打造德育体系，让学生全面发展，让教育生态更和谐。德育体系包括文化化德，良师润德，管理培德，课程育德，活动扬德。此五方面既涵盖以文化立班，文化育人，也强调常规管理细化指引，多元评价；既重视思政课的重要作用，帮助学生扣好人生的第一粒扣子，也注重学校常规活动的精致化发展，让爱国感恩的品德、劳动光荣的观念、科技创新的意识、热爱体育的精神和艺术审美的素养在无形中根植于学生心中。

优秀文化能够引领学校教育理念的转变，从而提升办学效能，提高学校教育质量和综合实力。我们期待，湘潭县一中能在"卓实文化"的引领与涵养下，健康、持续、高质量发展。

第六章　卓实之才：培养高素质人才

　　我校从卓实之师、卓实之课、卓实之品、卓实之境、卓实之才五个方面成立了强师、提质、品牌、文化、树人五个研究中心，以卓实教育为主张，对学校进行全面改革与实践，建设研究型高中。前四个研究中心的行动路径和实践效果，最终都要落到学校"立德树人"这一根本任务上来。

　　2014 年 9 月，习近平总书记在同北京师范大学师生代表座谈时强调："'两个一百年'奋斗目标的实现、中华民族伟大复兴中国梦的实现，归根到底靠人才、靠教育。"①

　　我国长期以来实施科教兴国、人才强国战略。人才是第一发展力，是新时代中国特色社会主义发展的重要因素，是国家发展、民族振兴的关键。

　　湘潭县一中追求卓实学生观，在以人为本的基础上，坚持学生在教育活动中的主体地位，致力于发展学生个性特点，把握学生的发展规律，将学生培养成目标卓远、思想卓越、性格诚实、学业踏实的卓实之才。

　　所谓卓实之才，必然是全面发展的人，是适应社会发展、满足社会需求的人。国家一直重视人的全面发展，并把它作为国家发展战略的核心要素，引领教育改革和社会现代化发展。

---

① 习近平.做党和人民满意的好老师——同北京师范大学师生代表座谈时的讲话 [N].2014-09-10（2）.

1. 人的全面发展观

我们在第一章已经提过马克思主义的人的全面发展理论。这里再简单提及一下人作为个体的全面发展，突出一中人才培养的理论基础。

人的全面发展理论的基础是马克思主义关于人类发展的哲学理论。马克思从人的片面发展及其原因、人的全面发展的历史必然性、资本主义制度对个人全面发展的阻碍以及人的全面发展得以实现的社会条件出发对人的全面发展展开系统研究，解释了人的全面发展的内涵与实质。[①]马克思主义关于人的全面发展理论是针对资本主义社会中人的片面发展、畸形发展提出来的，指出人要摆脱"以物的依赖性为基础的人的独立性"，获得真正的全面发展，在个性、能力、社会关系等方面自由、全面、和谐地发展，完全自主、自愿地发展自己的脑力和体力，即"人以一种全面的方式，也就是说，作为一个完整的人，占有自己的全面的本质"[②]。

马克思认为"（1）人的全面发展是人的活动及其能力的全面发展，指的是将人的丰富能力（包括体力和智力、自然力和社会力、个体能力和集体能力、现实能力与潜在能力以及知、情、意等）最大限度地发挥出来，即任何人的职责、使命、任务就是全面地发展自己的一切能力。（2）人的全面发展是人的社会关系的全面发展，指的是人与人之间社会关系（包括经济关系、政治关系、道德关系、交往关系、家庭关系等）的高度丰富展开与占有。（3）人的全面发展是人的个性的全面发展，指的是个人关系和个人能力的普遍性和全面性，它不再受到压抑，不再只是局限在少数人或某些阶层身上，每个人的物质生活和精神生活不断得到提高，个人素质不断完善"[③]。

人的全面发展，是成为人才的必由之路，也为人尽其才提供了可能性。教育是促进人的全面发展的根本途径。

---

① 杨兆山. 教育学——培养人的科学与艺术 [M]. 长春：东北师范大学出版社，2006：149-158.
② 马克思恩格斯全集（第 42 卷）[M]. 北京：人民出版社，1979：123.
③ 余源培. 马克思主义经济哲学及其当代意义 [M]. 上海：复旦大学出版社，2010：388.

2. 多元智力理论

多元智力理论又叫多元智能理论，是美国心理学家霍华德·加德纳在《智力的结构》一书中提出的，他对原有的智力理论表示质疑，认为普遍形式上的单一的、可量化的智力是不存在的，"智能就是那些解决问题、寻求特定问题的答案以及迅速有效地学习的能力。换一句话说，儿童在学校中学习的好坏取决于这种能力。根据这一观点，'智能'是一种用来解答问题的才能或本领"[1]。加德纳认为，每个人都具有多元智能，并主要介绍了7种智能，包括语言智能、音乐智能、数学逻辑智能、空间智能、身体运动智能、人际交往智能、自我认知智能等。而且其结构也是多元的，是以组合的形式出现的。

语言智能："就是诗人身上所表现出来的对语言文字的掌握能力。"[2]

音乐智能：指音乐鉴赏、表演和创作的能力。即对音准、音色、音高、节奏和旋律方面的灵活运用，然后通过作曲、演奏和歌唱的形式表现出来。音乐智能是加德纳认定的第四种智能。

数学逻辑智能："是数学和逻辑推理的能力以及科学分析的能力。"[3]

空间智能："是在脑中形成一个外部空间世界的模式并能够运用和操作这模式的能力。水手、工程师、外科医生、雕刻家、画家等都是具有高度发达的空间智能的例子。"[4]

身体运动智能："是运用整个身体或身体的一部分解决问题或制造产品的能力。舞蹈家、运动员、外科医生、手工艺大师等都表现出高度发达的身体运动智能。"[5]

人际交往智能："就是理解他人的能力。也即理解和认识什么是他人的动机？他人是怎样工作的？如何才能与他人更好地合作？等等。成

① 霍华德·加德纳.多元智能 [M].沈致隆，译.北京：新华出版社，1999：14-15.
② 霍华德·加德纳.多元智能 [M].沈致隆，译.北京：新华出版社，1999：9.
③ 霍华德·加德纳.多元智能 [M].沈致隆，译.北京：新华出版社，1999：9.
④ 霍华德·加德纳.多元智能 [M].沈致隆，译.北京：新华出版社，1999：9.
⑤ 霍华德·加德纳.多元智能 [M].沈致隆，译.北京：新华出版社，1999：9.

功的销售商、政治家、教师、心理医生、宗教领袖等，都是拥有高度人际交往智能的人。"[①]

自我认识智能："这是一种深入自己内心世界的能力，即建立准确而真实的自我模式并在实际生活中有效地运用这一模式的能力。"[②]

加德纳认为每个正常的人都拥有多项技能，或许程度不同，但是普遍存在的。人身上不同智能的组合，是人与人产生差别的主要原因。"学校教育的宗旨应该是开发多种智能并帮助学生发现适合其智能特点的职业和业余爱好。我相信得到这种帮助的人在事业上将会更投入、更具有竞争力，因此将会以一种更具建设性的方式服务于社会。"[③]

一、卓实教育的人才观

现代教育要树立多样化人才观念、树立科学人才观。

科学人才观主要是以人才资源是第一资源、人人都可以成才、以人为本等一系列新思想、新论断为主要内容。卓实教育在科学人才观的背景下，根据湘潭县一中的特点和实际情况，以及国家和社会需要，提出培养卓实之才的人才观。

卓实之才的"卓"主要表现在两个层面。一是将一中学子打造成知识与真理的渴求者。不只是让学生学习文化知识，还要让他们去用心感受各学科的独特魅力和思维活动带来的高级精神愉悦，从而真正实现学科核心素养的提升，为成为具备核心竞争力的专业人才打下坚实的基础。二是将一中学子培育成品学兼优、胸怀天下，立志成为有责任担当、家国情怀和国际视野的时代新人。需要强调的是，"卓"绝

---

① 霍华德·加德纳.多元智能[M].沈致隆，译.北京：新华出版社，1999：9-10.
② 霍华德·加德纳.多元智能[M].沈致隆，译.北京：新华出版社，1999：10.
③ 霍华德·加德纳.多元智能[M].沈致隆，译.北京：新华出版社，1999：10.

不等于精英教育，它面向全体学生，通过"卓"之教育让所有的一中学子都能达到上述两种境界。未来，一中学子会去不同的领域和行业贡献自己的力量，而追求卓越的信念会让他们在自己所从事的工作上精益求精，在一中所培育出的责任担当和家国情怀更会让他们成为祖国未来优秀的建设者。

（一）卓实之才的三种追求

卓实教育的"卓"，有超越之意。作为学生，我们不能固守在自己的舒适圈，应该打破圈层壁垒，拓宽视野，超越自我，超越他人。因此，要成为卓实之才应该有三种追求：第一是超越自我，卓然独立，越而胜己；第二是超越老师，青出于蓝而胜于蓝；第三是境界超越，"发古人所未发，明今人所未明"。

1. 超越自我

"卓然独立，越而胜己"是叶澜教授提出来的一种理念。相比于竞争意义上的"超群"，她认为"独立"更重要，她强调自我本位，做到志向不狭窄（不拘泥于眼前利益，否则会被别人牵着鼻子走）、人格不依附（不仰视所谓的大人物，也不俯视所谓的小人物）、思维不趋同、言行不虚浮。独立前提下的"越而胜己"则表现为敢于突破自己，直面自己的问题，实现自我超越……要超越自己先要了解自己，但人往往最难认清、最不了解的又是自己……只有做到"自我日清晰""反思成习惯""人生会选择""发展能自觉"，方能实现"越而胜己"。[①]

卓实教育主张的"卓然独立，越而胜己"，是鼓励学生打破自我的局限性，在自身基础上追求自己的增量，把"我"发挥到极致，做最好的自己。人是在不断超越自我的过程中成长和发展的，在超越中获得知识、提升能力、完善人格，从而实现自我发展和人生理想。要超越自我，首先要

---

① 转引自袁德润，王枬，李政涛. 生成之路：叶澜与"生命·实践". 教育学派创建 [M]. 北京：人民教育出版社，2022：205.

自我"修心"和"修行"，做一个"心灵纯洁、人格健全、品德高尚"的人。

要超越自我，首先要做一个有理想的人。古希腊哲学家苏格拉底曾说过："世界上最快乐的事，莫过于为理想而奋斗。"理想是什么？理想就是你的目标，是你前进的动力，它决定着你人生前进的方向。一个人有了崇高的理想，才能志存高远、视野宽广，才更容易跳出个人的小圈子，明确人生目标，从而实现自己的人生梦想。

有什么样的理想，就有什么样的人生；不同的理想抱负，决定着不同的人生轨迹。拥有人生中最美好青春年华的高中生，首先应树立正确的世界观、人生观、价值观，具有善良悲悯的人文情怀、纯洁高尚的道德品质、和谐向上的阳光心态、文明美好的人生修养、广博自由的包容精神。在此基础上，还要热爱祖国，以崇高的信仰为灵魂，以中华文化为根基，融合现代世界文明的精华，做中华文化的继承者和传播者；要以高度的历史使命感、责任感，以及坚定的信念、勇于实践和艰苦奋斗的精神，来建设国家、振兴民族。同时，更要做世界和谐、文化昌明、社会进步的推动者。当然，在拥有高远目标的同时也应该有阶段性目标，且要努力去现实每个阶段目标，并力求做得更好。只要胸怀理想，矢志不移，一定会有成功的那一天！

其次，要有激情。激情是学习的动力，是一种热情洋溢的情绪，是一种积极向上的态度，更是一种高尚珍贵的精神。我们对学习的热衷、执着和喜爱，可以说完全来源于激情。激情并不是身外之物，也不是看不见摸不着的东西，它是一个人生存和发展的根本，是人自身潜在的一种财富。没有激情，学习就会充满平庸和无聊，更不要奢谈什么创造活力了。

那么，激情从何而来呢？在我看来，只要对学习充满无限热情，并全身心地投入学习的人，就是一个充满激情的人。直至学生走出校门，踏入社会，无论将来在哪个岗位，从事何种职业，都要充满激情。纵观那些成功人士，哪一个人的创造力、决策力、洞察力不是在充满激情的学习中获得的？如果学生不充满激情地去学习，那学习就会变成一种无休止的苦差事。所以，要鼓励学生充满激情地去学习、充满激情地去迎接每一天的到来。

再次，要有教养。什么是教养？就是贯穿于行为方式中的道德修养。有知识不一定有教养，因为它发自内心，无法伪装，体现在平常一点一滴的行为中。要做一个有教养的人，必须经过一番刻苦的修炼。如何成为一个有教养的人，我认为应从以下四个方面去努力。

一要常怀敬畏之心，用规范的行为去严格地约束自己。敬畏是一个人思想灵魂中最基础的素质。人越成熟越有修养，敬畏意识就越浓厚强烈。人没有敬畏之心，就没有廉耻之心，什么感恩，什么天地、生命、父母、老师、道德、法律，全然不顾，什么事情都做得出来。为了让人有敬畏之心，人类社会制定了很多条条框框，所以就出现了无规矩不成方圆的说法。学校只有依靠严明的纪律，才能形成优良的学风和校风。作为学生，必须自觉遵守学校的规章制度，时刻检视自己的言行。只有善于约束自己的人，才能清楚地知道自己前进的方向。

二要点亮心中"爱"的明灯。爱胜过一切，爱的含义很广泛。如果一个人不懂得如何去爱，就不能理解生活。爱充满了大千世界，父母之爱给了我们生命，朋友之爱给了我们欢笑，家庭之爱使我们更加完美，人间大爱助我们成长。因此，可以说爱是天地间最神圣的感情。现在的很多学生都是独生子女，可能存在一切以自我为中心、不考虑别人的感受、不会合作，只知道索取，而不愿意付出自己的爱的现象。其实，当你遇到困难时，很希望得到他人的帮助；当你获得帮助时，内心是多么温暖与感动。每一个人心中都有爱，只要我们愿意把它释放出来，去关注社会、关注父母、关注校园、关注同学，那我们的心就会变得更敞亮。因此，我希望学生做个心中有爱的人，爱自己、爱亲人、爱朋友、爱他人。

三要耐得住寂寞、经得起孤独。我这里讲的寂寞、孤独不是说人际关系，而是指为了潜心于自己的人生追求而排除外在干扰的一种精神状态和人生境界。越是在一个浮躁的环境里，越要保持自己的本色，保持本色不是鼓励抱残守缺、不思进取，而是要善于发现自己的长处，保持自己的独特性。周国平先生说过这样一句话："谁终将声震人间，必将长久深自缄默；谁终将点燃闪电，必将长久如云漂泊。"寂寞、孤独可以让人将更多的精力专注于自己的事业，专注于自己的内心，专注于思考。凡·高是世界上最寂寞、孤独的人之一，但这也使他成为世界上最伟大的画家。世界上绝大多数有成就的人，都是在寂寞、孤独中走向事业的巅峰。学生时代是修炼人品、获取知识的黄金时代，要为今后的人生发展打下坚实的基础，就必须摒弃杂念，沉下心来学习，执着地追求自己的人生理想。

最后，要有担当。肯担当，就是要敢于主动承担责任，在是非面前决不推三阻四。我提倡学校不允许任何一个班级花钱请人搞卫生。校园不干净，是大家的责任。如果学生觉得自己是来读书的，不是来搞卫生的，那教师应该提醒学生：你们读书是为了干什么？难道不是去担当社会责任的吗？如果学生不屑于去做这些身边的小事，那他们也很有可能做不了大事。

2. 超越老师

正如陶行知先生所说，教师的成功是创造出值得自己崇拜的人，先生之最大的快乐是创造出值得自己崇拜的学生。[①]这就是教育所追求的，希望年轻一代的知识、学问、成就超过前一代人。这也就是我们常说的青出于蓝而胜于蓝的意思。学生应该有这样的追求——超越老师。同样，学生的学问、见解能超过老师，这也是老师值得骄傲的，也是国家和民族值得庆幸的事。正如牛顿所说"如果我看得更远，那是因为我站在巨人的肩膀上"。学生能超越老师，也是因为"站在老师的肩膀上"，在更先进的文化的基础上，学生有这样的基础，但更需要有这样的追求和远

---

① 陶行知. 陶行知全集（第4卷）[M]. 成都：四川教育出版社，2005：3.

见。一代比一代强，这表明人在进步、社会在发展。我们的学生要有这样的雄心和志气，我们的老师也不要怕被挑战权威，要有和学生一起发展的意识。

要成为超越老师的人，首先必然要有强烈的读书愿望。拿破仑说过这样一句话："在我的字典里没有'不可能'这三个字。"这是强者风范，是自信而不自负、自豪而不自大的风范。真正的强者不在于称雄一时，在于自强不息，对设定的目标锲而不舍、孜孜以求。我们要鼓励学生不要因为学习成绩暂时不那么理想就气馁、悲观，这时更要奋起直追，永不放弃、永不言败，无论何时何地，心中都要有"我要认真读书的强烈愿望"。只有这样，才能有不断进步的动力。

其次，要有行之有效的方法。一是勤奋。每一年高考都出现一些"状元式"的学霸，在这些学霸身上，都有一个共性——勤奋。学霸都在努力，平凡如我，有什么理由懈怠？勤奋适合每一个学生，成功来自勤奋，付出终有回报。所以，无论学生的成绩好还是暂时落后，我们都应该鼓励学生发扬湘潭人"吃得苦、霸得蛮"的实干精神，争分夺秒，努力学习。二是独立思考。当在学习过程中感到迷惑时，要学会独立思考，若经过思考后还是未能驱散迷雾，再去请教老师，解除困惑。只有做到独立思考，才能做到举一反三，就不会因试题变换了形式而不知如何解答。

最后，要有恒久不气馁的执着精神与脚踏实地的行动。我相信只要思想不动摇、意志够坚定，并付出实际行动，就一定能获得成功。

3. 境界超越

境界超越是创新思维中的一种。"创新思维是一种超越性智慧……把创新思维看成是一种超越性的智慧，这里的超越就是创新"，创新思维的两种超越，一种是自身超越，另一种是境界超越。[①]境界超越代表

---

① 周祯祥.创新思维理论与方法[M].沈阳：辽宁大学出版社，2005：25-35.

这种超越是多层面、多领域的。卓实教育理念认为"境界超越"是一种外在超越，是在现在之外、现实之外创新。陶行知先生在 20 世纪 40 年代提出了"人人是创造之人""发古人所未发，明今人所未明"[①]的论断，大力倡导创造的教育，注重培养学生的创新思维和能力，让学生可以独立思考，开拓进取。学生喜欢用自己的思路、方法和意愿去解决问题，教师在教学中就应抓住学生的创造动机鼓励、启发、诱导学生多提问、多质疑、多角度思考，形成新思想、新方法，树立新观点。

卓实教育激励卓实之才走向境界超越，有超前的思想观念，大胆质疑，大胆创新。爱因斯坦曾说过："提出一个问题往往比解决一个问题更重要。因为解决问题也许仅仅是一个数学上或实验上的技能而已，而提出新的问题、新的可能性，从新的角度去看待旧的问题，却需要有创造性的想象力，而且标志着科学的真正进步。"可见，想象力比知识更重要。湘潭县一中重视对人的创新意识的培养，鼓励学生进行科技创新，让学生展开充分的想象，培养学生的动手能力、实践能力和创造能力，为学生今后走入社会奠定生存和发展的基础。学校利用课余时间，通过师生共同研讨，使学生在创新方面取得了较好的成绩。

（二）卓实之才的公民意识

李慎之先生曾这样说过："千差距、万差距，缺乏公民意识，是中国与先进国家最大的差距。"[②]李慎之先生认为，我们没有培育出现代意义上的公民，这是中国与先进国家最深层次的差距之一。因此，湘潭县一中特别注重培养当代学生的公民意识，致力于全面提升学生的公民素质[③]，促使他们承担起振兴国家经济发展、社会繁荣的历

① 陶行知.陶行知全集（第 1 卷）[M].长沙：湖南教育出版社，1981：72.
② 李慎之.修改宪法与公民教育 [J].改革，1999（3）：5-6.
③ 宋红光.学校教育应注重培养学生的公民意识 [J].读写算，2013（39）.

史重任。

公民意识是一种社会意识形态，主要是个人对自我的国家正式成员的社会身份的认同，包括社会关系、社会行为规范和基本价值观的认识。

公民意识是公民现代化的表征之一。因此，加强培育公民意识，是建设社会主义精神文明的需要。湘潭县一中在全面提升学生核心素养的背景下，从培养学生的参与意识、监督意识、责任意识以及法律意识四个方面，加强对学生公民意识的培养。

1. 培养学生的参与意识

自新课程改革实施以来，湘潭县一中就制订了一系列相关活动方案，要求每一个学生都参与其中。每年的寒暑假，学校都会给学生布置社会实践作业，引导学生在社会实践中关注当前的热点问题和与自己生活相关的问题。如2012年湘潭市人民政府发布《湘潭市人民政府关于禁止"六乱"行为的通告》后，我校学生作为社会的一员积极参与并遵照执行。不仅如此，高一年级罗迪、项一晴、吴尚泽和曾岚林四位学生还通过实地调查、数据比对，写了高质量调查报告《从整治"六乱"看湘潭市文明建设》，对政府部门、市容环境监督员和市民提出建议，包括增设隔离护栏减少乱穿马路的行为，增设警示牌加大宣传力度等。另外，高二年级郭娇伶、蔡雨吟两位学生写的《全市出租车运营存在的问题》社会调查报告，也曾引发媒体和社会热议。学校鼓励学生积极参与社会实践活动，极大地提高了学生的参与意识，同时也增强了学生的社会责任感。学生作为社会的一员，要积极参与社会实践活动，并以社会主体的身份参与社会事务，履行公民义务和责任。

2. 培养学生的监督意识

在湘潭县一中，每个学生既是监督员，又是被监督者。学生的监督意识越强，学校的各项工作就越透明、越有序、越规范，也使学生日后走入社会后的公民意识和社会责任感越强，进而为全社会惩治和预防腐

败体系的建立打下了坚实的基础。^①

引导学生进行自我监督。让学生成为班级的管理者，自觉进行自我监督。在制订《班级管理计划》《教学计划》《德育计划》等计划的时候充分发扬民主，让学生参与讨论修订。这样制订出来的计划不仅有针对性，而且还可以锻炼学生多方面的能力。

引导学生对校园进行监督。学校根据实际情况，为学生们设置了语言文明监督岗、卫生文明监督岗、消费文明岗、仪容仪表文明岗等岗位，促使学生在自己的岗位上认真履行自己的职责。同时，学校每周二都要组织各班生活委员召开现场会议，对班级的不同区域进行评议打分，对优秀的班级颁发流动红旗；在食堂设立学生监督岗，让监督员进入操作间查看原材料，轮流参与监督。

引导学生对老师进行监督。在湘潭县一中，好老师的标准不是掌握在老师们手中，而是掌握在学生们手中。老师们上课的各个环节都由学生来评价。在每个学期当中开展两次大的测评活动，将老师完全置于学生的监督之中。学校在开展"创文创卫""无烟校园"活动时，学生组织监督小组在办公室、走廊、食堂等地对老师进行监督，起到了很好的效果。

3.培养学生的责任意识

责任教育不是一种孤立的教育行为，它植根于学校、家庭、社会。教师有责任也有必要持之以恒地对学生进行责任意识的培养。

培养学生的自我责任感。利用一切可以利用的机会，让学生知悉努力学习是自己应尽之责，养成良好习惯是自己应尽之责，时时刻刻以一个学生的标准严格要求自己，对自己负责，这样才能成为一个有社会责任感的人。同时，要为自己的行为负责，有过失就要让他们勇敢面对。

---

① 马骄，马骁.培养学生的监督意识——监督要从孩子抓起[J].中华少年，2011（8）.

培养学生的家庭责任感。"树木的繁茂归功于土地的养育，儿女的成长归功于父母的辛劳。"学校开展了亲子活动，先由老师、学生进行演讲，然后学生示范自己跟父母的沟通交流。活动中，孩子们体会到了父母的艰辛，也相应地在孩子们心中树立了一份对家庭的责任感。

培养学生的集体责任感。在班集体中，要让学生知晓集体是个人发展的园地，一个人只有置身于集体中，才能充分展示自己的才华和生命的价值。

培养学生的社会责任感。让学生从最简单的事情做起，承担起自己应该承担的社会负责。让学生在日常生活、教室寝室卫生管理、班级值日等方面，自觉明确责任人，为将来走入社会，建设祖国奠定坚实的基础。

4. 培养学生的法律意识

在当前依法治国的大背景下，法律意识已成为推进法治进程的先导观念，而未来的社会更需要尊重法治、具有良好法律意识的公民。因此，学校必须承担起培养学生法律意识的重任。

教会学生观察、体验法律现象。让学生明白任何法律关系的主体始终处于权利、义务的矛盾体中，在享有权利的同时，必须承担相应的义务。

让学生学会、学活法律知识。教育应教会学生在理解必要法律常识的基础上，用法律知识去规范自己的言行，维护自己的合法权益。湘潭县一中聘请了县检察院的副检察长为学校的法治副校长，专门负责学校的法治教育工作，还聘请相关专家、行家对毒品、未成年人保护法、消防安全等知识进行宣讲，组织学生观看交通、消防、食品安全等方面的视频，召开主题班会，开展消防演练，配合相关职能部门进社区开展各类法律的宣传、演讲比赛、辩论会、知识抢答赛，通过一系列活动的开展，让学生形成健康的法律观念。

教师要做遵纪守法的表率。学生具有极强的模仿性，教师的一言一行都将成为学生效仿的对象。但由于学生的鉴别能力有限，往往会不加选择地进行效仿。所以，教师要严格要求自己，为学生做好表率。

二、德育为首、五育并举的育人观

2018 年，习近平总书记在全国教育大会上指出，"要培养德智体美劳全面发展的社会主义建设者和接班人，加快推进教育现代化、建设教育强国、办人民满意的教育"。[①]

2019 年《中共中央 国务院关于深化教育教学改革全面提高义务教育质量的意见》提出，坚持五育并举，全面发展素质教育。突出德育实效，提升智育水平，强化体育锻炼，增强美育熏陶，加强劳动教育，促进学生全面发展。德育使人自觉，智育使人自知，体育使人自胜，劳动教育使人自力，而美育则使人自信。五育相互渗透、相互影响，共同构成了我国社会主义新时代的育人体系。

五育之中，德育为首，"人无德不立，育人的根本在于立德"[②]，德育是其他教育的前提。智育为其他教育发展提供智力支持，是重要保障。体育提供身体支持，是基础，没有好的身体作为基础，其他教育的发展就会受限。美育是关键，促进其他教育协调发展。劳动教育是根本。劳动不仅是人与动物的本质区别，是人之所以为人的根本特征，劳动还可以树德、增智、强体、育美。

湘潭县一中历来重视未成年人思想道德建设，基于学校实际，整体化构建以德育为首的五育并举育人体系，形成"三全育人""五育并举"的德育网格。"三全育人"，即全员育人、全过程育人、全方位育人；"五育并举"，即德育铸魂、智育固本、体育强身、美育浸润、劳动教育淬炼。学校将二者充分结合，形成完善的德育体系，为培育更多时

---

① 习近平.坚持中国特色社会主义教育道路 培养德智体美劳全面发展的社会主义建设者和接班人 [N].人民日报，2018-09-11（1）.

② 习近平.在北京大学师生座谈会上的讲话 [M].北京：人民出版社，2018：7.

代新人铺平了道路。

（一）德育

党的十八大以来，习近平总书记多次发表重要讲话，强调"立德树人"这一根本任务，提出"要把立德树人的成效作为检验学校一切工作的根本标准"[①]。因此学校必须把德育放在教育的第一位。

结合持续领跑湘潭高中教育 20 多年的办学实际，湘潭县一中以"卓实教育"作为学校育人哲学的内核与外相，并由此引领学校育人工作。学校把握正确的办学方向，聚焦立德树人根本任务，将学校教育哲学"卓实教育"的核心理念确立为：激扬生命·奠基人生·成就梦想。

基于这样的办学理念，提炼出学校"卓实德育"的育人理念——"以卓实激扬心灵，让生活卓而有实"。也就是说，学校追求的是一种照亮人生的德育工作，即在卓实之师的人格魅力、育人艺术和美好心灵的影响下，每一个学生都能树立起胸怀家国、追求卓越、务实求实的信念，进而涌动着尚德、善思、强体、悦美、乐劳的成长"节拍"，让生活闪耀着诚信、健康、求实、向上、创新的卓实之光，由此照亮精彩的人生之路。在此基础上，学校将德育目标确定为：让每一个学生得到全面发展，具备"卓实"品质。

1.树立良好品质

第一，培养学生的爱国之心。成才先成人，育人先育心。诸葛亮在《出师表》中论及人才时说："此皆良实，志虑忠纯。"卓实之才首先必须有忠纯之品德，即忠于信念、忠于祖国，有不屈的意志、毫不妥协的精神。苏霍姆林斯基在《怎样培养真正的人》一书中写道："只有在一个人将个人的命运融入祖国的命运之中的时候，他才会真正地展示出自己的才华，才会真正地珍惜自己的荣誉、自尊心。"学校尤其重

① 习近平.在北京大学师生座谈会上的讲话[M].北京：人民出版社，2018：7.

视爱国主义教育，在德育中植入红色基因，强调无论走到哪里，都要将"祖国"放在心中最重要的位置。如重视对海军航空实验班学员的国情教育，使其坚定爱国爱党的信念。学校给学生订阅了《舰船知识》《中国海军军人手册》等报纸杂志，让学生了解我国人口、环境、资源、经济、军事等方面的现状及问题，培养学生成为心中有祖国、眼中有目标、肩上有责任、身上有正气的"四有新人"。

第二，培养学生健全人格。学校从"心理健康、具有责任感及独立型人格"三方面着手，培养学生健全人格。学校重视学生的心理健康，设立心理咨询室，配备专业的心理教师，定期对学生进行心理疏导。同时学校还与湖南科技大学教育学院共同开展心理测评，让学生更好地了解自己的性格、特长，找准自己的定位，减少内耗，稳定心绪，安心学习。健康的心理有助于独立人格的形成。学校鼓励学生在学习上独立思考、主动探究，有独立见解、创新意识；在生活中养成不依附、不盲从的习惯，做事有主见，敢担当。

学习社会主义荣辱观，提高学生的道德水平。学校开展每月一次思想道德建设标兵评选，养成人人学习道德模范，个个争做道德标兵的优良传统，形成争先创优的良好风尚。同时学校还推出班级版"八荣八耻"，将社会主义荣辱观生活化、个人化，如以锐意进取为荣，以平庸落后为耻；以勤奋刻苦为荣，以散漫懒惰为耻……以尊师守纪为荣，以无礼违纪为耻等，号召学生身体力行，努力将"八荣八耻"转化为自觉行动，规范自身言行，提高思想觉悟。

2. 开展德育活动

将学校德育理念落实到具体的德育行动中，才能发挥德育工作的真正价值，实现学校德育目标。首先，健全德育领导体制。为确保德育工作的开展取得实效，湘潭县一中成立了以校长为组长的德育工作领导小组，负责全校德育工作的顶层设计。同时，成立了以德育副校长为组长的工作小组；各处室、各部门合理分工、科学定策，协同组织、开展学校的各项德育行动。其次，学校坚持"德育为首、五育并举、互融互促"的工作思路，从"文化化德、良师润德、管理培德、课程育德、活动扬德"五大方面设计并开展相应的德育活动。

（1）文化化德。

学校通过创建文明校园、建设班级文化、开展德育主题征文等举措，打造全方位"文化化人"窗口，培育文明风尚，提高精神境界。

如寝室文化。学生公寓是学生学习、生活和交流的重要场所，也是加强学风建设、开展养成教育、进行心理指导、促进思想政治教育的重要阵地。为了培养健康人格与优良品行，努力在室内营造健康雅致、积极向上的氛围，学校致力于"精美寝室"建设，使"文明更加习惯，习惯更加文明"。在每一栋宿舍楼两边都设有一字箴言，如："馨：创环境之馨。""竞：常与同好竞高下。""纳：海纳百川有容乃大。"另外宿舍门前还设有"一周一语"，如"纵使疾风起，人生不言弃"，等等，通过简单设计文化作品，书写奋斗目标、人生信条等，建设寝室文化，活跃寝室氛围，增强团结意识。

同时，学校狠抓寝室内务，严格内务标准。背包叠法、物品摆放，小到牙膏牙刷都严格按照内务标准细抓。在学校宣传栏设立内务评比专栏，每日评出"卫生优秀寝室"，使其充分发挥示范带头作用。在评比中促进提高，形成"比、学、赶、超"的良性竞争氛围。

（2）良师润德。

唯有卓实之良师方能教育出卓实之学生。学校坚持全员、全程、全方位育人，牢固树立"人人都是心育师，事事处处皆德育"的理念，全面提升德育工作水平。尤其重视班主任队伍建设，致力于打造一支"有情怀、有智慧、有技能的卓实型班主任队伍"。在促进德育队伍专业化方面，具体采用"四强化、四促进"的方式推进。

强化帮扶，促进新手更快成长。学校开展师徒结对、新老班主任结对等活动，以老带新、以新促老，发扬学校"传、帮、带"的优良传统。

强化帮扶，既能使新老师更快适应新环境，融入学校大家庭，又能提高新老师的教学水平，使其快速成长。

强化培训，促进德育理念更新。学校每年都会集中开展师德培训，包括新教师入职培训、班主任集中学习等多种形式，旨在促进教师德育理念更新，涵养师德师风。如2019年8月26—27日，学校组织全体教师开展了以"基于核心素养下的新时代教师发展"为主题的培训，并邀请了华南师范大学心理学左璜教授进行以"核心素养进课堂的路径与策略"为题的讲座。左璜教授从心理学角度阐述了教师如何发展学生核心素养中的情感态度与价值观的问题，为教师的教学实践提供了新视角与新思路。

强化研讨，促进疑难问题解决。学校每年举行班管工作研讨，聚焦班级建设中的困惑和问题，集思广益，探索行之有效的解决之道。另外，三个年级都定期召开班主任交流会，就班管工作中的具体问题，集体展开讨论，在智慧碰撞的火花里既有经验之谈，亦有奇思妙想。

强化展示，促进专业能力提升。通过班级文化建设特色展示、主题班会原创课件展示、军训和校运会班级微信制作比赛、班容班貌评比、德育文章推荐发表等，引导班主任积极思考，促进其专业化成长。

除了进行任课教师和班主任队伍建设，学校还十分重视保安、宿管员、食堂阿姨等员工的培训。通过对他们进行上岗培训、定期指导、先进表彰等方式，促进他们业务水平和道德素养的提升，使他们成长为学生们的生活老师，以"卓实"的服务浸润学生心灵。

（3）管理培德。

学生良好习惯的养成至关重要，它是学生健康成长的根本保证。学校德育工作实施精细化管理，体现在"细化指引、夯实过程、多元评价"上。

细化指引。学校制作了《新生入学指南》和《军训活动手册》，让新生能很快了解学校，融入高中生活；汇编了《湘潭县一中德育手册》，使学生能够做到"心中有规，行之有度"；老师深入寝室，逐一耐心指导学生整理内务，细化到被子叠放的位置、杯子摆放的朝向等，使学生能够"有法可循，行之有效"；依托班会、广播、国旗下讲话等阵地，进行教育宣讲，使学生真正"走心践行，行之有恒"。

夯实过程。学生良好习惯的养成，必须靠潜移默化、日积月累。所以，学校坚持把常规管理的过程做细、做实。在"全国文明校园"的创建和发展历程中，学校搭建了学生自治管理平台、学生社团活动平台、校外学生实践基地、学生创新孵化平台、学生志愿服务五大平台，引导学生把文明意识转化为实际行动。同时，重视学生的阶段性成长：班主任通过《班主任手册》和"微信美篇"，记录学生生活的点滴；学生通过综合素质平台，留下自己成长的足迹。在参与和记录的过程中，学生得以去认识自我、反思自我、升华自我、成就自我。

多元评价。评价是指挥棒，你想培养怎样的人，就需要进行怎样的评价引领。《"十佳学生""五好之星"评价方案》采用多元评价方式，引领学生多向发展；《班级建设综合评价方案》引领班级发展方向，评选出优秀班集体、红旗团支部、文明教室、文明寝室、五好学生等。由于学校班级比较多，故德育管理实行政教处和年级部对班级"垂直交叉"评价的模式。

（4）课程育德。

依托课程改革，学校通过推进"一核两翼"建设，来达成"课程育德"的任务。

"一核"是指思政课。思想政治理论课，是落实立德树人根本任务的关键课程，也是进行社会主义核心价值观教育的核心课程。学校以思政课为主要德育阵地，从课题研讨、教师研修、教学比武、名师培训、优质教学资源开发五个方面统筹推动思政课改革，最大限度地发挥思政课的德育效能。

"两翼"是指"课程德育化"和"德育课程化"建设。"课程德育化"

是各个学科在教学中渗透思政和道德教育，潜移默化地对学生的思想、行为产生影响。学校在课程改革建设中，坚持以课程德育评价为指引，以"课例展示""听课评课"为驱动，整体优化课堂学习方式，整合研发新的课程资源。比如，在学校已出版的《思维至上》一书里，所有的教学示范案例都具备德育的表现形态。"德育课程化"是整合学校的德育资源，有计划、有组织地开展行动，形成课程或类似课程一样的规范化体系。学校把班会、体育、劳动、美术、音乐、通用技术、信息技术、心理教育、文体活动等都纳入周课程表，还开设了法治、研学、实践等课程。比如班会课，学校采用主题单周统一、双周自选的模式。统一班会课的课件均由学校青年班主任原创，且品质优良。

"一核两翼"建设，同向同行，实现了协同育人。

（5）活动扬德。

顾明远先生曾说："学生成长在活动中。"学校非常重视德育活动的开展，且每项活动都是围绕学生"卓实"品质的形成而开展，努力实现活动序列化，使之成为学校弘扬美德、践行"卓实德育"的重要载体。

一是主题活动月目标鲜明。主题活动月的设置体现了"五育并举"的原则，努力让"尚德、善思、强体、悦美、乐劳"的种子在学生心中生根、发芽、传播。例如，在2021年5月的"责任担当"活动月里，学校开展了主题为"复兴漫漫路，青年当奋斗"的升旗仪式、"唱支红歌给党听"校园歌手赛、"向世界说中国"英语风采大赛。

二是常规活动激扬青春。学校定期举行主题班会、校运会、艺术节、班级篮球赛、拔河赛、劳动技能比赛、主持人大赛、歌手赛等活动，推动这些常规活动精致化发展，让爱国感恩的品德、劳动光荣的观念、科技创新的意识、热爱体育的精神和艺术审美的素养在无形中根植于学生心中。

（二）智育

智育是以系统地传授科学知识为基础，增进学生智力发展，包括思维能力、想象力、记忆力等能力。我国智力教育从应试教育发展到素质教育，从传授知识转变为培养技能和能力，从注重知识接受转变为注重学生综合思维能力的培养，旨在使每个学生的潜能都得以充分开发，实现人的全面发展。

当前我国的智力教育不是要培养高分低能的人，而是要充分激发人的潜能，提高学生的思维和思辨能力，分析问题、解决问题的能力，创新和创造的能力，以及终身学习的能力。学校教育是有限的，但学生学习、创新的能力是无限的。因而，学校智力教育的重心是培养技能和能力。湘潭县一中秉持"激扬生命·奠基人生·成就梦想"的核心办学理念，助力学生发展。

学校启动"书院制、导师制、学分制"多制融合的育人模式，将通识教育和专才教育结合起来，既注重学生综合能力的培养，也加强对学生专业技能的培养，由面及点，通专结合，促进学生全面发展。美国著名教育家杜威指出："学习就是要学会思维。"[①] 我国著名教育心理学家林崇德等认为："思维活动是课堂教学中师生的核心活动。"[②] 学习的本质是思维，思维素养是核心素养的核心，是核心素养中"关键能力"的核心和基础。

通识教育主要是培养学生基本思维方式和方法的学习，培养学生的全面素质能力，是大学常用的教育模式之一。卓实教育将其引入中学教育阶段，强调培养全面素质能力，培养通才。

湘潭县一中通过"学分制"，让学生跨学科自主选择，广泛涉猎不

---

① 约翰·杜威.我们怎样思维·经验与教育 [M].姜文闵，译.北京：人民教育出版社，2005：71.
② 林崇德，胡卫平.思维型课堂教学的理论与实践 [J].北京师范大学学报（社会科学版），2010（1）：29.

同科目，博学多识，拓展能力，提高学生的综合素质，实现文理兼修，文武并举的协同发展，既避免学科分化严重，也有效改变学生偏科的现象。

同时，学校也注重培养学生的专才，深入探索理论研究、科技创新、社会人文、国防军事四类卓越人才。学校为理论研究型人才设立"科创实验室"和"机器人试验基地"。学校重视科技人才培养，也取得了不错的成绩。学校学科奥赛获得省级一等奖的人数逐年攀升，光是 2019 年，生物奥赛就有 5 个学生获省级一等奖。近三年来，学生获科技创新大赛国家级奖项 15 个、省级奖项 17 个。学校获评"湖南省青少年科技活动示范学校"。

学校始终注重学生基础知识的学习与基本技能的培养，也得到了社会的广泛认可。2008 年高考，学校荣获县优秀奖、提高奖、培养特长人才贡献奖、县高考成绩全市"十连冠"优秀奖。2009 年高考，学校本科上线人数居全县第四名，荣获提高奖、培养特长生人才奖，学校也被评为县教育系统年度绩效考核一类单位。2010 年高考，本科上线人数居全县第四名，艺体特长生本科上线率居全县前列，再次获得为国育才贡献奖、文理总分优胜奖、参考优胜奖、高考成绩提高奖，学校也被评为县教育系统年度绩效考核一类单位。2011 年高考，再创佳绩，本科一、二批上线人数居市示范性中学同类学校第二名，荣获县为国育才贡献奖、高考人平总分奖、高考成绩提高奖、培养特长人才贡献奖、高考本科人数上线率提高奖。综合以上指标，学校获县 2011 年高考综合评价二等奖。

（三）体育

2020 年 8 月体育总局和教育部联合颁布的《关于深化体教融合 促进青少年健康发展的意见》中指出，要深化具有中国特色体教融合发展，推动青少年文化学习和体育锻炼协调发展，促进青少年健康成长、锤炼意志、健全人格，培养德智体美劳全面发展的社会主义建设者和接班人。①

党的二十大报告提出"加快建设体育强国"。

学校体育作为立德树人的重要抓手，是提升学生综合素质，促进各方面能力协调发展的基础。湘潭县一中以卓实教育为核心，重视体育在学校教育中的基础性作用，实现以体育智、以体育心的功能，常态开展体育大课间、校园篮球足球、艺术展演、科技创新等校园文化活动，大力推进体育、艺术教育多样化教学，探索简便有效、富有特色、符合实际的教学方法。学校倡导阳光体育运动，坚持"让锻炼成为习惯，让运动带来快乐，让健康相伴一生"的运动理念，组织开展阳光体育活动、体育与健康考核工作，促进学生身心健康发展。

学校制定了《湘潭县一中体卫工作条例》《湘潭县一中第二课堂管理制度》等，为体卫工作的顺利开展奠定了基础。多年来，学校坚持抓好两课、两操和课外体育活动，尤其是大课间活动和课外体育活动均做到了场地保障、器材保障和内容保障。学校每年对学生开展体质监测工作，建立了学生健康档案，健康教育工作做到有宣传、有讲座、有检查，而常见病、多发病、近视的防治工作更是做到了极致。

学校注重竞技体育发展，培养体育类拔尖人才。这是全面落实"体教融合"理念的应然之举。"体教融合"是指将传统的体育教育和素质教育结合，将竞技体育人才培养模式融入国民教育体系中，充分利用学校资源和优势，进行体育教育，促进人的全方位发展，是体育教育发展的新趋势。

湘潭县一中根据学校实际情况，建立了以学生为中心的以赛促学、以赛育人的格局。学校积极参与各类体育赛事活动，也取得了一定成绩，如曾获得湖南省高中校园足球联赛第四名、湖南省青少年锦标赛第五名、

---

① 关于深化体教融合促进青少年健康发展的意见 [N]. 中国体育报，2020-09-22（007）.

湘潭市校园足球联赛冠军、湘潭县首届校园足球联赛冠军，学校足球队在 2015—2018 年，连续四年代表湘潭市出征省赛，均取得了优异成绩。学校也成为了国家级校园足球特色校、全国青少年校园篮球特色学校、湖南省高中较高水平足球运动队建设基地。

（四）美育

2018 年 9 月，习近平总书记在全国教育大会上指出，"要全面加强和改进学校美育，坚持以美育人、以文化人，提高学生审美和人文素养"[①]。学校作为人才培养的主阵地，更当肩负使命，树立"立德树人"的教育根本宗旨，在科学育人的基础上，提高对美育的重视，以美的教育培育美的人。

学校将"美育"置于教育的重要地位，不断探索、不断实践，遵循"认识是创造之基础，鼓励是创造之动力"的规律，逐步形成了"认识美—创造美—赞扬美"的学校美育实施路径。

1. 在美的环境中认识美

雕塑家罗丹说世界上并不缺少美，而是缺少发现美的眼睛。沈从文先生也说，美字笔画并不多，可是似乎很不容易认识。什么是美？美是纯洁道德、丰富精神的重要源泉。但现代学生对"美"的认识深受互联网社群和周边环境的影响，容易形成唯颜值论、唯物质论、唯利益论等畸形认识。而学校美育，就是帮助学生正确认识"美"的关键。因此，湘潭县一中着力打造具有自然之美的生活环境，具有思想之美的学习环境与具有艺术之美的休闲环境，帮助学生认识真正的美。

湘潭县一中坐落于湘江之畔、金霞山下，借助优越的自然条件，不断推进校园园林化建设，为学生打造具有自然之美的生活环境，现已建成具有一定规模的雌雄银杏、紫薇花丛、荷花池、桃李林、假山、梅园、

① 习近平. 坚持中国特色社会主义教育道路 培养德智体美劳全面发展的社会主义建设者和接班人 [N]. 人民日报，2018-09-11（1）.

柳岸、竹墙、葵丘、栀坛等自然之景，校园建筑掩映在松、柏、枫、桂等树木之中，春之芬芳、夏之清幽、秋之爽朗、冬之雅致尽显风华。学生可在这种自然之美中缓解生活与学习的焦虑，感受造物的神奇，得到精神的熏陶与生命的启迪。

除此之外，学校也格外重视营造具有思想之美的学习环境。为了帮助学生更好地适应校园生活、把握学习节奏，学校围绕"文化美、人物美、自然美、荣誉美"出版了校本教材《学校是最美的》。此外，学校根据学科特点着力打造美的课程，组织师生共同编写了《数学之美》《楚天文学》《英语周报》等刊物，引导学生关注学科思想之美。而漫步校园中，风雨连廊廊柱上展示的湖湘名人、时代楷模、经典语录，还有名人雕塑、留言石刻等，亦处处体现着思想之美。

为打造具有艺术之美的休闲环境，学校主动联系校外艺术团体，如省交响乐团、省市团委宣传部、市花鼓戏剧团、湘潭大学艺术团等来校展演宣讲，这些活动丰富了学生的校园生活，为学生品味高雅艺术、感受家乡美好文化提供了平台。学校积极对接市艺术家协会，承接美术展览，为学生提供近距离感受艺术作品魅力的机会。

2. 在美的平台上创造美

在认识美的基础上，只有引导学生化美的认识为美的行动，去实践美、创造美，才能真正体现素养落地，实现有效美育。基于此，湘潭县一中积极为学生搭建美的平台，帮助学生创造美。

在物质条件层面，学校为让学生追求美的体验、创造美的艺术，提供了最优质的物质设施，不仅建设了最先进的融演播厅、琴房、舞蹈室、美术室、健身房、羽毛球馆于一体的艺体馆，而且还聘请了专业教师进行指导，并提供充足的活动经费。

在实践活动层面，学校开展各种高层次、高品味的文化艺术活动、赛事为学生提供展示美的平台，如歌手大赛、艺术节、主持人大赛等，引领学生树立正确的审美观念，提升学生的文化自信，为其提供优质的美育体验。

在组织建设层面，学校除了培养艺体生之外，广泛吸收有专业兴趣的学生，成立校合唱团、校舞蹈队，通过社团方式，建立街舞社、音乐社、美术社、汉服社、英语社、文学社等数十个社团组织，并为社团精心挑选指导老师，鼓励学生在课余立足爱好，培养兴趣，用艺术为生活增美添彩。

3. 在美的氛围里赞扬美

为鼓励学生在认识美的基础上创造美，学校努力营造"赞扬美"的校园氛围，让人人都成为美的发现者、美的创造者，都有美的闪光点，都值得被夸奖与赞扬。学校通过鼓励的方式推行校园美育，让学生在充满鼓励与赞扬的氛围中，获得坚守美德、坚持美行的不竭动力。

用动人的文字赞扬美。学校常年开展"最美的遇见"主题征文，鼓励学生发现校内最美的人、最美的事、最美的物，学生用文字书写着老师、同学、食堂阿姨、宿管老师带给他们的美的感动，书写着校园建筑、花草树木带给他们的美的思考。在此基础上，学校积极联系《湘潭日报》，刊发学生美文，这也大大激发了学生发现美、创造美的热情。此外，学校还将校园文化建设重任交给学生，开展楹联征集、标语征集等活动，漫步校园，从建筑楹联到宣传标语，皆是学生美的创作。

用真实的镜头赞扬美。学校通过开展摄影比赛，鼓励师生记录学校之美，一草一木、一砖一瓦，雨霁晴岚、雪后红日，挥汗如雨的操场、书声琅琅的教室，课桌前埋首学习的同学、讲台上激情飞扬的老师……学生们用光影记录着一中的美。学校将师生拍摄的照片在校园内进行展览，将学生拍摄的视频进行推送。除此之外，学校还定期开展公众号制作大赛，图文并茂地记录美好的校园生活。

用有力的声音赞扬美。从每学期的开学典礼校长致辞，每月的年级大会，每周的国旗下讲话，到每日的广播总结，必不可少的是对美的赞扬：从《因为有你，一中最美》《自觉，生命最美的模样》《做自信的一中人》到新时代湖南好少年杨沛锦,助人为乐的王迈婕、沈甄豪、赵梦倩等。在最庄严的场合,用最盛大的仪式、最热烈的掌声,为一中人创造的美点赞,让学生们充分认识到:美,就在身边;美,我也可以创造。

时代呼唤人才,人才成于教育。在自然环境中沐浴美,在中华文化中汲取美,在日常生活中感受美,只有用美的方式开阔视野,用美的氛围涵养情怀,用美的思想培根铸魂,才能立足新时代,满足新需求,培养新人才。学校美育作为"五育并举"中的重要一环,肩负重要使命,而唯有立足本校特色,开展校本研究,拓展美育途径,方能激扬学校美育的生命力,激发学校美育的活力,培养自信的学生与美的国民。学校美育之路,任重道远,但正如美学家朱光潜先生所言:慢慢走,欣赏啊!我们坚信:学校美育,行则将至。

(五)劳动教育

近年来,青少年中出现了不珍惜劳动成果、不想劳动、不会劳动等现象,劳动教育在某种程度上被淡化、弱化。这种现象,引起了学校、家庭、社会的高度重视。湘潭县一中秉承"卓实"教育理念,坚持"立德树人""五育并举",积极探索具有时代特征和学校自身特色的劳动教育新模式。

1.顶层设计,构建体系

学校在"十四五"发展规划中提出,要进一步健全学校劳动教育的网格体系,从6个方面对劳育进行顶层设计。

一是指导思想:坚持"立德树人""五育并举",落实中共中央、国务院《关于全面加强新时代大中小学劳动教育的意见》,扎实推进劳育工作。二是工作目标:引导学生树立正确的劳动观,培养勤俭、奋斗、创新、奉献的劳动精神,形成良好的劳动习惯。三是劳动课程:开设每周劳动课,设立劳动周、劳模课,将劳育融入各科教学中。四是实践活动：包括日常生活劳动、生产劳动、服务性劳动、创造性劳动。五是评价标准：包括评价标准、考核流程、激励机制、成果展示。六是保障机制：提供人员、资金和场地，建设宣传阵地，建立劳动安全保障制度。

2. 三位一体，搭建平台

湘潭县一中以学校为主体，搭建了全员参与平台、志愿服务平台与创新孵化平台的劳动教育"三位一体"平台。

全员参与平台是响应新时代劳动教育的举措，学校致力于调动家庭和整个社会的积极性，形成合力，共同推动劳动教育的深入开展。比如，以家庭为单位搭建家务劳动平台、体验家长工作平台，家长不仅要配合班主任在假期组织孩子进行劳动实践，更要在家庭中树立崇尚劳动的良好家风，起到言传身教的作用。湘潭县一中通过家长会、微信群、校讯通等方式与家长沟通，转变家长"怕孩子累着""万般皆下品，唯有读书高"的错误劳动观念。

志愿服务平台。学校成立了"新时代文明实践志愿者总队"，下设教师志愿者大队、学生志愿者大队等7支大队。学生志愿者大队作为志愿者主力军，积极参与志愿者体验劳动，经常走进社区开展文明劝导、做义工、打扫卫生，大力开展便民服务、特校关爱活动等，始终坚持践行"劳动光荣，创造伟大"的精神。

创新孵化平台，是学校为鼓励学生进行多样化创新实践活动，借助校友资源搭建的实践平台。学校在校内设有科技创新实验基地，校外设有劳动实验基地，并聘请专业的科技创新老师为学生提供指导和帮助。

湘潭县一中将劳动教育纳入学校人才培养方案、校本研修方案中，将每周二第八节课设为劳动课。在班会课、历史课、语文课等文化课程中，结合学科特点有机融入劳动教育内容。学校将每学期开学的第一周定为劳动周，组织开展各类集体劳动、志愿服务劳动、实践基地体验式劳动等。

3.五育并举，劳动先行

一是以劳树德。湘潭县一中鼓励学生自愿参与学校垃圾清扫等服务性劳动，支持学生集体深入城乡社区、福利院和公共场所等地参加志愿服务，开展公益劳动，参与社区治理，培养奉献精神。学校及时表彰、宣传优秀的志愿服务劳动者，并将之存入"湘潭县一中道德银行"的学生个人账户。倡导学生分担家庭生活中的劳动，鼓励自觉参与、自己动手，掌握洗衣做饭、维修维护等必要的家务劳动技能，参与种菜、养花等生产劳动。鼓励家长带领孩子体验家长的一日工作，将孩子参加家务劳动和掌握生活技能的情况，如实记入综合素质档案。寒暑假期间，班主任会组织学生开展形式多样的劳动技能和成果展示活动，让学生理解劳动创造价值，增强学生对父母的感恩意识。

二是以劳促智。湘潭县一中历来重视培养学生的创新实践能力，经常组织开展各类科普活动，还设有专门的科技创新实验室，配有专门的指导老师，使很多学生的发明创造屡获国际、国内大奖。学校通过组织学生观看新闻、订阅报纸、校园广播专栏播报等方式，引导学生关注社会、生活和科技发展，并努力为学生进行创造性劳动搭建广阔的实践平台。

三是以劳强体。学校高度重视学生的身体健康问题，向全校学生发出了"劳以强体，动以壮志"的劳动口号，并给学生提供参加户外劳动的时间和机会，引导学生把体能锤炼融入劳动之中。通过举办"除杂草""扫落叶"等劳动技能比赛，让学生在户外劳动中"动动筋骨、出出汗"，提高身体素质，提振精气神。

四是以劳溢美。紧抓"精美两室"建设，优化寝室和教室每日、每周、每月的检查和评比机制，让学生在形成良好的卫生行为习惯的同时，从中体会劳动创造美好生活的道理，牢固树立以干净整洁为美的审美观，提高学生自主参与劳动的积极性。在"劳动节""教师节""农民丰收节""学校宿管日"等节日，组织各类以"向劳动者致敬"为主题的德育活动，让学生了解劳动模范的先进事迹。同时，通过征文、手绘海报、班会课、电子屏、学校公众号等方式进行宣传展示，歌颂劳动者在平凡岗位上无私奉献的精神。在节假日，倡导学生走出家门，寻找身边的劳动者，通过一张照片、一幅图画，鼓舞学生学会尊重、关爱身边的劳动者，培养学生的心灵美。

"幸福都是奋斗出来的！"在新时代劳动教育探索中，湘潭县一中坚决贯彻落实习近平总书记关于劳动教育的重要论述精神，重视并发挥劳动的独特育人价值，让学生能够在劳动中淬炼成长，在实践中强化担当。目前，热爱劳动、以劳动为美的现象，在校园里已然遍地开花、处处生香。

三、卓实教育的人才培养机制

人才培养是学校建设的重要任务。卓实教育坚持"人人都能成才"的价值导向，遵循社会发展规律和各类人才成长规律，健全和完善人才培养机制，充分激发人的潜能，培养出全面发展的卓实之才。

湘潭县一中打破常规，根据新形势制定较为完善的卓越人才培养机制，加强培训管理，改革培训方式，调整培训内容，讲求培训实效，奖励培训成果。加强各类个性化教育与特色教育，打造个性化和多样化培养人才的途径和探寻四类卓越人才培养机制。

（一）个性化和多样化培养机制

习近平总书记指出"要按照人才成长规律改进人才培养机制"[①]。

为适应新时代的教育形势，湘潭县一中实践贯通式人才培养机制和

---

① 习近平.习近平谈治国理政（第一卷）[M].北京：外文出版社，2018：127.

"书院制、导师制、学分制"多制融合的培养模式。

1. 实践贯通式人才培养机制

学校顺应新时代、新课程、新高考的要求，于 2017 年在湘潭市首创 "2.5+3.5" 学制的贯通式人才培养模式，推进初中、高中跨学段贯通式人才培养模式的探索和实践，不断厚植英才成长土壤，整合初高中课程，最大限度地发挥培养效能。到 2018 年已成功引进三届优质生源，而且生源质量一届比一届高，生源覆盖面也在逐步扩大。

"2.5+3.5" 学制贯通式人才培养模式突破了初中三年、高中三年的传统限制，整合初高中课程资源，灵活弹性安排阶段性的教学任务，在全面提高学生的人文和科学素养的基础上，加强创新能力培养，促进学生多元化、个性化发展。

我国基础教育阶段实施 "6—3—3" 学制和九年义务教育。高中是择优录取为主。因此，初中有升学压力，学校的教学、课程等会围绕升学统一安排，统一学习进度，并且学习程度和难度都是平均水平，兼顾大部分人。基础教育的普及性和公平性要求教育要面向全体学生。但这种学制忽略了学生的个体性特征，在人才培养上优势不突出。湘潭县一中从 2017 年开始实施 "2.5+3.5" 学制贯通式人才培养模式后，从这几方面进行探究。

首先，在课程安排上，对原有初中、高中的国家课程进行梳理和调整，实现国家课程校本化，同时学校根据学生发展情况构建能充分激发学生潜能的校本课程，增加优势学科拓展训练。如学校从初一开始在一定范围内选拔学生，并将之纳入 "钱学森实验班"，突出数学思维的培养，以进入清华大学丘成桐班为目标。

其次，师资配备上，学校引进高学历人才，外聘专家，将竞赛教练培养作为教师培训新的支撑点，借助北京竞赛教练的高端资源，重点打造一支专业能力过硬的竞赛队伍。在管理上，构建 "校长主抓，教练负责，全员服务" 的三级管理模式。

最后，教学内容上，着眼奥赛培训和强基计划，做强学科竞赛，前三年主要是攻竞赛，后两年备高考。

以英才学院丘成桐班为例，学校在各年级开设一个"丘班"，在学制安排上打破传统界限，开启初高中五年贯通式培养模式。除此之外，学校还从七年级起在一定范围内选拔学生，将其纳入"丘班"，突出数学思维培养；同时，着眼奥赛培训和强基计划，打破常规，整合初高中课程资源，实施贯通式培养。

2. "书院制、导师制、学分制"多制融合的育人模式

湘潭县一中成立了"一部两院"，即"海航部"和"英才学院""碧泉书院"，专门培养科技、人文、军事等三类拔尖人才，借用了高等院校实行的"书院制、导师制、学分制"多制融合的育人模式，培养专业性人才。

"书院制、导师制、学分制"多制融合的育人模式，打破了传统班级、年级制的组织形式，实现学生跨班级、跨年级自主选课，有利于培养学生自主学习能力和创新能力，促进学生多元化发展。

书院制是从西方引进的培养机制、与我国宋元时期出现的书院不是一个概念。宋元时期的书院是区别于官学的一种教育形式，是私人创办，有大量藏书，教学与研究相结合的教育机构。而西方的书院制原为"住宿学院制"。住宿学院制，"学院不承担教学任务，主要以通过学生住宿场所实施素质养成教育，是为了解决学生各种心理、人际以及文化需求等问题，通过导师制度，引入教师与学生一起生活，对学生进行管理、指导和服务"[1]。我国借鉴西方的书院制，结合我国具体实情形成具有中国特色的学生培养机制。书院制"以人为本"，通过通识教育和书院活动，大规模培养人才。

学校以科技、人文或国防某一类学科形成相对独立的群体，实行书院自治。书院有内部的规章制度、管理模式，有专门的教师或院长担任

---

① 张倩. 我国内地高校书院制建设研究 [D]. 西北农林科技大学，2014：4.

负责人，负责本书院的所有事务。书院开展具有特色的课程、活动，形成书院特色的文化氛围。如书院开展了声势浩大的"三走进"（走进全国重点实验室、走进全国知名书院、走进航母）活动等。学生在书院内学习、交往、活动，一起探讨、合作，可以形成有一定凝聚力的合作组织。在书院制的模式上，实行学分制和导师制。

学分制在大学应用比较广泛。学分制的运用，打破了传统学年制的培养模式，有益于培养和发展学生的个性。学分制是指以学分为计算单位计算学生的学习成绩，学习一门课程获得相应的学分，达到规定数额的学分即可毕业。湘潭县一中将学分制引入基础教育系统，改变统一教学模式，学生可以自主选择课程，选择老师，可以跨年级、跨班级选课，而且在规定时间修满学分即可，可以根据自己的学习进度进行课程搭配。和传统的学年制相比，学分制给学生的发展空间更大，自主性更强。但也因为实行学分制后，学生自主性比较大，学生要进行自我定位、自我管理，因而需要导师进行指导。导师制是由专业教师担任导师，采取导师负责制，主要是对学生的学习、生活进行指导，了解学生的学习情况、参与活动的情况，对学生进行综合评价等。如"钱学森实验班"、"丘成桐班"采用导师制，根据学生的兴趣和特长，进行特色化培养，旨在保护兴趣、激发创新。

（二）探寻四类卓越人才培养机制

培养"卓越人才"是卓实教育的重要目标之一。根据学生个性与思维特点，以及国家未来发展需要，湘潭县一中积极探索理论研究、科技创新、社会人文、国防军事"四类卓越"人才培养模式，除了教育部要求开设的统一课程之外，还针对不同类型的人才，采用不一样的培养方式。

1. 理论研究型人才

理论研究型人才，是指主要从事各大学科基础理论研究的人才。在

与学生一起科技创新

高中阶段，这类学生表现为对数理化生，以及计算机等领域的知识表现出极大的兴趣和一定的天赋。

学校成立了五个学科的奥赛团队，对这一类学生进行有针对性的培养。每个学科都配备了足够的教练，由资历深厚的金牌教练任总教练，并由重点院校研究生毕业且取得过奥赛金牌的年轻教师担任助教。学校还定期邀请高校、中科院等的专家来校为学生进行专题讲座，开阔学生们的视野，坚定他们的信念。比如，学校曾邀请中科院物理研究所的 10 多位青年科学家来校和物理学科的奥赛选手们进行了为期两天的零距离交流。

目前，学校在理论研究型人才培养方面取得了不错的成绩。学校学科奥赛获得省级一等奖的人数逐年攀升，光是 2019 年，生物奥赛就有 5 个学生获省级一等奖。近三年来，学生获科技创新大赛国家级奖项 15 个、省级奖项 17 个。

2. 科技创新人才

科技创新人才，是指高水平的科技领军人才和工程师、优秀的创新团队和创业人才，这是提高国家自主创新能力、建设创新型国家、提升国家核心竞争力的重要保障。

在高中阶段，部分学生表现出非常好的创新思维能力和动手能力。学校为这一部分学生设立了"科创实验室"和"机器人试验基地"，并为其配备了专业指导老师。此外，为了更好地培养一中学子的创新能力，学校坚持"自己选题、自己设计和研究、自己制作和撰写"和"科学性、先进性、实用性"原则，积极引导学生参与研究性学习和科技创新实践活动。

学校还成立了"英才学院"专门培养科技创新人才，突出数学思维的培养，注重科技创新、科技体育模型竞赛，以进入清华大学丘成桐班为目标。英才学院通过采取动态管理模式，实行小班化授课，将通识教育（素质教育）和专才教育相结合，重点培养学生的系统集成能力、思维能力、实践能力和创新能力。

　　3. 社会人文类人才

　　社会人文类人才，是指在人文学科方面有一定造诣，以及在社会各类活动中有突出表现的人才。

　　在高中阶段，这部分学生表现为在语言、文史哲、艺术等方面有浓厚兴趣，或者在学校内外各类活动中表现出很好的领导组织能力。学校为这类学生提供源源不断的学习资源，给他们搭建展示和锻炼的平台，有意识地培养他们的责任担当、社会主人翁意识、合作和领导组织能力。比如，学校购买了大学慕课课程，开设选修课，让对文史哲等人文类学科有兴趣的学生进行学习。学校推行学生自我管理制，让学生会、团委会担起学生出勤、卫生、纪律等方面的督促、评比，以及校内学生活动策划、组织的重担。学校还创办了国际模联、记者站、楚天文学社、音乐社、舞蹈社等近 20 个学生社团并配备专业辅导老师，助力学生在每周的社团活动课上相互切磋、共同提升；成立学生志愿者服务大队，让学生走出校门、融入社会，培养他们的责任担当、家国情怀与奉献意识。

　　4. 国防军事人才

　　国防军事人才，是指捍卫国家主权、安全和领土完整，防御外来颠覆和侵略，维护世界和平的拥有现代作战技术和作战能力的人才，是强国梦、强军梦的重要保

徐梓洋同学入选"北大卓越计划"

障。湘潭县一中非常重视学生家国情怀的培养，鼓励条件过硬的学生立志报国，走向保家卫国的最前线。

学校通过军地合作、超前培育、精准高效的培养模式，探索出"强心、强体、强脑"的"三强"特色培养方法，抓住青少年思想意识形成和身体心理发育的关键阶段，及早发现和培养更多热爱海空、适合飞行、素质全面的飞行学员苗子，为海军航空兵战斗力建设提供有力的人才支撑。多年来，学校每年都有一大批学子走进国防类大学深造，学成后，成为国家安全、人民生命财产安全的保卫者。

从 2017 年开始，学校面向全省 7 个市州招生，成立了湖南省首届海航班。学校为海航实验班配备了精优的教师团队，以夯实学生过硬的文化知识，适应将来信息化作战要求；同时，高度重视政治"保鲜"工作，培养学生忠于祖国、忠于中国共产党、勇于担当的理想信念。目前，学校已招收五届海航生，学员们作风优良、矢志捍卫祖国海空安全，其精气神对其他学生也产生了极好的正面引领作用。学校也因此被评为"国防教育特色学校"，是湘潭市获得此项荣誉的唯一一所示范性高中。

湘潭县一中成立 70 余年来，5 万余名优秀毕业生从这里走出，活跃在祖国的各行各业，抒怀壮志：这里培养了曹伯纯、刘光和、杨光荣、贺先觉等各级党政军领导干部和彭先觉等两院院士，也走出了齐铂金、刘攀、刘波、肖湧等优秀科技人才，周湘虎、罗瑾琏、周俊武、刘可安等专家、教授和高级工程师，周泽湘、郭磊峰、刘清海、陶国锋、毛超平等行业精英，还输送了余桂林、胡光进、黄寅等上百名蓝天守卫者。

近些年来，学校先后有 119 人获学科竞赛省级一等奖，其中熊峰同学进入化学奥赛省队并获全国化学奥赛银牌，徐梓洋同学进入物理竞赛省队并获全国物理奥赛银牌，黄钦俞同学进入数学竞赛省队并获全国数学奥赛银牌。111 人进入清华北大深造，黄芳同学夺得省文科第一

卓实教育论

名，23 人获湘潭市文理科第一名，105 人成为海军飞行员或空军飞行员。2020 年，首届海军航空实验班的成才率高居全国第一。2022 年，有 11 人上清华北大录取线，9 人报考并录入清北。2023 年，有 8 人上清华北大录取线，7 人报考并录入清北。学校在主题教育、社会实践等校园文化建设方面均形成了自己的鲜明特色。学校办学成绩多次在中央电视台、《人民日报》《中国教育报》等媒体报道。

　　湘潭县一中始终坚持"五大发展理念"，努力践行"卓实"教育，扎实推动"十大工程"，实现学校内涵式发展，以行动致敬时代，以成就迎接挑战，共同书写人民满意、历史铭记的壮丽篇章！

附　录

湘潭县第一中学"十四五"发展规划

2020 年 11 月 20 日教代会通过

湘潭县第一中学地处湖南省长株潭两型社会示范区——湘潭县县城，现有在校学生 4600 人、教职工 350 人。学校依山傍水，环境优美，交通便利，区位优势明显。学校建校办学迄今已 74 载，通过一代代师生努力奋斗，取得了辉煌的办学业绩，教学质量持续领跑湘潭 22 年，打造了享誉三湘的知名教育品牌。学校是湖南省示范性普通高级中学、湖南省海军青少年航空学校、全国文明校园、全国青少年校园足球特色学校、全国青少年校园篮球特色学校、全国国防教育特色学校、中国百强中学、湖南省首届魅力校园。

教育是国之大计、党之大计。学校是党的教育方针的直接实施者和贯彻者。湘潭县一中的发展是湘潭县教育事业发展的关键所在，也是湘潭县县域经济社会发展的重要牵引力。湘潭县一中的发展既受到省、市、县多层级领导的高度关注，也是全县及周边县市人民群众关注的焦点之一。为促进学校发展，更好满足人民日益增长的文化需求，贯彻落实湘潭县"十四五"发展规划精神，结合学校实际，特制订本规划。

一、指导思想

以习近平新时代中国特色社会主义思想为指导，全面贯彻中共中央、国务院《深化新时代教育评价改革总体方案》，紧紧围绕"培养什么样的人""怎样培养人""为谁培养人"这三个核心问题开展工作，把立德树人作为教育的首要和根本任务，坚持全面发展、全员发展、特色发展的办学理念，形成文武并重、文理兼修的办学特色，推进十大工程，团结和依靠全体教职工，加快发展，规范管理、深化改革、全面提高教育教学质量和办学效益，把学校办成校园优美、校风优良、质量优异的现代化学校。

二、学校发展的背景

国家经济社会发展的客观需要，全社会重视教育、珍惜人才，为推进教育优先发展创造了良好环境。党和政府的高度重视，为教育事业的发展提供了政策保障。我校未来五年发展机遇与挑战并存，优势和困难同在。

1.学校发展的有利条件

（1）有政策支持。县委、县政府、天易示范区、上级主管部门以及社会各界高度关注、支持一中的纵深发展，为学校的可持续发展奠定了坚实的基础。

（2）有精神支撑。爱国敬业、务实创新、与时俱进、追求卓越的"一中精神"是学校发展的强大精神力量。

（3）有发展资源。海军青少年航空学校入驻我校，为打造学校爱国主义、国防教育特色学校这一"海航品牌"奠定了基础。"钱学森实验班"挂牌开班又为我校科学教育带来契机。

（4）有品牌效应。学校教学质量领跑湘潭22年，成熟的管理制度及卓越人才培养措施，为学校在新高考背景下的发展带来新的机遇。

（5）有硬件基础。学校环境优美，设施一流，为学校发展腾飞奠定了坚实的物质基础。

2.学校发展存在的困难

（1）教师队伍建设有待进一步加强。特级教师、高级教师、骨干教师等队伍的整体结构与学校发展要求还存在一定差距，年轻教师队伍建设有待加强。

（2）文化建设品位有待提高，文化特色不够明显，社会资源和历史资源没有得到充分利用。

（3）因为地域等多种原因，优质生源流失较为严重，卓越人才培养压力大。

三、学校发展的基本定位

"全市领先、全省一流、全国知名、国际接轨"的高品质学校。

四、学校发展的基本措施

围绕"全市领先、全省一流、全国知名、国际接轨"的高品质学校这一总目标，未来五年，我们提出学校发展十大工程。

（一）党建工程——总揽学校全局，确保办学方向

（1）理念引领，谋篇布局。紧紧围绕"培养什么样的人""怎样培养人""为谁培养人"的核心，使"激扬生命·奠基人生·成就梦想"的理念深入人心。

（2）战略引领，两个"明确"。

一是明确办学目标："全市领先、全省一流、全国知名、国际接轨"的高品质学校。

二是明确一个根本目标和三大发展理念、五大战略工程。

一个根本目标：立德树人，培养身心健康、品学兼优、人格健全、有社会责任感、有家国情怀和国际视野、担当民族复兴大任的新时代公民。

三大发展理念：全面发展（五育并举）、全员发展（人人成才）、特色发展（办出品牌）。

五大战略工程：锻造卓实之师、打造卓实之课、营造卓实之境、发展卓实之品、培养卓实之生。

（3）示范引领，永葆本色。

加强政治学习，提升理论素养；

加强组织建设，提高业务能力；

加强作风建设，推进党风廉政；

加强民主管理，推进依法治校；

加强文明创建，提升学校内涵。

（二）动力工程——优化激励机制，促进内涵发展

（1）保障经费投入：争取县委、县政府重视，足额保证办学经费。

（2）落实"三定"工作：坚持继续直接面向三所师范院校招收优秀毕业生，落实编制，高级比例达40%。每年有特级或正高级职称参评通过，学校在劳模、优秀推选上获得支持。

（3）完善激励机制：进一步改进和完善绩效加班方案，加大奖励力度，重奖教育教学突出贡献者。充分利用校友资源，用好"教育基金奖"，让职工的福利待遇稳步提高。

（4）助推青年成长：在优秀青年教师入职、教学、住房、婚恋及家庭等方面创造条件，让青年教师安居乐业，永葆团队青春活力。

（三）质量工程——深化教研教改，坚持质量立校

（1）文武并重，文理兼修，落实"五育并举"，使学生在德、智、体、美、劳等方面得到全面发展。

（2）学业水平考试文化科目正考合格率100%，各类考查科目合格率100%，体质健康达标率100%。

（3）高考成绩取得新进展。

①卓越人才培养有所突破：清华北大为代表的"双一流"名校上线人数取得进步，海航班出飞率力保全国第一，且取得北大、清华、北航等学校双学籍学生人数有增加。

②"双一流"本科上线人数及上线率、本科上线人数及上线率稳居全市第一，全省前列。

③600分以上考生人数占全市比例超50%且逐年增长；各科目都要有一定人数进入全省前万分之一。

（4）为实现上述质量目标，强化 6 项措施。

①坚持政策导向，严格规范办学。

②加强教学常规管理。建立包括全面可操作的教学规程，提高教学综合治理水平。

③作为卓越人才培养计划中的重要组成部分，继续开展五大学科竞赛与"强基计划"的培训。根据新形势制定较为完善的卓越人才培养路线图，加强培训管理，改革培训方式，调整培训内容，讲求培训实效，奖励培训成果。

④加强各类个性化教育与特色教育，打造多渠道培养人才的途径。推进小学、初中、高中跨学段贯通式人才培养模式的探索和实践。

⑤进一步加强对音、体、美特长人才培养的管理。联动配合，继续支持足球、篮球、田径等优势项目的发展。

⑥重视和鼓励学生开展各类科技创新。进一步浓厚科技创新氛围，壮大科技创新队伍。

（四）德育工程——立德树人为本，教书育人一体

（1）立德树人，在德育实践中融入社会主义核心价值观。

践行"富强、民主、文明、和谐，自由、平等、公正、法治，爱国、敬业、诚信、友善"的社会主义核心价值观，把社会主义核心价值观的教育融入学校德育工作全方位全过程。

（2）顺势而为，构建学校"三全育人""五育并举"德育网格体系。

三全育人：全员育人、全过程育人、全方位育人。

五育并举：德育铸魂、智育固本、体育强身、美育浸润、劳动教育淬炼。

（3）发挥优势，强化学校特色德育课程建设。

充分挖掘利用"伟人故里""海军航空实验学校""钱学森实验班"等教育资源优势，开发"飞行员摇篮""国防军事""伟人足迹""杰出校友"等特色德育课程，利用好《德育工作手册》《学校是最美的》

《社会主义核心价值观校本教材》等德育读本，形成特色德育校本课程体系。

（4）与时俱进，打造"互联网+"德育生态圈。

借助社交软件、网络共享视频、云数据平台和网络虚拟技术提高班管效率，拓展学校育人空间，形成社会、家庭、学校三方紧密联系的"助力青少年健康成长共同体"，开辟德育工作新局面。

（5）精心谋划，打造一支高素质德育队伍。

通过树立和宣传优秀班主任典型、拜师傅结对子、班管经验座谈会、外出交流学习等方式培养壮大班主任队伍，完善和优化评价制度，营造全员德育氛围。

（6）乘势而上，擦亮文明校园金字招牌。

借成功创建文明校园和文明城市契机，助推校园环境卫生管理，以打造精美"两室"为抓手，进行班容班貌、文明寝室等评比活动，增强师生爱卫意识，全面提升校园环境卫生质量，铸造文明校园金字招牌。

（7）强身健体，为学生终身发展奠基。

倡导阳光体育运动，关心学生身心健康，坚持"让锻炼成为习惯，让运动带来快乐，让健康相伴一生"的运动理念，组织开展阳光体育活动、体育与健康考核工作。

（五）特色工程——打造特色教育，建设"一部两院"

办好海航部、学森书院、碧泉书院，依托"一部两院"，让国防教育、科学教育、国学教育成为学校办学的显著特色。

（1）强力推进海航部建设：利用我校面向全省14个市州招生的契机，扎实做好招生工作，提升海航生入口质量。共同抓好海航部班级建设、课程开设、教学管理、文化成绩、体能强化、营养保健、心理训练、飞行体验等系列常规工作，力争保持出飞人数和出飞率领先的优势，并在双学籍人数上取得突破。

（2）创新模式，办好学森书院（钱学森实验班）：在生源选拔、学制安排、课程开设、研学旅行等方面走出新路子，并积极探索拔尖创新人才培养的新模式、新途径。

（3）创办碧泉书院：以弘扬湖湘文化、红色文化为基调，设立学术讲堂，丰富文化内涵。

（六）队伍工程——强化队伍建设，贯彻教书育人

（1）队伍建设目标。

管理团队：精诚精干；

教工团队：精心精勤；

学生群体：精彩纷呈。

（2）加强师德师风教育，传承一中精神：爱国敬业·务实创新·与时俱进·追求卓越。

（3）培养造就一批专家型教师。

争取每年度评选特级、正高级、劳模1人以上，国家级、省级名师（骨干教师、学科带头人）3人以上，专著出版5人次以上，研究生学历教师比例达到20%，市、县级骨干教师、学科带头人比例达30%，有一批能代表湘潭地区进行学术讲座的名师和专家。

（4）助力青年教师成长：实施"一三六九工程"，即确立青年教师"一年入门、三年过关、六年成骨干、九年成名师"的成长目标，做好拜师学艺工作，组织好有关传统教学赛事（新视野、杏坛之星、金霞杯、八斗丘杯等），落实好每年3月份35岁以下青年教师解题比赛。

（5）实施健康计划，保障职工权益：倡议全民健身，开展各类活动，做好年度体检，落实健康保险，做好慰问维权，关心职工生活，保障职工福利，为职工子女义务阶段就读创设良好条件，努力提高教职工的幸福感、归属感，不断增强学校的凝聚力。

（七）科研工程——教学科研结合，插上腾飞翅膀

（1）综合奖项目标。

基础教育成果奖（2022年，国家级或省级）；全国教育系统先进

单位。

（2）课题：每年有省级课题申报立项；校内总课题"基于卓越人才培养的学科思维教学理论与实践研究"期期有成果；到 2022 年至少 5 个教研组出版校内课题研究专著。

（3）加强校本资料研发：用 3 年时间建立覆盖高中学段全学科、完整配套的教学案、作业考练体系。

（4）加强课程建设：开发各学科校本教材，在课程体系建设、课堂教学模式、教学管理、教学评价、自主选科、分层走班、生涯规划、教师素养等方面革故鼎新，形成成果，力争在新一轮高考改革中勇立潮头。

（5）加强教研组、备课组建设，做好听课评课等常规教学研究工作。

（八）文化工程——实施文化强校，提升办学品味

以学校物质文化、精神文化和制度文化建设为抓手，为学校树立起完整的文化形象。

（1）完善学校办学理念体系：办学核心理念、校训、校风、教风、学风、办学目标、办学特色、教育主张、治校方略、育人目标、运动理念、食堂文化、一中精神、文明理念、后勤服务公约等。

① 办学核心理念：激扬生命·奠基人生·成就梦想。

激扬生命：自觉（育生命自觉）、潜能（激发学生鲜活的生命力）、使命（激发学生时代使命感）

奠基人生：奠生存与发展的能力，奠适应与创新的能力

成就梦想：成个人之梦，成家国之梦

② 校训：祖国在我心中

修德·敬业·强能·健体（2016 年修改）

③ 校风：团结·求实·勤奋·进取

④ 教风：严谨·沉实·互助·创新

⑤ 学风：自觉·刻苦·活泼·善思

⑥ 办学目标：全市领先、全省一流、全国知名、国际接轨

⑦ 办学特色：文武并重、文理兼修

⑧ 教育主张：卓实教育（锻造卓实之师、打造卓实之课、营造卓实之境、发展卓实之品、培养卓实之生）

⑨ 一中精神：爱国敬业·务实创新·与时俱进·追求卓越

⑩ 运动理念：让锻炼成为习惯·让运动带来快乐·让健康相伴一生

（2）营造"卓实之境"，搞好"六园"建设。

生态公园（自然环境优美）、书香乐园、文化圣园（建设碧泉书院）、智慧校园（现代技术）、和谐学园（动静和谐）、精神家园（学生自主、师德高尚）。

① 打造精美两室一廊：书香教室、整洁卫生寝室、读书文化长廊。

② 规划、完善好校园设施景观，搞好校园建筑及道路命名，让校园每一处设施都成为经典。

③ 组织"书香校园"师生系列读书活动，推出教师"读书随笔""教育教学随笔"并结集出版。

④ 举办"金霞论坛"和青年教师 TED 演讲。

⑤ 开展"三走进"活动：走进国家重点实验室，走进知名书院，走进航母。

⑥ 办好校报、《数学之美》《楚天》等专刊，升级校园网站，每年有省级以上媒体的宣传文章。加强校友联络、加强督导空间建设、加强校内督导工作。

（九）建设工程——加强硬件建设，优化育人环境

（1）争取县委、县政府支持，建设好海航楼、青教楼和学生公寓各一栋（该项目已立项），确保海航教学、训练、健身得到保障，青年教师安居乐业，学生住宿满足要求。

（2）在校园内择址、规划、筹建碧泉书院和学森书院。

（3）搞好教育教学设施维修改造，创设一流的办学条件。

学校未来 5 年内相关工程建设及改造维修项目如下：

年度	规划项目	建设类型	投入金额（万元）
2021	海航楼、学生宿舍、青年教师公寓、风雨连廊、员工宿舍改造、明厨亮灶等	新建、改造	6100
2022	碧泉书院、海军战斗机搬迁及安装、升国旗系统改造、广播室及高考监控总机房改造、新建电脑机房、实验楼安装电子白板、教学楼室内改造、学森书院设施及相关宣传、荷花池污泥清理等	维修改造、新建	4300
2023	田径场塑胶及看台维修改造、室外篮球场及乒乓球场地维修改造、健身区维修改造、东面裸墙改文化墙等	改造	400
2024—2025	部分楼栋外墙统一风格维修改造（九华楼、实验楼、食堂）	维修改造	3000

（十）辐射工程——促进校际交流，加大示范引领

（1）落实教育部"强基计划"，积极探索集团办学、合作办学与融合办学，在跨区域合作办学、跨学段贯通式培养方面取得实质性进展。以名师工作室等形式搭建平台，促进校际师资交流、资源共享，发挥学校在本地区纵横两向的辐射和示范引领作用。

（2）加强与高校的交流合作，拓展学科竞赛、卓越人才培养的新途径。

（2020 年 11 月）

涵育师德师风，锻造卓实之师

——湖南省湘潭县第一中学师德师风建设侧记

□ 江　腾　陈　郁　陈　芳　张致诚

师德是教师的立业之基、从教之要。国家高度重视师德师风建设，强调"评价教师队伍素质的第一标准应该是师德师风"，对广大教师提出了"'四有'好老师""四个引路人""四个相统一"等明确要求。

湖南省湘潭县第一中学以卓实教育为引领，精耕"学校引导""师师互促""师生共情"三大平台，以实现师德师风"始于卓实，止于至善"的建设目标，让每名教师都成为品德好、学问好、教得好的新时代好教师！

勤奋、共情、科学
卓实教育点亮师德师风新坐标

人们都赞赏："一所好学校，许多好老师。"湘潭县一中领导班子深知，教师是立教之本、兴教之源。师德师风建设更是打造高素质教师队伍、落实立德树人根本任务的关键所在。

校长齐学军为全校师德师风建设指明了方向。"要践行好'卓实教育'，把'卓尔不凡、追求卓越'和'品德忠纯、务实求实'的理念作为师资队伍建设的目标，立好德、树好人，用卓实教育构建教师成长模式。"在"卓实"理念的引领下，湘潭县一中提出了"勤奋""共情""科学"的师德师风新内涵：教师们用"工匠精神"打造教育教学环节中每一个细节，研究学情并做好分析报告，研究教材，认真设计高效课堂，每堂课写好教学反思，写好教师日记……

学校尊重学生人格与需求，共情育人，为此专门成立了"新时代文明实践志愿者总队"，分设教师大队、学生大队、家长大队等7个大队，倡议全体教师每周抽出一小时为学生开展义务辅导。在湘潭县一中，无论课间、午休或者晚自习时间，到处都可以看到任课教师义务辅导学生或者师生促膝谈心的场景，这些温馨的场面也成为学校一道道亮丽的风景线。

不仅如此，学校还提倡科学育才，为有特殊天赋的学生单独设计培养方案，分层教学、部分学科"走班"、音体美特色班等多种培养方式并存，因材施教、科学施教。学校通过这些科学育才的有力措施，让每一个学生都有出彩的机会，都能朝着自己的梦想奋力前行。

如今在湘潭县一中，做一名有理想信念、有道德情操、有扎实学识、有仁爱之心、有勤奋态度、有共情能力、有科学方法的好老师已成为所有教师的共同追求和价值取向。卓实之师已经成为学校培育卓实之才、推进教育事业高质量发展的源头活水。

学校、师师、师生
三大平台构建师德师风新格局

那么，如何提升师德师风建设质效？怎样为"卓实"教师队伍建设提供更为强劲有力的支撑？湘潭县一中聚合创新要素和校内资源，精心构建"学校引导""师师互促""师生共情"三大平台，为师德师风建设凝聚合力、激发活力。

"学校引导"平台为教师提供师德师风学习与践行的机会，引导助力成长，激励推动进步。学校坚持全校一起学、全校一起说、全校一起做的引导方式，用理论构筑教师的精神堡垒，让有价值的理念熏陶教师情操，让师德师风建设唱响在校园里、体现在讲台上。学校坚持树立典范、鼓励为主的激励机制，在学校每年度的"教育基金奖"评选活动中，都有百余位优秀教师获得"金讲台奖"、优秀共产党员等奖项的表彰；学校鼓励教师积极参与职称评定或骨干教师、学科带头人评选，其中有 6 位教师被评为正高级或特级教师，增加了 30 余位学科带头人及骨干教师。这些，使教师的获得感和幸福感不断增强，从而激励老师们不断突破自我，不断向"卓实之师"靠近。

"师师互促"平台推动了教师间互相帮助及共同进步，营造了良好的同行氛围。学校通过"青蓝工程"开展针对年轻教师的拜师学艺活动，形成师徒之间相互学习、相互促进的良性互动。一中"金霞集结号"在教师微信群中吹响了，大学招生计划、高考科目内容改革信息、极端天气提醒、校园美图等在教师中互相分享，形成了团结、互助、学习、进步的微信群新生态。

"师生共情"平台旨在鼓励教师向学生学习，积极吸收来自学生的反馈，助推自身的进步。学校创设了"金霞尚德"栏目，学生们纷纷拿起笔，记下他们最美年华中遇到的好老师，写下每一位好老师给予他们的感动。通过让教师从学生身上学习，使教师经常反问自己："我是不是好老师？我要如何成为好老师？"这促进了教师的自省及提高。

如今，三大平台已经成为推动学校师德师风建设的重要载体，为建设一支优秀的教师队伍提供了强大的内生动能。

未来，湘潭县一中将以习近平新时代中国特色社会主义思想为指导，以师德师风建设为抓手，锻造卓实之师、打造卓实之课、营造卓实之境、发展卓实之品、培养卓实之才，努力把学校建设成为高品位、高质量、有特色的三湘名校！

（原载于《中国教育报》2021 年 1 月 7 日）

《德育报》·"总编眼中的名校长"专栏：

湖南省湘潭县第一中学校长——齐学军

□ 晨 光

他，外表质朴，大智若儒；业精于勤，行成于思。不唯书、不唯上、不唯风，始终以"智"为笔、以"信"作笺、以"仁"为墨、以"勇"作卷；始终满载良心、良知和让人眼睛放光、心房发烫的宏愿，办有灵魂、负责任、有公信力、有发展力的教育。

他，育人求真，教书求实；学而不厌，诲人不倦。既具有"排头兵"的真知灼见，又具有"领头雁"的灵心慧眼。着力实施"动力驱动、团队凝聚、快速反应"三大机制，使学校迅速形成了"学校引导平台、师师互促平台、师生共情平台"的三大平台，"全、实、新、活"的鲜明特色。

他，目极高远，心胸旷达；潮涌于先，明智如泉。虽践行"欲栽大木柱长天"的卓实理念，却没有"自闭桃源称太古"，而是"吾将上下而求索"，冷静直面"教育异化"挑战，巧妙施以"心的教育"智慧：一心致力于培养"具有新时代公民意识的人、具有人文精神的人、具有创新能力的人"。

他，以身悟道，以心传道；优化生命，超越教化。既融合儒、释、道，凝集真、善、美，又蓄养精、气、神。不仅摒弃了传统教育的糟粕，而且探寻到了卓实教育的三大路径：扎实"育心"，卓实德育构筑"卓越人才"的精神堡垒；夯实素养，卓实课程探寻"卓越人才"的培养模式；

充实师资，卓实科研建构"终身学习"的教师成长模式。

他，思维严谨，性情内敛；心之所至，究竟所在。属于典型的科研型、专家型、执着型校长。行与思不仅驱动了德育创新、课程改革、卓实文化的"三驾马车"，而且重构起充满生机、独特魅力、人文和谐的教育生态——让德育给力、课堂给智、文化给魂。收获的不仅是"六月的力作"，还有人民最满意学校的高度认可！

（原载于《德育报》2021 年 7 月 9 日第 440 期）

充满生机与活力的湘潭县第一中学

卓实教育论

致敬"卓实"教育的探索者

——记湘潭县一中校长齐学军

□ 记者 曾玺凡 通讯员 陈 芳

附
录

尽管齐学军是湘潭县第一中学党委副书记兼校长,但在他的建议下,全校师生都习惯亲切地叫他"齐老师"。从修德敬业到师道昭彰,从教学能手到教育专家,从适合教育到卓实教育,齐学军在大爱中教书育人,在学习中笃行求索,用科学、勤奋、共情走出"卓实"教育之路,像一颗颗星火慢慢燃成一团火,既温暖又明亮。

从教近 30 年来,齐学军始终坚守在高中数学教学与研究以及学校管理工作一线,付出的是汗水,播撒的是智慧,耕耘的是希望,收获的是荣誉。他先后获得了湘潭市优秀教育工作者、湘潭市首届青年学习成长杰出奖、湖南省中学数学教学科研先进个人、首届高中数学名师工作室主持人、湘潭市数学骨干教师、湘潭市高中数学学科带头人、中国数学奥林匹克一级教练等殊荣。

荣誉再大,不忘教育初心;履职几变,不变教育本色。他用远比奖状、名誉和职位更美丽的教育情怀"卓实"育人,卓,仰望星空般追寻;实,脚踏实地般践行。

科学是卓实教育的核心

"培养什么人,怎样培养人,为谁培养人"是当今教育所面临的重大时代命题。

如何回答这个问题?齐学军认为,时代和民族赋予教育工作者的神圣使命，乃是为学生的终身发展奠定坚实的基础。

任职一中以来，他始终坚持因材施教教育理念，激励学生朝着精彩的未来发展。如开展"扣好人生第一粒扣子""传承红色基因"系列教育活动，培养学生敢为人先、经世致用的家国意识。在他的倡导下先后有罗迪等四位同学的《从整治"六乱"看湘潭市文明建设》和郭姣伶、蔡雨吟的《湘潭市出租车运营中存在的问题》调查报告，得到时任市委书记和市长亲笔回信，引发社会热议。

齐学军还根据学校特点和国家需要，结合自己的思考，科学地推行全新的"卓实"教育理念，把"卓尔不凡、追求卓越"和"品德忠纯、务实求实"作为师生队伍建设和人才培养的目标，深入探索理论研究、科技创新、社会人文、国防军事四类卓越人才培养模式。比如学校为理论研究型人才设立"科创实验室"和"机器人试验基地"，有贺汝成等四位同学获得国际奥林匹克机器人大赛中国赛区金奖，还有郭润东等三位同学发明了"智能捕鼠器"。

共情让育人绽放美丽

这天，齐学军手中正翻阅着毕业多年的学生陈慧敏寄来的一封长信。信中回忆了齐学军任其班主任时对她影响最大的几件事。其中一件发生在齐学军刚接任班主任时。

"班上有几个学生对任课老师不满，写信给校长要求换老师。年轻气盛的我，站在讲台上对着这几位学生就是一顿骂：'你们不只是成绩差，什么都差！'这样的气话使师生关系一下子变得异常紧张。下午，这位学生便给我写了一封长信，自然是批评我。第二天，我又站在了讲台上，对我的失态、对我处理事情的粗暴以及我对他们造成的伤害一一做了检讨，并诚挚地道歉。"齐学军说。

若干年后，陈慧敏在信中这样回忆道："我以为又会迎来一场暴风雨，没想到是您的检讨和感谢，我们很震惊，也很感动。震惊于您的勇敢，感动于老师能愿意站在学生的位置上体会我们的尊严与情绪，这些是我们从未体验过的。"

这件不起眼的小事却体现着齐学军的"共情"育人观。他尊重和理解学生，能站在学生立场思考和判断。这种"共情"，不单纯是一种沟通能力，更是一种爱的教育。

正因为有这份爱的教育，齐学军在湘潭县一中成立了"新时代文明实践志愿者中心"，组织开展"守护教育蓝天·大爱成就未来"的课后义务辅导志愿服务活动，他率先示范，受到学生、家长以及社会各界人士高度评价。他本人先后被评为"湘潭县优秀党务工作者""湘潭县优秀共产党员"。

教育是一门科学，科学的价值在于求真；教育是一种艺术，艺术的生命在于情感；教育是一项事业，事业的成功在于勤奋。齐学军的"卓实教育"育人理念，践行的是以科学的思想为指导，以勤奋的态度为作风，以师者的共情为境界，培育追求真理，品学兼优，脚踏实地，心灵充实的学生。

德风化雨，润物无声；育桃栽李，孜孜春耕；精管细理，硕果秋成。这就是齐学军一颗卓实心，满腔园丁情的生动写照。

（原载于《湖南日报》2022 年 5 月 1 日）

附录

永不停步的教育改革探索者

——名优校长齐学军的育人故事

□ 记者　杨期仁　宋　锴

连续多年领跑湘潭高中教育的湘潭县一中，在湘潭市乃至湖南省的"名号"越来越响，但作为该校当家人的齐学军校长，给大家的印象却是低调谦逊、勤奋务实。

齐学军入主湘潭县一中后，这所三湘名校保持了努力奔跑的劲头和势头，培养出大批清华大学、北京大学学生和军事飞行人才，还首次跻身"全国文明校园"行列。齐学军个人则被授予包括"全国五一劳动奖章"在内的众多荣誉。他的教书育人、治校理念都被人津津乐道。近日，记者走访了这位名优校长，领略他对教育改革发展的不懈追求和探索。

"一站上讲台，就喜欢上教师这个职业"

1994年，走出象牙塔的齐学军，第一份工作是在湘潭县马家堰中学任两个班的数学教师。

此时的齐学军虽年仅21岁，但一站上讲台，却迸发出与教龄不相符的优势。他别具一格的授课风格，让枯燥的数学课充满活力，很快博得了学生们的喜欢。"那时，我没有远大理想，认为自己能考上大学就已经不错了，但当我一站上讲台，就喜欢上了这个职业，特别是看到学生们学有所成，我也很有成就感。"齐学军回忆道。

当上教师的齐学军，热衷于研究怎样才能让学生用最少的时间把书读好。通过长时间的探索、总结和提炼，他提出了"六勤"策略：勤钻教材、勤备课、勤收集、勤反思、勤批作业和勤做研究。这使他的教学风格和特点相比其他老师更突出。他常常用两三天时间反复打磨一堂精品课教案；教高三时，他曾一年写下 14 本教案，每本教案就是一个专题。他总是乐此不疲地收集学校数学老师出的试题，然后进行研究吸收，以便在讲解同类题目时可以信手拈来；批改作业时，他不是简单地打"√"、打"×"和写个日期了事，而是认真批改后还要附上相应的评语……

凭借六个"勤"和独有的教学"个性"，齐学军成了"明星老师"，在湘潭教育界声名鹊起。他不仅一举刷新马家堰中学教学质量纪录，而且在 2003 年还为湘潭县一中带出了湖南省高考文科第一名和第三名。

"我没有追求当校长，但当了校长就要有追求"

2010 年，大放异彩的齐学军走马上任，成了湘潭县九中校长，正式开启校长之旅。"我没有追求当校长，但当了校长就要有追求。"齐学军对第一次当校长的情形记忆犹新。针对县九中基础设施落后、生源质量较差与不足等问题，齐学军致力于探索如何将学校从薄弱校变为优秀校，并大刀阔斧地实施了一系列改革创新举措，先后提出两个"十四字"方针，即"创造一切机会，为九中提升美誉度""让九中学生享受适合自己的教育"，助力学校发展。落实到具体工作上，就是脚踏实地，把教学标准放在学情上，使每一节课都能让学生有新的收获，做教育的增量。

在齐学军带领下，通过短短的两年时间，湘潭县九中的教育教学质量获得了大幅提升。齐学军也再一次打破纪录，在这所薄弱学校实现了两个"翻一番"：高考二本以上升学人数翻一番；老师奖金翻一番。

2017 年，齐学军被湘潭县教育主管部门再次委以重任，担任湘潭县一中校长，正式拉开了执掌这所三湘名校的序幕。"上任后，我所有的心思就是把县一中办好。"齐学军动情地说。

"全市领先、全省一流、全国知名、国际接轨"是湘潭县一中一直坚持的办学目标。齐学军到任时，前两个目标均已如期实现。在这种情况下，他没有选择躺平，而是暗下决心——带领县一中全力向后面的目标迈进。

自走马上任，齐学军就开诚布公地告知湘潭县一中全体教职员工：不达"全国知名"目标誓不休。为此，他明晰了学校的改革发展路径，挂上了"作战图"。他及时抓住湘潭县正在创建全国文明县城的契机，首先用三年时间把学校打造成了全国文明校园，还决定再用三年时间，把前任校长争取来的特色品牌——海航班打造成全国同类学校的佼佼者。

如今，齐学军把触角伸向了难度更大的国家基础教育成果奖和卓越人才（拔尖人才）的培养。其中，在课题研究上，如果获得国家级基础教育成果奖，就会填补湘潭教育空白，其意义不言而喻；在卓越人才培养方面，齐学军根据湘潭县一中特点和实际情况以及国家需要，提出了一个全新的"卓实"教育理论，即锻造卓实之师、打造卓实之课、营造卓实之境、发展卓实之品、培养卓实之才。"简言之，就是因人而异，在自身基础上追求自己的增量，把'我'发挥到极致，做最好的自己。"齐学军解释道。

为此，湘潭县一中成立了"一部两院"，即"海航部"和"钱学森院"、"碧泉书院"，专门为国家培养科技、人文、军事等三类拔尖人才奠定基础，并相应地开展了声势浩大的"三走进"（走进全国重点实验室、走进全国知名书院、走进航母）活动，把"成为卓越人才"的想法从小植入孩子内心深处，同时让学生不仅有家的情怀，还要具备国的情怀。

事实证明，齐学军的办学思路和方向是有远见卓识的。近年来，湘潭县一中深入践行"卓实"教育理念，给清华大学、北京大学培养出了许多优秀学生，给国家输送了一大批军事飞行人才。此外，学校不仅在2020年创建为全国文明校园，实现了"钱学森实验班"落户等，还在学生综合素质培养上"全面开花"，2017年至今，学校已摘得"航空实验班学生招飞录取率位列海军所有青少年航校第一名""全国青少年足球特色学校""全国青少年篮球特色学校"等众多荣誉。中央及省市媒体也都慕名而来，争相报道学校的卓越办学成果。

"教育的本质是一份爱，是一种情"

"先成为最好的自己，再成就最优秀的学生""教育的本质是一份爱，是一种情"……执教多年，齐学军在不懈探索中悟出了很多发人深省的教育心得，特别反映出他对学生的关爱是刻在骨子里的。他常常告诫老师："师德最重要的是为学生着想，要换位思考，让学生少花时间把学习搞好，学得轻松快乐！"

有了齐学军的躬亲示范，湘潭县一中的教职员工见贤思齐，爱岗敬业、乐于奉献，很多感人至深的事迹和场景不断涌现。如今湘潭县一中的教师们用"工匠精神"打磨教育教学环节中的每一个细节，都一股脑地钻研学情和教材，共同探讨设计高效课堂。每堂课写好教学反思，写好教师日记，也已成为老师们的"标配"。

在学校发出成立新时代文明实践志愿者服务队号召，倡议教师每周抽出一小时与学生促膝谈心或者进行义务辅导后，教师们纷纷响应，竞相加入。教师志愿者为学生免费辅导，由此成为学校的另一大传统……

特别值得一提的是，与其他高中在高考结束后就为学生高中生活画上句号不同，湘潭县一中还要负责把考生扶上马多送一程。齐学军在全市高中学校成立了独一无二的高招办，为家长和考生免费打造一个专门研究高考志愿填报的专家团队，为考生量身定制多层次的升学规划方案。每年一到 6 月底，县一中艺体馆便会迎来百余所全国知名高校的招生老师，尽可能帮助考生如愿进入理想的高等学府。

"以后，我的全部心思还是放在学校上，就想朝着让学校做到全国知名的方向去努力，不断提升学校的品质。"谈及未来，齐学军的话简单明了、朴实无华，却折射出他对湘潭县一中未来目标的无比执着和坚定。

（原载于《湘潭教育周刊》2022 年 6 月 23 日）

实施"三三"路径
推动县域高中高质量可持续发展

□ 齐学军

湘潭县一中积极实施县中发展"三三"路径，坚持高质量办学，历经近20年不懈探索和发展，成为"全市领先、全省一流、特色鲜明"的三湘名校。

巩固"老三强"，传承"一中精神"

我校坚持巩固"教师敬业、管理严格、学风优良"的"老三强"传统，始终将"敬业奉献"的一中精神和"管理严格""严慈并济"的一中法宝传承好，发扬好。近20年来，共培养卓越人才111人（清北），近5年本科升学率不低于98%。

发展"新三强"，育时代新人

我校积极寻求县域高中在优质师资难进、优质生源难保、拔尖创新人才难出等多重困境与压力中突围的着力点，发展"新三强"。

第一，办好海军青少年航校，打造飞行摇篮。湘潭县是伟人故里、元帅家乡，我校于2017年承办湖南省海军青少年航校，探索出"强心、强体、强脑"的"三强"特色培养模式，4年间共培养了78名航母舰载战斗机飞行员苗子，出飞率居全国之首，有6人获得清北双学籍。

第二，做强学科竞赛，打造创新人才培养高地。我校学科竞赛取得新突破，2022年有11人获得省一等奖，其中1人进入省队并获国家级银牌。主要坚持"四个注重",一是注重价值引领。学校着重培养学生的责任担当和家国情怀,引导学有余力的优秀学生立志从事基础学科的研究。二是注重创新机制。构建"校长主抓,教练负责,全员服务"的三级管理模式。三是注重锤炼队伍。采用"培养与引进相结合"的方式,建设教练队伍,现有带出省一等奖的金牌教练 20 余人。四是注重贯通培养。采用"三加二"模式进行早培,前三年攻竞赛,后两年备高考。

第三,成立"五个研究室",建设研究型高中。我校针对县域高中"科研不足,蛮干有余"这一短板,提出科研兴校,成立五个研究室。一是强师研究室。从师德师风建设、教师发展等方面积极探索,做实分层分类培养模式(青年教师会讲课会做题、中年骨干善研究、资深教师会引领),打造了师德高尚的学校名片。近三年,有 7 人次获"全国五一劳动奖章""湖南省五一劳动奖章""湖南省优秀教师""湖南省教学能手"等国家级和省级荣誉。二是提质研究室。负责课程与课堂研究。提出思维至上、为思维而教的理念,推动"五思课堂"建设,努力培养学生的质疑精神与创新思维。"普通高中'五思'学科教学改革的六年探索与实践"项目获得湘潭市第六届基础教育教学成果奖一等奖;"高中数学思维教学研究"获得湘潭市第二届教育科学研究优秀成果奖。三是品牌研究室。面向国家战略需求、人类未来发展和基础学科前沿,着力推进学校"一部两院"(海航部,英才学院、碧泉书院)特色品牌建设。四是文化研究室。从历史、当下及未来发展三个维度,思考、提炼学校文化,打造"六园""八景",以文化引领学校发展,以文化涵养学生心灵。五是树人研究室。全力研究卓实之生培育的理念与方案,建立"德育为首,五育并举,五育融合"的育人体系。《"卓实教育"促进高中德育高质量发展案例》入选湖南省首届基础教育创新案例。学校获评"全国文明校园""全国五四红旗团委"。

培育"未来三强"，谋划新发展蓝图

我校秉承高水平办学宗旨，积极谋划未来 10 年发展蓝图。一是整合资源，发展"卓实"教育基金。近年来，充分利用社会资源，多方筹措，吸纳基金 2000 万元，用于奖教奖学，做强了学校发展的"动力工程"。二是追求卓越，向"出顶尖成果"而奋斗。倡导教师扎实教学和学生踏实求学之风，鼓励争做"研究型""专家型"教师，要求教育教学能点燃学生内驱力，点亮学生的高远梦想，勇于攀登全国性研究成果和荣誉。三是文化引领，用"卓实文化"涵养未来发展。红色，是办学底色；蓝色，是办学特色；绿色，是办学成色。我们期待，湘潭县一中能在"卓实文化"的引领与涵养下，健康、持续、高质量发展。

（2023 年 1 月）

前瞻思维谋品质，把握主动赢未来

——湖南省湘潭县第一中学以"卓实"理念培育"卓实"之才

□ 晨　光　刘　丽　何　勋

时下，建设高质量教育体系已成为中国教育的战略性任务。面对新形势的高位要求，学校文化建设要在已有研究成果和标准化实践的基础上再次高阶发力，继续助益学校管理水平的提升和校长文化领导力的提高。为此，本报记者特赴全国文明校园、中国百强中学——湘潭县第一中学，就其"卓实"理念助推学校内涵建设，锚定高质量发展的实践进行实地采访，并推出下列报道，敬请关注！

——编者按

学校教育既要让师生仰望星空，又要使师生脚踏实地。前者代表将达到的高度，后者是立足的深度。湖南省湘潭县第一中学（以下简称"湘潭县一中"或"一中"）立足于伟人故里、湖湘文化这一地域特征，以领袖精神为引领，从毛泽东同志提出的"好好学习，天天向上"和"为人民服务"的思想出发，前瞻性地提出了"卓实"教育理念。向上，卓也；为善，实也！以"激扬生命·奠基人生·成就梦想"为办学核心理念，以"卓尔不凡、追求卓越""品德忠纯、务实求实"为育人和师资队伍建设目标，以成立"强师、提质、品牌、文化、树人"五大研究中心推动学校高质量发展，不仅构建了清晰、精微和饱满的管理体系，而且形成了可言说的高质量的学校特色。

涵育高尚师德，铸就卓实之魂

创新学校管理方式，构建现代学校制度，以期实现学校从"管理"走向"治理"的转变，既是时代要求，也是实践所需。那么，究竟如何从"学校管理"走向"学校治理"，不断激发教师队伍活力，进而为学校高品质发展提供强力支撑？作为湖南省示范性普通高级中学，同时也作为湖南省六所首批拥有清华、北大直荐学生资质之一的湘潭县一中，不仅对此问题，而且对"现代好教师"也有自己的独特见解，主要体现在"卓"与"实"两字上。"卓"是从"管理"到"领导"，要求教师拥有忧国忧民的大情怀，将教书作为毕生热爱的事业，甚至毕生的使命。教师要清醒地认识到自己所从事的是一种关乎独一无二的生命之未来的事业，同时也是一种关乎民族乃至人类之未来的事业，要对自己的事业有足够的尊重与敬畏，对学生有足够真诚的大爱。因为，这份使命感、这份敬畏和这份大爱，要求教师们从各个方面对自己高标准严要求，成为学生知识、思维、精神与心灵的源头活水。"实"则是要求教师以教育的力量来生成实实在在的内生力量，从而促进人实实在在地发展。不做表面文章，也不急功近利，全体教师要戒除浮躁心，去除功利心，俯下身去做好每一件教育者应该做的事情。简单来说，就是要努力成为有理想信念、有道德情操、有扎实学识、有仁爱之心、有勤奋态度、有共情能力、有科学方法的好老师。

湘潭县一中有自己的强师之道。学校党委书记齐学军（原校长）说："让有信仰的人来讲信仰、有道德的人来讲道德，让最优秀的人培养更优秀的人，学校不断创新形式、多措并举帮助教师提升师德修养和学识水平，增强职业认同感和使命感。"

火车跑得快，全靠车头带。齐学军校长作为湖南省特级教师和湖南省新时代基础教育名校长工作室主持人，以其自信、勤奋、共情的师德风范，睿智、亲和、大度的人格魅力，书写着充实且耀眼的人生履历。

作为湖南省先进工作者和全国五一劳动奖章获得者，湖南省首届"未来教育家"以及"中小学卓越校长领航工程"培养对象，他不仅始终坚守着自己的教育理想和初心，而且善于在教育管理中灵活处理坚守与变通、继承和创新的辩证关系，不断挑战和超越自我，向着更高远的目标迈进。"办有理想、有良心、有品质、有生命力的教育"，不仅激发了教师队伍的主动性和创造力，而且极大地促进了教师与学校高品质发展的"双向奔赴"，为学校的跨越式发展赢得了广阔的空间。

一所学校之所以能办成优校、名校，因素是多方面的，但有两个因素重要且无法回避：一是有一位优秀的校长；二是有一支师资实力雄厚的团队。为提高教师的职业技能，增强职业认同感和使命感，一中长期精耕"学校引导""师师互促""师生共情"三大平台，对教师队伍实行分层分类培养，优化教师的年龄和学历结构，锻造出了行政干部、班主任、科研教师、青年教师、资深名师五大卓实型队伍，形成了"领导班子团结、中层干部精干、教师队伍精心、后勤队伍精勤"的总体队伍格局。

"学校引导平台"为教师提供了师德师风学习与践行的机会，助力成长，激励进步。学校坚持全校一起学、全校一起说、全校一起做的引导方式，用理论构筑教师的精神堡垒，让有价值的理念熏陶教师情操，让优良的师德唱响在校园，让独特的师风放飞在讲台。学校抓住一切机会，从高等院校聘请专家开展讲座，邀请外校优秀教师来校交流。如邀请全国模范教师石灵芝老师开讲"师德师风与历史文化"，加深了老师们对教师这一身份的认识。学校坚持"树立典范、鼓励为主"的激励机制，在每年度的"教育基金奖"评选活动中，都有100多位优秀教师分别获得"金讲台奖"等12个奖项的表彰。学校还鼓励教师积极参与职称评定或骨干教师、学科带头人评选，其中有6位教师被评为正高级或特级教师，增加了30余位学科带头人及骨干教师。这些，都使教师的获得感和幸福感不断增强，从而激励着教师们不断突破自我，向着"卓实之师"靠近。

"师师互促平台"推动了教师间互相帮助、共同进步，营造了良好的同行氛围。学校通过"青蓝工程"开展针对年轻教师的以老带新、一帮一等形式为代表的拜师学艺活动，师徒结对，形成师徒之间相互学习、相互促进的良性互动。刚入职的江老师对此感受颇深："在老教师身上，我学到的不仅仅是教学方法与教学经验，更感受到了他们不管是在讲台上还是课后，身上那种由内而外散发出来的精神风貌与职业风华，这让我很感动，也是我们青年老师要学习和传承的。"与此同时，"金霞集结号"在一中教师微信群中吹响了，校园趣事、课堂反思、好题分享、政策解读、学习体会、健康心得等内容天天在"金霞集结号"微信群里活泼生长。"师师互促"在赛课活动中体现得更充分。在一中，从来没有一个人的赛课，其背后总是一群老师在努力，从素材选择到情境创设，从问题设计再到环节衔接都是老师们群策群力，反复修改、反复试讲，只为一堂好课。

"师生共情平台"引导师生互敬互爱，教学相长，鼓励教师向学生学习，积极吸收来自学生的反馈，助推自身的进步。如学校创设了"金霞尚德"栏目，学生们纷纷拿起笔，记录下他们最美年华中遇到的好教师，书写下每一个好教师给予他们的感动。有学生盛赞其老师"老胡外具豪放之态，内有殷切之心，实乃'逍遥游'"，"在我的眼里，永远和蔼温柔的红哥，就似木棉一般，绚烂绽放在三尺讲台上，安抚了每颗被数学折磨的心"。教师们从这些文字里反观自身，自我审视着："我是不是好教师？我要如何成为好教师？"这不仅有效地促进了教师的自省，而且极大地促进了教师素养的提升。

巧借"五思"教学，激发卓实之魅

"校领导的心在课堂，教师的心就会更关注课堂；校领导研究课堂教学样态，教师就会想方设法创新课堂样态；校领导关注课堂教学质量，教师就会以提高课堂教学质量为目标追求。基于这样的认识，我任校长之初就明确提出了'教学教研改革前行的路上，校领导是先导者、同行者、服务者的角色'。"齐学军校长坦诚地对记者说。

"教师素质往往是先天生成和后天练成，后天方面也更多体现为某种知识、技能的具有；而素养是慢慢养护和修养而成，是人的趣味、品质、个性、思想、心胸、情怀、创造力等精神层面所达到的一种境界，是直达学生灵魂的内在修为，更具人文精神、人格意义和心灵指向。"齐校长谈道。

为充分历练、提升教师的教学技能，一中坚持深化课程改革，让课程更好地适应学生成长的个性化需求。从课程设计的个性化、差异化教学、研发校本课程到推进"五思"学科思维教学，学校始终将学生作为教学活动的中心，遵循学生成长规律和身心特征，一切围绕学生的发展需要出发。

齐校长还向记者谈道：只有教师蹲下去，学生才能站起来；只有教师退后面，学生才能走上前；只有教师做观众，学生才能成主角。他竭力倡导的"卓实"教育，不仅让老师们个个受益匪浅，而且尊重和凸显了学生的主体地位，让学生的个性、兴趣、爱好、专长、精神都拥有了自我成长和表现的空间，学生真正感受到了主体的尊严、力量和价值，自由且充分地表现着自己、锻炼着自己，享受着成长的幸福和快乐。

"人的内心里有一种根深蒂固的需要——总想感到自己是发现者、研究者、探寻者。在儿童的精神世界中，这种需求特别强烈。但如果不向这种需求提供养料，即不积极接触事实和现象，缺乏认识的乐趣，这种需求就会逐渐消失，求知兴趣也与之一道熄灭。"（苏霍姆林斯基）因此，一中特别重视校本课程的探究，并将其作为内涵、品质和质量提升的重要抓手，强力打造特色课程并深入开展课程研究活动，构建出"卓"与"实"两类特色校本课程。在一中，"卓"的课程主要是指理想课程、理论型课程，包括学术型（学术讲座、科学讲座、国学基地），综合型（阅读中国、湖湘文化、红色文化、海航文化、传统美德、学业发展指导）；

而"实"的课程主要是指实践课程，包括实践型（走进科学实验室、走进工厂、走进农村、劳动技能、军事素养），活动型（青春教育、社团活动、音体美艺术教育、生活教育），学科型（五大学科竞赛、科技前沿、科技制作发明）。学校鼓励教师向下沉潜、向上生长，精研专业技术，利用自身资源优势开发校本课程。近几年，一中有多部校本课程教材在省教育厅、市教育局评选活动中获奖，如数学组的《教案设计》《自招讲义》，语文组的《晨光正好》《悦读之夜》，综合实践组的《智能机器人设计》，海航部的《中流击水》等。

法国思想家蒙田在《论儿童的教育》中说："教育的目的不在于获利和获物，也不在于外表的炫耀和装饰，而在于修饰和丰富他的内心，希望塑造和教育出一个有才能有真本事的人。"一中老师们集体创作了校本教材《学校是最美的》，并将此作为新生开学第一课，既让一中学子对即将生活、学习的环境有所了解，也帮助他们走进学校的人文世界，感受一中气象，完成身份转换和角色认同。一中最具特色的校本课程是针对全体学生开展的"毛泽东诗词赏析"，让学生借助天然的地域优势，走近伟人，学习伟人的精神和思想。这一类"卓"的校本课程主要是思政教育，超越学科界限，深耕个人意义，促使学生树立崇高的理想和信念，走向卓越。而另一类"实"的校本课程，以培养创新思维能力为主。一中为了更广泛地培养学生的创新能力，设立了科创实验室和机器人试验基地，并将 11 月 10 日定为科技日，每年还会举行科技创新大赛，坚持"自己选题、自己设计和研究、自己制作和撰写"。近年来，学校有 60 余项青少年科技活动作品获全国、省、市级奖励。

再好的课程也需要通过高效课堂落实。一中的老师们深知传统的注重老师"教"，而忽略学生"思"的教学方式已经不能适应新时代国家人才强国战略要求，故积极改进课堂教学。从 2018 年下学期开始，一中本着"激扬生命·奠基人生·成就梦想"的教育理念，选拔部分优秀教师对各学科思维教学进行研究，经过不断优化与提炼，最终形成了独具特色的"五思"学科思维教学，注重对学生思维能力的培养，一切为思维而教。

"五思"学科思维教学，是指将"自学存思"重预习、"问题启思"重设计、"情境拓思"重应用、"对话辨思"重合作、"评价反思"重反馈五个思维环节应用于整个教学过程中。它强调教学的核心是思维能力的培养，一切为思维而教，师生的主要活动是思维活动，在教学的每一个环节，以提升学生的核心素养为归依，以落实思维训练、培养学生高阶思维能力作为贯穿课堂的主线，以此激发学生的学习兴趣与主动性，引导学生积极参与、独立思考、自由表达、愉快合作，培养学生的批判思维与创新思维，提升学生的关键素养与能力。

课题研究对于教育教学具有重要的驱动、支撑和引领作用。近几年来，一中积极推进"五思"学科思维教学研究和"基于卓越人才培养的学科思维教学理论与实践研究"课题建设。目前，《思维至上——高中"五思"学科思维教学案例》一书已正式出版发行，并有两项思维教研成果获湘潭市基础教育成果一等奖。

打造"一部两院"，成就卓实之品

"卓实教育"并非精英教育，它既是面向全体学生的教育，又是追求卓越的教育。一中在"卓实"教育理念的指导下，面向国家战略需求、人类未来发展、思想文化创新和基础学科前沿，着力推进"一部两院"（海航部、英才学院与碧泉书院）建设，打造一中多元特色品牌，形成了"文武并重、文理兼修"的办学特色，成就了"领跑湘潭教育近30年"的美誉。

与学生们一起做实验

首先，一中作为全国 14 所之一、湖南省唯一的青少年"海军航空实验基地"，站在"政治担当""国防使命"的高度积极探索海军航空实验班建设之路，把"举全校之力建设好'海航班'"作为学校最重要的工作来抓，将湖南省海军青少年航校办成了培养思想过硬、身体过硬、知识过硬、技术过硬的海航雏鹰的摇篮。一中依托学校原有的教育教学经验，紧扣海航学生的培养目标，探索出了"强心""强体""强脑"这一"三强"融合的特色培养模式。

强心：通过根植坚定的红色信仰、培养优秀的道德品质、磨砺优秀的心理素质来构筑坚实的精神堡垒。强体："管好吃"——保证营养均衡摄入、"多样动"——促进体能意志双提高、"科学测"——确保身体指标合格率达到锻造强健的体格体魄的目的。强脑：通过配备精干务实、乐于奉献的教师团队，坚持"重在素养、提升能力"的教学理念，打造因人而异、精准提升的个性课程，培养面向未来的卓越军事人才。

学校围绕"办出特色、办成品牌、办出军魂"的建设目标，用扎实有效的举措抓思想、促学习、强体质、练本领，使学校海航部成为军地合作的先进典型，成功向海军航空大学输送了 78 名航母舰载机飞行苗子，其中，有 8 人获得北京大学、清华大学、北航与海军航空大学的双学籍。

其次，一中积极顺应国家号召和教育发展形势，继成功申请创办"钱学森实验班"之后，又正式创办数学拔尖创新人才早期培养基地——"丘成桐班"（以下简称"丘班"），并创设"英才学院"（2024 年 3 月挂牌），由一把手主管，把控创新人才班的发展方向、培养模式、教师团队管理等。

学校按照"重基础、高起点、高标准"的原则，充分挖掘并发展学生的数学特长，兼顾通识教育，实现了学生的个性发展和全面发展。学校将初中选拔而来的优秀学生组建成"丘班"，开启初中两年、高中三年的初高中一体化拔尖创新人才培养模式，充分尊重学生的兴趣和意愿，重点培养学生的意志力、认知能力、创新思维和运用多学科知识解决问题的能力。

英才学院的课程分为常规课程、竞赛课程、拓展课程、特色课程、综合实践等。学校同时还与湘潭大学、湖南科技大学等联合开展了贯通课程设计开发，在国家课程体系框架内，设计一体化贯通培养的教学及实践课程，"大一中学"衔接的项目式培养课程，适当融入地域文化、生涯规划、科学实践等课程，建立了基础宽厚、优势突出和特色鲜明的课程体系。

最后，一中创办"碧泉书院"，以弘扬湖湘文化、红色文化为依托，致力于人文社科类课程和传统文化课程的开发与应用，寄望一中学子弘扬优秀传统文化，做有文化内涵的新时代青年。

学校利用湘潭特有的地域条件，开展了以"莲文化魅力"为主题的综合实践活动，培养学生健康的人格；利用班会、讲座对湖湘文化发源地之隐山、碧泉潭进行介绍，让学生形成"讲名节、轻利禄"的意识，使隐山、碧泉潭文化内化于心。接下来，学校还将按照 1:1 的比例在校园内建设一座碧泉书院，利用其古色古香的院落、书香氤氲的气氛，打造成长株潭地区高中最有影响力的高端场域，进一步弘扬湖湘文化，为中华民族伟大复兴的中国梦的实现做出更卓越的新贡献。

依托"一部两院"，国防教育、科学教育、国学教育已然成为一中办学的品牌特色。

践行卓实文化，绽放卓实之花

走进一中校园，记者立即被浓厚的校园文化氛围所吸引，从寓意才高八斗的"八斗之光"到充满诗情画意的文化长廊，从"荷塘唱晓"到"金霞飞虹"，智楼、慧台、雅阁、趣场、憩厅、绿园，目之所及，尽显人与自然的和谐相处，其带来的不仅是环境之美，更是知识的立体模样，是生命的蓬勃之力、花蕊凋零之理、草木长青之道。真可谓，学校处处是教育，学校处处有教育。

一中结合学校人文和环境特点，从地域文化、校史文化、环境文化、精神文化、制度文化、德育文化等方面总结、提炼，着力发展红色底蕴、蓝色海航、绿色生命建设，确立了"卓实"文化内涵，努力建设高品位、有特色的文化名校！

红色，是一中的办学底色，也是对"为谁培养人"的有力回答。一中的校训就是最好的答案——祖国在我心中！坚持为党育人、为国育才，让底色更亮。湖南是红色热土、伟人故里，是中国共产党和中国革命的重要策源地。齐学军校长在向记者介绍湖湘文化特色时说："我们每年都会组织学生瞻仰毛泽东故居、彭德怀故居，追寻伟人的足迹，与伟大灵魂对话，让学生以伟人为镜，寻找到自己的人生坐标点，绘就自画像。"一中人将这种信念落实在行动中。在校内，全力打造"校园之声"，精心设计文化长廊，对湖湘文化名人、中华脊梁、改革先锋、共和国勋章获得者等伟大人物进行图文宣传，让一砖一墙都传递出信仰的力量。除此之外，学校还开设了"红色讲堂"，推出了系列讲座，以此激发学生的军旅情怀，坚定学生的报国信念。

蓝色，是一中的办学特色，也是对"培养什么样的人"的具体实践。简言之，就是培养祖国最需要的人。作为湘潭地区高中教育的领跑者，一中主动将"厚植成长沃土，造就拔尖人才，为国家提高综合实力贡献湘潭力量"作为教育使命。在坚持办学多样化的前提下，面向国家战略需求和基础学科前沿，打造蓝色海航班"海航"教育品牌，培养各类国防军事人才。一中的宗旨是"让最优秀的学生去做国家最需要的事情"。通过举办"中国海洋文明和海洋发展""中国脊梁""学伟人风范，做优秀学子"等讲座，给学生以思想的洗礼和价值的引领。

绿色，是一中的办学成色，也是落实"如何培养人"的方法。学校结合自身实际，以"卓实教育"为引领，五育并举让学生全面发展，让教育生态更和谐。五育并举以文化立班、文化育人，也强调常规管理细化指引、多元评价；既重视思政课的重要作用，帮助学生扣好人生的第一粒扣子，也注重学校常规活动的精致化发展，让爱国感恩的品德、劳动光荣的观念、科技创新的意识、热爱体育的精神和艺术审美的素养在无形中根植于学生心中。

一中充分发挥卓实文化引领师生成长的作用，促进师生价值观、人格的形成与发展。同时，也高效发挥卓实文化治校的功能，坚守红色底蕴，将红色文化纳入德育，将红色精神融入校园生活；发展蓝色特色，加强国防教育，积极落实习近平总书记"建设强大海军""发展海洋事业"的战略部署；扎根绿色生态，开展丰富的艺体活动，五育并举，唤醒学生的热情与活力，让教育"鲜活"起来。

转变育人方式，培养卓实之才

"强师""提质""品牌""文化""树人"五个研究中心的行动路径和实践效果，最终都要落到学校"立德树人"这一根本任务上来。

一中追求"卓实"的学生观，坚持"人人都能成才"的价值导向，培养全面发展的卓实之才。"卓"于一中学子而言，其一是指要做知识与真理的真正渴求者，能够用心感受各学科的独特魅力和思维活动带来的精神愉悦，实现学科核心素养的提升，成为真正具备核心竞争力的专业人才。其二是有远见卓识和家国情怀，眼中不只有小时代，还有宏大且与自己息息相关的大时代，心中不只有自己的小世界，还有装着他人、社会、家国的大世界，有责任担当、家国情怀和国际视野。"实"，既指求学一定要落到实处，脚踏实地，不好高骛远，不急躁虚华，"实则外患不入"，又指品德忠纯、乐善好义，以为人民服务为行动指南。

要培养"卓实之才"，首在立德。一中通过全员、全程、全方位育人，牢固树立了"人人都是心育师，事事处处皆德育"的理念。首先，要建设好以政教处、团委、心理咨询中心为牵头科室，以班主任、任课老师、思政老师、家长为主力，家、校、社全员参与的德育队伍；其次，突出思想政治、道德品质和法治意识三个德育内容；再次，抓住文化化德、良师润德、管理培德、课程育德、活动扬德五个德育维度，开展德育教育。最后，健全和完善人才培养机制。在尊重教育规律和人才成长规律的前提下，推动育人方式深度变革，将传统的单一育人方式转变为多元融合的育人方式，推出了十个"学校+"：学校+家社、学校+国家重点实验室、学校+企业、学校+书院、学校+高校、学校+医院、学校+军营、学校+两"馆"、学校+公检法、学校+农业，充分利用社会资源，拓宽育人渠道，既引导学校、家长和全社会更重视孩子的身心健康和德智体美劳全面发展，又让学生走出课堂，深入生活、社会活动中。一方面，将知识运用于实践，加深感受和体验；另一方面，又从实践中学习，完善知识体系。实质内涵主要体现在如下的"十个学校+"上。

学校+家社：实现家、校、社协同育人，重点突出家庭教育的重要性。学校德育副校长肖荣向记者吐露："学生在学校学习五天，刚有点起色，回家两天结果又回到教育前。"故一中全力打造家、校、社协同育人，通过"横向互助"和"纵向引领"，实现家、校、社共育。

学校+国家重点实验室：旨在让学生接触尖端科技，了解我国科技事业，在学子心中埋下科学的种子。

学校+企业：工学结合，校企协同育才。一方面，学校教育应该满足企业与社会发展需求，教育不能脱离实际；另一方面，促进学生将知识运用于实践，并接受实践的检验，从而改进技能。

学校+书院：书院是传承和弘扬中华优秀传统文化的重要载体，积淀着深厚的人文底蕴。将学校教育与书院资源相结合，使学生得到深厚的文化滋养和浸润，坚定文化自信，提高文化素养。

被录取为海军飞行学员的学子们

学校＋高校：目的在于实现双高协同育人，一是让高校老师做学生的导师，亲自为学生进行专业化的指导与职业规划；二是联合开展贯通课程，开发"大—中学"衔接的项目式课程，实现贯通式育人；三是与全国和省内名牌高校努力构建"高中高校联盟"，积极对接国家急需的卓越人才培养体系，共享教育教学资源。

学校＋医院：主要是针对学生的心理特征和学业压力进行心理指导，促进学生身心健康发展。

学校＋军营：坚持组织高一新生赴军事教育实践基地进行"青少年综合实践训练"，培养学生吃苦耐劳、勇敢顽强的精神，使学生增强国防素质和集体主义观念，树立正确的世界观、人生观、价值观。

学校＋两"馆"：两"馆"是指博物馆和美术馆，让学生身临其境接受美育。这种情境式教育让美育并非泛泛而谈，而是落在实处。

学校＋公检法：将思政教育从课堂延伸到课外，从身边的公检法说起，以具体事件为例，使思政教育有理有据。

学校＋新农业：学校教育与农业实践和劳动教育相融合，开阔学生视野，增强学生与自然的亲近感，同时培养学生的劳动能力、创新精神和实践能力。

相对"管理"而言，"治理"更强调主体的多元性、参与性、协同性。湘潭县一中打破常规，根据新形势开创多元融合的育人方式，最大程度地满足学生个性化发展需求，促进人的全面发展。以此为契机，一中学子在学科竞赛、艺术体育、综合素质等方面屡创佳绩。近些年来，学校先后有119人获学科竞赛省级一等奖，其中熊峰同学进入化学奥赛省队并获全国化学奥赛银牌；徐梓洋同学进入物理竞赛省队并获全国物理奥赛银牌；黄钦俞同学进入数学竞赛省队并获全国数学奥赛银牌。111人进入清华北大深造，黄芳同学夺得省文科第一名，23人获湘潭市文理科第一名，有105人成为海军飞行员或空军飞行员。2020年，首届海军航空实验班的成才率高居全国第一。2022年，有11人上清华北大录取线，9 人报考并录入清北。2023 年，有 8 人上清华北大录取线，7 人报考并录入清北。学校在主题教育、社会实践等校园文化建设方面均形成了自己的鲜明特色。学校办学成绩多次在中央电视台、《人民日报》和《中国教育报》等媒体上报道。

　　教育所面对的，不是空洞、抽象的符号意义上的人，而是一个个有着鲜活生命、情感与智慧的具体的人。湘潭县一中"卓实"教育理念的逐步形成和完善，不仅让学校有了自己鲜明的教育主张和追求，明确了学校要办什么样的教育，培养什么样的人，以及怎样培养人的重要问题，也逐渐构建和充实了属于一中自己的教育理论和实践体系。但一中人奋进的步伐从未停歇。他们正携着"卓"的厚重底蕴，透着"实"的盎然生机，不断诠释着"卓实"育人的真谛，以健康的、高质量的教育生态发现、唤醒、熏陶学生的成长之旅——开好自己的花，做更好的自己！学校也宛如一幅隽永的精美画卷，一纸深邃的育人诗篇，正散发着前所未有的独特魅力，深深地吸引着教师"梦之队"、菁英"逐梦队"朝着"卓实"的阳光大道奋力前行。

（原载于《德育报》2024 年 4 月 12 日第 715 期）

后　记

　　本书的写作是一个确立方向，并寻找答案的过程。几年来，我在与教育界的前辈、名家、各地的校长和教师的交流往复中，逐渐锁定了"卓实"这一教育理念。正是在与他们的交往接触中，我找到了写作这本书的动机与动力。

　　湘潭，是伟人的故里。湘潭县一中是伟人家乡的一所省示范性高中。作为一名湘潭县人，且是这所学校的党委书记、校长，我一直在思索，我们应该"办什么样的教育""为谁培养人""培养什么样的人"，觉得我们学校就应该好好运用这得天独厚的资源优势，应该以伟人的精神为指引，确立自己的精神内核。因此，我从毛泽东同志提出的"好好学习、天天向上"和"为人民服务"的思想出发，提出了"卓实教育"理念，并从这一理念出发，进而提出了锻造卓实之师、打造卓实之课、营造卓实之境、发展卓实之品、培养卓实之生的"五大"工程。

　　"卓"是基于浪漫主义形成的。"卓"就是希望一中的全体老师有大思想、大格局，能卓尔不凡，既将教书当职业，也将教书当作崇高的事业，成为学生人格、精神的引路人；也希望学生做一个追求知识与真理的探索者，更希望学生成为品学兼优、有家国情怀的社会主义建设者。

　　"实"是基于现实主义形成的，是一种现实的体现，是期望全体一中的老师能抛却功利之心，俯下身子、沉下心去，踏踏实实干工作，务实不务虚。也期望学生在做学问时能一步一个脚印，让自己的心灵充盈而富足，能将自己静心学习和将来扎实干事紧密结合起来。

本书从提纲的拟定，到最后的定稿，历经多次调整修正。在撰写此书的过程中，凝聚了诸多同人、学友，乃至学术前辈、名家的厚爱关心、支持和帮助，在此表示由衷的谢意！《德育报》执行总编王晨光先生给予了本书鼎力支持。特别令我感激的是，此书得到了我国著名教育家顾明远老先生的肯定，并为之撰写了序言，这给了我莫大的鼓舞！此外，华南师范大学左璜教授亦为此书的成稿提供了极其宝贵的意见。湘潭县一中的教师团队扎实认真地践行了"卓实教育"的育人理念，真正让"卓实"理论在实践中落地生花。值此本书付梓之际，特献上我最诚挚的谢意！

由于本人水平有限，本书难免存有疏漏之处，衷心希望专家和读者给予指正。今后，我将继续努力奋斗，肥沃我翻耘成浪的田垄，希冀长出硕果，以报效帮助指点我前进的所有前辈、导师、朋友和我一道执着追求的同人。

2024 年 7 月 18 日